W.J. (1860-1936) de Wilde

Sidestone Press

W.J. de Wilde (1860-1936)

Een vergeten onderzoeker van de Nederlandse hunebedden

Wout Arentzen

© 2010 W. Arentzen

Uitgegeven door Sidestone Press, Leiden
 www.sidestone.nl

ISBN 978-90-8890-060-0

Vormgeving omslag: K. Wentink, Sidestone Press
Vormgeving binnenwerk: P.C. van Woerdekom, Sidestone Press

Deze publicatie is mede mogelijk gemaakt door:

Hunebedcentrum   Stichting Nederlands Museum voor
                     Anthropologie en Praehistorie

Inhoudsopgave

1 Inleiding	**7**
2 De jongensjaren	**9**
Zijn opleiding	9
Kunstkritiek	13
3 De Wilde en de hunebedden	**19**
Archeologisch veldwerk	19
Drenthe	36
Het gevecht tegen Pleyte	39
De nieuwe archeoloog	57
Een nieuwe onderzoeksmethode	70
Een Antropologische Archeologie	76
Het niet geschreven standaardwerk	88
Een nieuwe theorie	92
4 Epiloog	**107**
De Wildes plaats in de geschiedenis van de archeologie	107
Opsporing verzocht	111
5 De bewaarde brieven	**113**
6 Fragmenten van een Roman	**155**
Bibliografie	*205*
Illustratieverantwoording	*215*
Index	*217*

Hoofdstuk 1

Inleiding

... doorgaans staat de kennis omtrent een zaak in geen of zelfs in omgekeerde reden tot het algemeen voorkomen er van.[1]

Willem Johannes de Wilde is een van de raadselachtigste figuren in de geschiedenis van de Nederlandse prehistorische archeologie. Tussen 1904 en 1913 hield hij zich bezig met het onderzoek van de hunebedden. Hij publiceerde de resultaten van zijn werk in een aantal artikelen en hield er meerdere lezingen over. Even was hij één van de specialisten, maar al voor zijn dood raakte hij in de vergetelheid.

In 1982 kwam de hunebeddenonderzoeker Jan Albert Bakker bij toeval in het bezit van een gedeelte van De Wildes werk. Bij navraag bleek hem toen dat zelfs H. Brunsting (1902-1997), de nestor van de bestudering van de geschiedenis van de archeologie in Nederland, niet wist wie dit was. Noch in het Museum van Oudheden te Leiden, noch in het Drents Museum te Assen wist men iets over De Wilde. Hoewel het duidelijk was dat zowel Holwerda als Van Giffen zijn werk kende, waren er geen aanwijzingen dat zij in contact met De Wilde gestaan hadden.

In zijn *Kanttekeningen* van 2004 publiceerde Bakker alles wat hij tot op dat moment over De Wilde aan de weet gekomen was onder het kopje "Verzoek om opsporing ...".[2] Tijdens mijn studie van L.J.F. Janssen was ik zelf ook tegen De Wilde aangelopen en daardoor besloot ik aan Bakkers oproep gehoor te geven. In dit boek probeer ik op grond van de weinige sporen die er tot nu toe van hem gevonden zijn, een beeld van De Wilde en zijn werk te schetsen.

Ik dank alle archivarissen en bibliothecarissen die mij bij dit onderzoek behulpzaam zijn geweest. Speciale dank gaat in eerste instantie uit naar Bakker die mij ook de nog ongepubliceerde tweede aanvullende versie van zijn artikel over De Wilde heeft laten lezen en mij tijdens het schrijven van dit boek steeds weer met raad en daad bijgestaan heeft. Speciale dank ben ik daarnaast verschuldigd aan Henk Luning. Deze heeft het Archief van het Drents Museum van a tot z doorgewerkt en zo de verloren gewaande correspondentie van De Wilde met dit Museum weer toegankelijk gemaakt. De foto van De Wilde dank ik aan een verre

---

1 De Wilde 1904a, 183.
2 Bakker 2004, 144-147. In 2003 had Bakker al het lemma over De Wilde voor de *Encyclopedie van Drenthe* gepubliceerd. In ditzelfde jaar werd De Wildes' naam ook genoemd door González-Garcia en Costa-Ferrer, 2003, 112. "W.J. de Wilde documented the *hunebedden* in 1904-1906."

nakomeling van hem, de heer H.C. Blokhuis. Daarnaast dank ik Wijnand van der Sanden en alle anderen die grotere en kleinere vragen van mij hebben beantwoord en die mij behulpzaam zijn geweest bij het vinden van bronnen.

De Wilde (1860-1936) als veertiger.

Hoofdstuk 2

De jongensjaren

Zijn opleiding

De Wilde werd op 5 augustus 1860 in Batavia geboren als zoon van Dirk de Wilde (1829-1895)[3] en Janna Olland (1840-1912). De familie keerde ergens tussen 1871 en 1876 terug naar Nederland, waar ze zich eerst in Amsterdam en later in Utrecht vestigden. Willem Johannes was de oudste van een gezin van tien kinderen.[4] Op 1 mei 1880 kocht vader De Wilde een huis op de Biltstraat 117 in Utrecht. Hij woonde hier met zijn familie en hield er pension. Willem Johannes de Wilde woonde op dat moment in Alkmaar waar hij het Gymnasium bezocht.[5] Op 29 oktober 1880 schreef hij zich in als student medicijnen aan de Universiteit van Utrecht.[6] Hij schijnt niet meteen met zijn studie begonnen te zijn want pas op 15 december verhuisde hij van Alkmaar naar Utrecht en trok hij bij zijn familie in. Wanneer de gemeente in december 1880 de gegevens over haar burgers op orde brengt blijken er in het huis van de familie De Wilde 14 mensen te wonen.

Over De Wildes studie is weinig bekend. Hij was lid van het Utrechts Studenten Corps, maar heeft nooit een bestuursfunctie in deze vereniging bekleed. Hij schijnt zelfs nooit in een van de door het USC georganiseerde gekostumeerde optochten meegelopen te hebben.

Ongetwijfeld heeft hij college gelopen bij F.C. Donders (1818-1889). Deze was niet alleen de beroemdste hoogleraar waar Utrecht in die tijd op kon bogen, maar tevens een begenadigd spreker. Zijn colleges werden altijd goed bezocht en de studenten waren vol bewondering voor de grote man. "Hoort Prof. Donders in zijne verrukelijke colleges over de stem, en trillen zullen de waarheidslievende snaren in uw binnenste …".[7] Hoewel Donders nu hoofdzakelijk herinnerd wordt als de stichter van het Ooglijdersgasthuis, doceerde hij in de eerste plaats fysio-

---

3   Dirk de Wilde was kapitein. Kik 1957, 4.
4   Willem Johannes (1860-1936) Batavia/Utrecht, Ferdinand Louise (1866-1887) Batavia/Utrecht, Johanna Gezina (1868-1904) Batavia/Wierden, Bertha Marie (1870-1935) Batavia/Diepenveen, Hermina Mathilda (1871-1940) Batavia/Utrecht, Susanna Elisabeth (1876-1956) Amsterdam/Zeist, Augusta Adèle (1877-?) Utrecht/?, 2 November 1878 Constance Albertine (1878-?) Utrecht/?, Gabrielle Ernestina (1880-1947) Utrecht/Arnhem, Emile Richard (1881-?) Utrecht/Naarden?
5   De Wilde 1908, 92.
6   *Album Studiosorum Academiae Rheno-Traiectinae MDCXXXVI – MDCCCLXXXVI.* Ultraiecti, 1886.
7   *Utrechtsche Studenten Almanak voor het jaar 1885*, 164.

logie.[8] Wanneer we afgaan op De Wildes eigen uitlatingen was hij een ambitieus student. Vanaf 1884 laat hij achter zijn naam in de *Utrechtsche Studenten Almanak* een sterretje afdrukken ten teken dat hij van plan is om te promoveren. Dit was onder studenten medicijnen niet gebruikelijk en wanneer men arts wilde worden was dit ook niet nodig.

Op 8 januari 1887 verlaat de Wilde het ouderlijk huis. Hij huurt een kamer op de Mariastraat 3bis. Als beroep geeft hij bij de gemeente student op. In 1888 moet Donders vanwege zijn leeftijd afstand doen van zijn leerstoel. Hij krijgt een grootscheeps afscheid. Lang heeft hij niet van zijn pensioen mogen genieten. Na een kortstondig ziekbed overlijdt hij op 24 maart 1889. De Universiteit is in rouw gedompeld en De Wilde is met zijn medestudenten aanwezig bij de begrafenis op het kerkhof van het dorp Zuylen.[9]

Ondanks al zijn ambities vordert de studie van De Wilde maar langzaam. Na tien jaar studeren (!) slaagt hij op 10 oktober 1890 eindelijk voor zijn propedeuse geneeskunde.[10]

Op 7 november 1891 verhuist hij opnieuw. Dit keer betrekt hij een kamer op Neude 29bis. Nu geeft hij bij de gemeente als beroep kandidaat[11] medicijnen op.

Na het vertrek en overlijden van Donders neemt, wat populariteit betreft, Prof. Dr. C.A. Pekelharing (1848-1922) diens plaats in. Deze was door Donders ontdekt toen hij als fysioloog werkte op de school voor veeartsenijkunde. Na als assistent bij medicijnen aangesteld te zijn had hij snel carrière gemaakt, was hoogleraar geworden en had een eigen laboratorium gekregen. Pekelharing doceerde fysiologie en later ook histologie, of weefselleer. In 1892 kon hij het werk niet meer alleen af en vroeg hij De Wilde om zijn assistent voor fysiologie te worden.[12] Pekelharing was net als Donders een goed spreker en zijn studenten hadden veel waardering voor hem.[13] Hij was echter geen "makkelijke" professor, studenten die hun best deden en hard werkten stond hij altijd met raad en daad ter zijde, maar wanneer hij het gevoel kreeg dat een student minder deed dan hij zou kunnen had hij het bij Pekelharing verbruid. In dit verband doet het wat vreemd aan dat hij De Wilde tot assistent benoemde. Deze had tien jaar nodig gehad had om zijn propedeuse te halen, waar Pekelharing zelf in vier jaar zijn kandidaats gehaald had. Wanneer De Wildes lange studietijd een gevolg van een vrolijk leven en weinig werk geweest was zou Pekelharing hem vermoedelijk niet genomen hebben. Hij moet in hem een veelbelovende en serieuze student gezien hebben. Pekelharing was in eerste instantie een laboratoriumonderzoeker. Hij leerde zijn studenten dat

---

8   Verrichtingsleer; leer van de normale levensverschijnselen, de functieleer, van mensen, dieren en planten.
9   *Utrechtsche Studenten Almanak voor het jaar 1890*, 234.
10 Het Utrechts Archief – Archief van de Rijksuniversiteit Utrecht 292-1 / 469-b Registers van candidaats- en doctoraalexamens.
11 Wanneer De Wilde zijn kandidaatsexamen gedaan heeft heb ik niet kunnen achterhalen.
12 *Utrechtsche Studenten Almanak voor het jaar* 1893.
13 "Prof. Pekelharing doceerde ... histologie en physio-chemie. De exactheid, de toeleg om ons een duidelijk inzicht in alles te geven door steeds, voor zooverre mogelijk, op het 'waarom?' te wijzen is te overbekend." *Utrechtsche Studenten Almanak voor het jaar* 1900, 255.

Physiologisch Laboratorium 1903.

de kwaliteit van een experiment bepaald werd door een goede voorbereiding en een uiterst nauwkeurige uitvoering. Hij was een empirist die altijd op zoek was naar bewijzen. Theorieën die op verwachtingen gebaseerd waren wees hij af. Hij hamerde er bij zijn studenten in dat ze altijd kritisch moesten zijn, op hun eigen werk zowel als op dat van anderen. Waar Pekelharing deze eisen aan zijn studenten stelde zal hij die in nog sterkere mate aan zijn assistent, De Wilde, gesteld hebben. Behalve aan proteïnen in melk werkte Pekelharing in deze periode aan de miltvuurbacterie.[14] Dat hij noch zijn assistent noch een van zijn studenten ooit besmet is geraakt toont duidelijk aan dat er, in een periode waarin er nog geen veiligheidsvoorschriften en veiligheidskleding waren, uiterst nauwkeurig gewerkt moet zijn op zijn lab. Als hobby had Pekelharing de studie van de geschiedenis van de medicijnen en de natuurwetenschappen. Dit mondde uit in een groot aantal Levensberichten van wetenschappers.[15]

Tijdens zijn assistentschap studeerde De Wilde verder en op 26 februari 1892 slaagde hij voor zijn doctoraal geneeskunde.[16] Het feit dat hij dit in de normale twee jaar na zijn propedeuse deed wijst erop dat hij op dit moment zeker niet minder werkte dan er van hem verwacht werd, waarschijnlijk zelfs meer omdat de meeste studenten er geen assistentschap naast hun studie op na hielden. Aangezien De Wilde niet doorging voor zijn Artsenexamen en al sinds 1884 in

---

14 *Bacillus anthracis.*
15 Erdman 2009.
16 Het Utrechts Archief – Archief van de Rijksuniversiteit Utrecht 292-1 / 469-b Registers van candidaats- en doctoraalexamens.

de *Utrechtsche Studenten Almanak* liet aantekenen dat hij wilde promoveren ligt het voor de hand dat hij geen arts wilde worden en zijn zinnen gezet had op een academische carrière.

Het gaat ondertussen goed met Pekelharings laboratorium. In 1895 wordt De Wildes functie vergroot, hij wordt nu ook assistent voor histologie. Omdat dit te veel werk is voor één man wordt er een tweede assistent aangesteld, Wessel Middelveld Viersen (1871-1945).[17]

In 1898 schrijft De Wilde zich uit als student en verlaat hij het corps. Hij wijdt zich nu volledig aan zijn assistentschap en niet zonder succes. Op 2 januari 1900 wordt hij tot eerste assistent benoemd.[18]

Op 23 augustus 1900 verhuist hij naar een kamer op Biltstraat 3. Bij de gemeente geeft hij nu als beroep "assistent physiologie" op. Hij volgt een cursus stenografie en krijgt in november zijn getuigschrift.[19] Op het laboratorium schijnt zijn ster nog steeds rijzende te zijn. In datzelfde jaar spreekt hij, samen met prof. Pekelharing, in diep gevoelde woorden een jubilaris toe.[20] Ook de studenten zijn tevreden over zijn werk. In 1902 wordt hij, samen met zijn collega, door de redactie van de *Utrechtsche Studenten Almanak* bedankt in het jaaroverzicht van de Medische faculteit. Een eer die tot die tijd alleen professoren ten deel was gevallen. "… de assistentie der Heeren De Wilde en Middelveld Viersen werd zeer op prijs gesteld." [21]

Ondanks dit alles ontwikkelde de carrière van De Wilde zich niet zoals men zou verwachten. Op 1 april 1902 wordt hem op eigen verzoek eervol ontslag verleend.[22] Officieel verlaat De Wilde bij het ingaan van het nieuwe studiejaar, 1902-1903, het fysiologisch laboratorium.[23]

Hij is dan 41 jaar oud. Op 3 februari 1903 betrekt hij een kamer op Biltstraat 135 en nu geeft hij als beroep bij de gemeente weer student op. Hoewel hij vanaf dit moment tot in 1908 als beroep student blijft opgeven zijn er geen aanwijzingen dat hij ook werkelijk weer is gaan studeren. Hij komt niet voor op de inschrijvingslijsten voor 1902 en 1903. Ook op de adreslijsten van corps- en andere studenten voor de jaren 1902 tot 1908 zoals die in de *Utrechtsche Studenten Almanak* gepubliceerd zijn, ontbreekt zijn naam.

---

17 Ik dank Henk Luning voor het vinden van de levensdata van Middelveld Viersen.
18 *Staatscourant* 2 jan. 1900, overgenomen in het *Utrechtsch Nieuwsblad*.
19 *Utrechtsch Nieuwsblad* 19-11-1900.
20 *Utrechtsche Studenten Almanak voor het jaar* 1901, 257.
21 *Utrechtsche Studenten Almanak voor het jaar* 1902, 264.
22 *De Staatscourant* 24 maart 1902. Men zou haast aan een conflict met Pekelharing of een schandaal denken, maar indien dit er geweest is heeft men het zorgvuldig uit beeld weten te houden. Noch in het *Utrechtsch Nieuwsblad*, noch in het *Utrechts Studenten Weekblad "Vox Studiosorum"* is er iets te vinden dat in de richting van De Wilde wijst.
23 "Dr. De Wilde werd door Dr. Huiskamp als assistent vervangen." *Utrechtsche studenten almanak voor het jaar* 1903, 262. (waarom De Wilde hier Dr. genoemd wordt is onbekend, ik heb geen bewijs kunnen vinden dat hij recht op deze titel had en hij heeft hem zelf ook nooit gevoerd.)

Kunstkritiek

Of De Wildes hart werkelijk bij zijn studie lag is niet geheel duidelijk. In 1885 toont hij voor het eerst dat hij ook literaire aspiraties heeft. In de *Utrechtsche Studenten Almanak* publiceert hij *Een sprookje*.[24] "Er was eens – 't is heel lang geleden – een ridder die overal heen reisde om monsters en draken te verslaan." Daarnaast vecht die ridder ook nog tegen bijgeloof en oplichters en dat brengt hem in de problemen. Hij raakt in het gevang, maar blijkt uiteindelijk toch een groot ridder te zijn, omdat hij het ergste monster verslaat dat er bestaat, het egoisme. De stijl is wat studentikoos-literair. Dit is de enige bijdrage die hij aan de *Utrechtsche Studenten Almanak* geleverd heeft.

Hoewel dit vermoedelijk het enige gepubliceerde originele literaire werk van De Wilde is[25], was dit niet zijn enige bijdrage aan de Nederlandse cultuur. In 1913 schreef hij J.H. Holwerda (1873-1951) dat hij het een en ander van kunst weet omdat hij zich daar meer dan dertig jaar eerder intensief mee heeft bezig gehouden:

> *Daar ik langen tyd (10 jaren) kunstbeoordeelaar ben geweest van een onzer dagbladen ...*[26]

Wanneer De Wilde precies met zijn kunstkritieken begonnen is en welke krant hij met "een onzer dagbladen" bedoelde heb ik niet kunnen vaststellen. Kranten hadden in die periode de gewoonte om de artikelen in hun "Letteren en Kunst"[27] rubrieken anoniem te plaatsen. Wanneer De Wilde inderdaad met enige regelmaat kunstkritieken geschreven heeft zou dit wel eens een verklaring voor de lange duur van zijn studie kunnen zijn. Wanneer we De Wildes opmerking in de brief aan Holwerda mogen geloven moet hij rond 1880 met deze werkzaamheden zijn begonnen en moeten deze tot ca. 1890 geduurd hebben. Ik stel hier een vraagteken bij omdat geen bewijzen voor de juistheid van de opmerking in de brief aan Holwerda heb kunnen vinden. Dat De Wilde meer dan gemiddeld in literatuur

---

24 De Wilde 1885.
25 In De Wilde 1904b publiceerde hij " ...twee fragmenten ... uit de nagelaten papieren van een dichterlijken, ik mag wel zeggen 'fantastischen' jongen vriend, die mij zijne geschriften ter uitgave heeft toevertrouwd ...

> *Nu doof den dag! Het duister heersch' alom!*
> *Nu, laat opnieuw de scheppingsdaad beginnen!*
> *Beethoven! Geest van God! Nog eenmaal: kom,*
> *Leid, uit den Nacht, opnieuw ons 't Lichtrijk binnen."*

Omdat De Wilde de naam van de dichter niet noemt is het waarschijnlijk dat het hier om een opzettelijke mystificatie gaat en dat hij zelf de auteur van deze poëtische fragmenten was.

26 Brief aan Holwerda van 19-02-1913.
27 In de *Nieuwe Rotterdamsche Courant*. In het *Algemeen Handelsblad* heette deze rubriek "Kunst en Letteren."
"Rond 1900 hadden vrijwel alle grote dagbladen een rubriek voor kunst en letteren. Primus inter pares op dit terrein was de *Nieuwe Rotterdamsche Courant*, naar de kroon gestoken door *Het Vaderland* in Den Haag en, zij het minder, het *Algemeen Handelsblad* in Amsterdam." Van Kalmthout 1998, 208.

geïnteresseerd was blijkt uit een ingezonden brief die op 15 januari 1888 door *De [Groene] Amsterdammer* gepubliceerd werd. Daarin reageerde De Wilde op een lang artikel over het "Realisme" dat Lodewijk van Deyssel (1864-1952) op 8 januari 1888 in dit weekblad had laten verschijnen. De Wilde leest in deze ingezonden brief Van Deyssel de les. De drie door Van Deyssel opgevoerde definities van Realisme zijn onhelder en verwarrend en het komt er uiteindelijk op neer dat de lezer zelf de Franse literatuur tussen 1840 en 1860 maar moet lezen als hij wil weten wat Realisme is. Interessanter voor ons is wat De Wilde over zichzelf zegt:

> *Ik behoor tot de groote menigte, die gij, als auteur, publiek noemt.*[28]

Toch schijnt De Wilde teleurgesteld geweest te zijn dat Van Deyssel hem niet antwoordde. Achttien jaar later, in 1906, deed hij deze aanval nog eens dunnetjes over:

> *... ik heb toen zelf in de "Groene" dadelijk mijn nood geklaagd per ingezonden stuk, maar ik was geen litteraire concurrent, dien het de moeite loonde om dood te schelden, en dus heeft hij [Van Deyssel] me nooit geantwoord ...*[29]

Het feit dat Van Deyssel De Wilde niet antwoordde wijst er op dat hij hem in 1888 niet als kunstcriticus kende. Pas in 1904 blijkt met zekerheid dat De Wilde zich met kunstkritiek bezig hield. In dat jaar schreef hij een lang en kritisch essay over operateksten in het *Weekblad voor Muziek*. Dit weekblad was in 1894 opgericht door de componist en leraar klassieke talen Hugo Nolthenius (1848-1929). Nolthenius was in eerste instantie een Wagner propagandist.[30] De Wilde schreef zijn kritisch essay als reactie op het voorwoord in het tekstboek van *De Bruid der Zee* van Nestor de Tière. Nestor de Tière (1856-1920) was een Belgisch toneelschrijver die de Vlaamse theaterliteratuur wilde vernieuwen. Voor de Antwerpse componist Jan Block (1851-1912) schreef hij twee libretto's, in 1896 *De Herbergprinses* en in 1901 *De Bruid der Zee*. De kritiek op *De Herbergprinses* was niet gunstig geweest en in het voorwoord van *De Bruid der Zee* deed De Tière hierover zijn beklag. De Wilde voelde zich als criticus schijnbaar aangesproken en ging op zijn beurt De Tière weer te lijf. Een mild criticus was De Wilde niet. Meteen in regel één wordt de sfeer van het stuk gezet:

> *Er zijn heel wat schrijvers, van wie men leeren kan hoe men niet moet schrijven.*[31]

Het is overigens niet alleen De Tière die er van langs krijgt, ook van zijn lezers schijnt De Wilde niet al te veel te verwachten:

---

28 De Wilde 1888
29 De Wilde 1906b, 227.
30 Buijn 2007, 177-178.
31 De Wilde 1904a, 153.

> *... met de vraag: "Wat is een drama?" zullen wij ons hier niet vermoeien. Ik wil zoo beleefd zijn bij mijne lezers eenige kennis te onderstellen op dit punt. Groot behoeft die niet te zijn; en zal die ook wel niet zijn ...*[32]

In zijn poging om het Vlaamse theater te vernieuwen ontwikkelde De Tière een naturalistische stijl. De figuren op het toneel moesten "natuurwaar" zijn. De Wilde toonde eenvoudig aan dat wat er in het theater en zeker in de opera gebeurde altijd kunstmatig is en moet zijn. Hoewel de taal van De Tière ontdaan was van overtolligheden, was het niet de taal van alle dag en dat zou volgens De Wilde ook nooit kunnen. Zeker niet in een opera. Een boze smid verwoorde zijn woede nu eenmaal niet met gezang. De hele kritiek van De Wilde toont, geheel in de sfeer van dit blad, zijn voorkeur voor Wagner. Ik laat dit hier verder voor wat het is en kijk alleen nog even naar een opmerking waarin De Wilde het verschil tussen kunst en wetenschap aangeeft:

> *... [Ik wil] er op wijzen dat in kunst het machtig opbouwende element, dat in wetenschap tot zulke reusachtige overwinningen heeft geleid, met opzet wordt versmaad, het middel, dat zoo zeker als het Noodlot tot hooger opvoert: het voortbouwen op wat reeds bestaat.*[33]

Voor De Wilde is het niet de creativiteit, die tot nieuwe inzichten leidt, maar de accumulatie van feiten.

In 1905 en 1906 publiceert De Wilde vijf Divagaties over Kunst in het *Weekblad voor Muziek*. Hierin gaat hij op zoek naar het wezen van de kunst, niet van de muziek, zoals men in dit tijdschrift zou verwachten, maar van alle kunst. De Wildes kunstbegrip is, in navolging van o.a. Emanuel Kant (1724-1804), zo ruim dat ook de schoenmaker er onder valt, maar spitst zich uiteindelijk toch toe op de literatuur. Hij zet zich in deze artikelen af tegen de tachtigers. Voor hem geen l'art pour l'art en geen naturalisme. Hierin loopt hij vooruit op C.S. Adama van Scheltema (1877-1924) die in 1907 in zijn *De Grondslagen eener nieuwe poëzie* hetzelfde zal doen.[34] De Wilde schrijft zijn aanval vol ironie:

> *Woordkunst is schijn, geen waarheid. Maar het geslacht is nog niet dood, het werkt nog, dichtert nog en sentimenteert nog, al heeft het meerendeels al andere namen gekozen voor zijn doen, - het geslacht, dat lang al, met hellen trommelslag en met geraffineerd-zinnige frazen, de leuze rondslaat door de landen: Wees waar! Wees waar! En gij zijt kunstenaar!*[35]

---

32 De Wilde 1904a, 183.
33 De Wilde 1904a, 174.
34 "Ik voelde de drang, de vaste lijnen te zoeken in de hopelooze verwarring onzer tegenwoordige letteren: het naturalisme, en zijn Hollandsche verbijzonderingen, - ik meende de tijd eindelijk gekomen tot een laatste en grondige afrekening met de 'tachtigers' of de z.g.n. 'Nieuwe-Gids-richting'." Adama van Scheltema 1907, 7.
35 De Wilde 1905a, 9.

Waar De Wilde in zijn weerzin tegen de tachtigers verwant is aan Adama van Scheltema komt hij uiteindelijk toch tot een andere conclusie. Bij hem geen kunst die in dienst staat van het socialisme of welke andere stroming dan ook:

… is … het ideaal van de sociaaldemocraten … realiseerbaar? Nee! U moet me wel begrypen. Niet wat de socialisten van nu voor ideaal houden! Integendeel, dat acht ik iets zoo conservatiefs, dat dat eigenlyk geen toekomst, maar integendeel al ver verleden is. Een socialist is een droomer van een heilstaat of gelukstaat of hoe je 't noemen wilt. En droomen zyn altyd geheugen-beelden, altyd opschemeringen van al voorby gegane dingen.[36]

De Wilde worstelt met het Christelijk geloof en keert zich af van de politiek. Hij zoekt naar iets hogers, maar ook dat is moeilijk te vinden. In zijn vijf Divagaties komt hij tot vier stellingen. Kunst is zo ruim als het leven zelf. Kunst is een wisselwerking tussen publiek en kunstenaar, in de Kunst is er geen onderscheid tussen Gevoel en Verstand en het allerbelangrijkste, Kunst is nabootsing.

Omdat dit boek over De Wilde en de hunebedden gaat kijk ik alleen naar een paar opmerkingen die ook voor zijn archeologische werk van belang zijn:

Een absolute waarheid bestaat niet, - is zelfs niet! Dat is mijn vaste overtuiging; en die overtuiging volgend, schrijf ik. Wie nu een andere heeft, passe die dan toe, en toetse dan de zijne aan de mijne, of andersom, en hij oordeele en kieze, zelfstandig zonder zich te laten weerhouden in zijn kritiek, noch door een gezag, dat ik niet usurpeer, noch door een ander "gezag", al is dat het grootst denkbare.

In een enkel opzicht evenwel eisch ik onvoorwaardelijk vertrouwen van den lezer. Dat is wanneer ik een feit vermeld. Ik ben geen spiritist, heb nog nooit een hallucinatie gehad, en ben alleen maar wel eens dronken geweest in den tijd van mijn student-zijn; lang geleden dus. Maar daarom kan er geen enkele, volstrekt geen enkele reden bestaan om een feit te betwijfelen, dat ik als zoodanig vermeld.[37]

In zijn Divagatie V uit 1906 toonde De Wilde hoe hij als autoriteit tegen de rol van de autoriteiten in de kunst aan keek:

Gezag is noodig, vóór dat iemand "Kunst" of "zijn kunst" met eenig succes kan publiceeren. Het hoeft niet veel te zijn, het hoeft ook niet eens bepaald "eigen" gezag te zijn, en het is ook niet zoo moeilijk te krijgen, - als je maar niet te delicaat bent! Met zijn drieën of vieren, bij afspraak of zelfs maar bij stilzwijgende overeenkomst, kun je er gemakkelijk een korreltje van draaien. En het gedijt dan vanzelf zonder veel moeite of zorg. Het wast nog weliger dan mosterdzaad, zoodat zoo'n korreltje al heel gauw uit- en opschiet tot een fiksche plant, waarvan anderen al dadelijk bloempjes kunnen plukken voor hun knoopsgat. En meestal wordt de plant ook wel gauw een struik, waarin al menig autoriteitshaasje kan schuilen. En, loopt het mee, dan wordt de struik, vaak al in afzienbaren tijd, een heele boom – ik zou daarvan dingen kunnen vertellen! – en dan wordt, in zijn scha-

---

36 De Wilde 1906d, 11.
37 De Wilde 1905d, 195. Hij stond in dit jaar nog als student ingeschreven in de gemeentelijke administratie.

duw, er deftig beraadslaagd over wereldbelangen en zijn loof dient tot bescheiden lauwerkransen op eerwaarde commissoriale schedels van gezag, die tentoonstellingen bedenken en kunst-gezelschappen stichten, die Rembrandt-diners organiseeren aan deszelfs (d.i. des booms) voet, enz. En tevens dient dan de schaduw – zooals ieder ding voor meer dan een doel dient – om te beletten dat er in de buurt nog andere gezaggen opschieten van dezelfde soort. Immers de houtvester weet het wel: er slaan geen eiken onder eiken, noch dennen onder dennen op.[38]

---

38 De Wilde 1906b, 219-220.

Hoofdstuk 3

De Wilde en de hunebedden

Archeologisch veldwerk

Wat De Wilde precies deed nadat hij opgehouden was met werken op het fysiologisch laboratorium is onbekend. In de zomer van 1904 reisde hij door Drenthe. Het mag zijn dat hij zijn baan bij het fysiologisch laboratorium opgezegd had, maar dit betekende niet dat hij ook alle banden met bekenden uit die tijd doorgesneden had. Op deze reis werd hij vergezeld door zijn vroegere mede-assistent Wessel Middelveld Viersen. Deze had, nadat hij in 1902 gepromoveerd was, in 1903 ook het fysiologisch laboratorium verlaten.[39] De twee vrienden bezochten o.a. het Provinciaal Museum voor Oudheden in Assen (het tegenwoordige Drents Museum). Hier kwam De Wilde in contact met Jan Abraham Rudolf Kymmell (1851-1922). Kymmell was een wat tragisch figuur die een groot gedeelte van zijn leven met een alcoholprobleem geworsteld heeft. Na een mislukte studie filosofie gingen ook een carrière als burgemeester en als archivaris aan dit probleem ten onder. Uiteindelijk werd hij secretaris van de commissie van bestuur van het Asser museum. In deze hoedanigheid beantwoordde hij de brieven die De Wilde aan het museum stuurde.[40]

Tijdens het bezoek aan dit museum schijnen de twee vrienden geïnteresseerd geraakt te zijn in de hunebedden. Ze besluiten om tijdens hun reis door Drenthe alle hunebedden te gaan bekijken. Of ze dit jaar werkelijk alle hunebedden bezocht hebben is onbekend. Van een aantal is het echter zeker. Gedurende deze reis maakten ze een groot aantal foto's. De platen vielen goed uit, maar de eerste afdrukken vielen tegen. Ze waren bruin en vlekkerig. Helaas gebeurde er daarna een ongeluk met de platen. Er konden geen nieuwe afdrukken meer gemaakt worden. Het hele werk moest het volgende jaar opnieuw gedaan worden. De Wilde maakte, voordat hij opnieuw naar Drenthe ging, een aantal aantekenboekjes waarin hij naast de minder goed gelukte foto's alles noteerde wat hij over het op de foto afgebeelde hunebed wist. Alleen deel 5 van deze hunebed-aantekenboekjes is tot

---

39 Middelveld Viersen was op 10 juli 1902 gepromoveerd op "Bijdrage tot de bepaling van alcohol in de maaginhoud". Het Utrechts Archief – Archief van de Rijksuniversiteit Utrecht 292-1 / 469-b Registers van candidaats- en doctoraalexamens. Hij deed dit onder E. Mulder, maar het onderwerp was ongetwijfeld aangedragen door Pekelharing die zich in deze jaren ook bezig hield met de invloed van alcohol op het menselijk lichaam.

40 Een deel van de gegevens in dit boek komt uit de restanten van die briefwisseling. Aangezien deze in zijn totaliteit als Appendix opgenomen is, zal ik er in de noten niet specifiek naar verwijzen.

De Wilde bij Loon (D15) "Ik sta tusschen den ring en h[et] H[unebed]. Om te toonen dat daar ruimte [is] op kiek 1".

op heden terug gevonden. Aangezien De Wilde zijn foto's dateerde is duidelijk dat hij op 30 juli 1904 de hunebedden van Midlaren (D3 en D4), op 31 juli die van Gasteren (D10) en Loon (D15) en op 2 en 3 augustus dat van Gieten (D14) bezocht. Op de foto van Loon staat De Wilde met zijn rug naar de kijker.[41]

Aan de foto's is direct te zien dat De Wilde meer dan gewone interesse in de Hunebedden had. Hij maakte geen mooie, romantische opnamen, maar beperkte zich tot de details die hem interesseerden.

In 1878 had de *Society of Antiquaries of London* Rev. William Collings Lukis (1817-1892), en Sir Henry Dryden (1818-1899) naar Drenthe gestuurd om daar zoveel mogelijk hunebedden op te meten.[42] Deze heren hadden zich voortreffelijk van hun werk gekweten en Dryden had, op verzoek van L. Oldenhuis Gratama (1815-1887), kopieën van zijn plattegronden en zijaanzichten voor het museum in Assen gemaakt. Hoewel het oorspronkelijk de bedoeling geweest was om deze tekeningen te publiceren is het daar tot op heden helaas nooit van gekomen.

---

41 Aantekenboek Deel V, 45.
42 Bakker 1979a. Van der Sanden 2007, 109-117.

Tijdens hun werk in Nederland hadden Lukis en Dryden ook de conservator voor Nederlandse Oudheden van het Museum voor Oudheden in Leiden, W. Pleyte (1836-1903), ontmoet. Deze werkte op dat moment aan het eerste deel van zijn *Nederlandsche Oudheden van de vroegste tijden tot op Karel den Groote*. Het feit dat Pleyte dit groots opgezette overzicht van de Nederlandse archeologie geschreven heeft is op zich een merkwaardig fenomeen. Hij had theologie gestudeerd en zich vervolgens zelfstandig tot Egyptoloog omgeschoold. In 1869 was hij tegen de wens van directeur C. Leemans (1809-1893) tot conservator van het Museum van Oudheden te Leiden benoemd. Omdat Leemans zelf ook Egyptoloog was is het te begrijpen dat hij niet naar Pleytes komst uitkeek. Hij gaf hem het beheer van de Klassieke- en de Nederlandse oudheden, zodat Pleyte moest functioneren op een terrein waarop hij niet voorbereid was en waar zijn hart niet werkelijk lag.[43] Ook na zijn aanstelling bleef Pleyte over Egyptologische onderwerpen publiceren. Hij heeft nooit opgegraven en slechts een klein aantal publicaties over Nederlandse oudheden het licht doen zien. Dit wil echter niet zeggen dat hij hier geen oog voor had. Toen hij na de pensionering van Leemans in 1891 directeur van het RMO werd heeft hij het museum vergroot en er voor gezorgd dat de Nederlandse Oudheden, die tot die tijd op zolder stonden, twee eigen zalen kregen. Zijn grootste verdienste voor de Nederlandse archeologie zijn de 6 delen *Nederlandsche Oudheden* die hij tussen 1877 en 1903 liet verschijnen.[44] Hij besprak hierin vrijwel alle toen bekende archeologische vondsten in (Noord) Nederland en beeldde ze in gekleurde steendrukken af. Hierbij voegde hij een vereenvoudigde versie van Winand Starings (1808-1877) geologische kaart waarop de vindplaatsnamen waren aangegeven. Pleyte sloot met zijn *Nederlandsche Oudheden* aan bij een traditie die Nicolaus Westendorp (1773-1836) in 1819 gestart had met de oprichting van *Antiquiteiten een Oudheidkundig tijdschrift*[45] en die door C.J.C. Reuvens (1793-1835), C. Leemans en L.J.F. Janssen (1806-1869) verder ontwikkeld was.[46]

Lukis en Dryden zagen de proeven van deel I, Friesland, Oostergo, waarin ook G1, het hunebed van Noordlaren, behandeld werd. In het verslag dat Lukis van de reis door Drenthe en Nederland aan *The Society of Antiquaries* in London gaf liet hij duidelijk blijken dat hij niet onder de indruk was van Pleytes werk:

> ... it [Pleyte's book] will be lacking in a very important particular, for it will give no ground-plans. His intention is to give a few general measurements to enable the reader to ascertain their relative proportions, and to state what has been found in

---

43   Leemans schreef aan de minister van binnenlandse zaken dat hij liever zelf een doctor in de letteren, een classicus, opleidde (Boeser 1904, 99). Aangezien hij een conservator voor de klassieke afdeling zocht had Leemans daar zeker een punt. De kennis der klassieken was bij theologen uiteraard kleiner dan bij classici en het was daardoor ongetwijfeld eenvoudiger om een classicus tot klassiek archeoloog om te scholen dan een theoloog.

44   [I] Friesland, Oostergo, [II] Drente, [III] Overijsel, [IV] Gelderland, [V] Batavia, Gelderland II, Zuid-Holland I, Zeeland, [VI] West-Friesland. De delen voor Brabant en Limburg zijn nooit verschenen.

45   Arentzen 2009, 273-330.

46   Reuvens, Leemans en Janssen, 1845. Zie ook Bakker 2010.

and about the monuments, but this will be quite insufficient for the archaeologist to acquire a correct knowledge of their forms and construction, and to determine the place they should occupy among the rude stone structures of Europe.[47]

Lukis' verslag werd in Nederlandse vertaling op 9 februari 1880 door Oldenhuis Gratama in de *Provinciale Drentsche en Asser Courant* gepubliceerd. Pleyte was hier uiteraard niet gelukkig mee en publiceerde op 20 februari in diezelfde krant een antwoord waarin hij zijn twijfels over het werk van Lukis en Dryden uitte:

Bij het monument staande weet men dat men geplaatst is voor een vernield gedenkteeken, welke vraag moet men nu eerst beantwoorden? Deze: weet men ook hoe dat gedenkteeken er voor de verstoring uitzag? Die vraag hebben de Heeren Engelschen zich niet gesteld, hadden zij dat gedaan, dan zoude hun oordeel over deze zaak geheel anders geweest zijn, zij hadden dan geweten, dat er behalve de hun bekende schrijvers op het gebied van onderzoek ook een Nicolaas Westendorp bestond, die meer waarde heeft dan al die genoemden. Van drie zoo niet vijf steengraven is volkomen juist bepaald hoe zij er uit zagen, voor dat zij vernield werden. Men vindt de verslagen daaromtrent in van Lier, Westendorp, de Podagristen en in de mededeelingen van den heer Gregory. Daaruit kan men afleiden hoe alle zich hebben vertoond. De geschiedenis dus van het monument dient in de eerste plaats geraadpleegd en eerst daarna de toestand waarin het overschot verkeert. De Engelsche heeren verwachten alles van hun opmetingen, en ik zal er de waarde niet van miskennen; doch op dit eene feit wil ik nog wijzen. De hunebedden hadden een dubbele vloer, waar vindt men dit feit bij de heeren vermeld? Dat is niet kunnen geconstateerd worden door hen. Waarom niet? omdat zij de historische bijzonderheden van het onderzoek misten. De bovenste vloer is van alle graven vernield en valt alleen in het oog van hem die weet wat hij vinden kan. Ik verwacht weinig resultaat van het werk van de heeren Lukis en Dryden voor de kennis onzer steengraven.[48]

Al tijdens zijn bezoek aan Assen zorgde De Wilde ervoor dat hij de tekeningen van Dryden een tijdje kon lenen. Terug in Utrecht bestudeerde hij ze en maakte er voor eigen gebruik op ware grootte buitengewoon fraaie met waterverf gekleurde kopieën van. Tijdens zijn reizen door Drenthe in 1905 en 1906 bezocht hij alle hunebedden opnieuw en controleerde hij ter plaatse zijn kopieën van de tekeningen van Dryden en corrigeerde hij die waar dat nodig was. Ook tekende hij plattegronden van de hunebedden die Lukis en Dryden niet gezien hadden.

In september 1904 vraagt Kymmell De Wilde of hij geen stuk wil schrijven voor de *Nieuwe Drentsche Volksalmanak*. De Wilde twijfelt, hij heeft wel ideeën, maar vindt dat zijn kennis nog te veel te wensen overlaat om nu al een artikel te schrijven. Misschien een klein stukje "over het vinden van archaeologische voorwerpen in Drenthe en elders, en over wat de vinder er bij hoort in acht te nemen." In een brief uit december 1904 laat De Wilde Kymmell weten dat hij een kritiek

---

47 Lukis 1879, 2.
48 Provinciale Drentsche en Asser Courant 20 Feb. 1880. De Wilde 1907, 73 verwijst naar dit artikel maar noemt als datum van publicatie 13 Februari 1880.

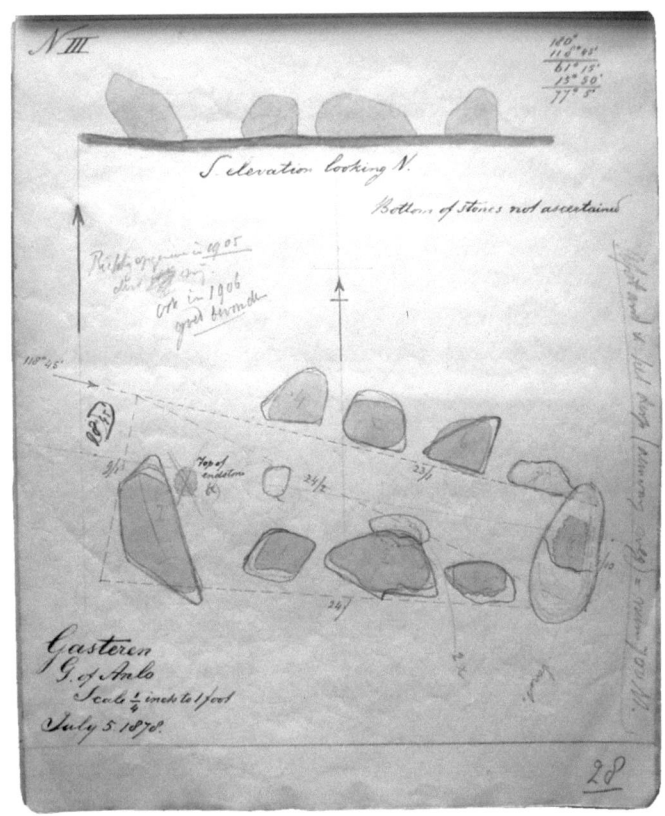

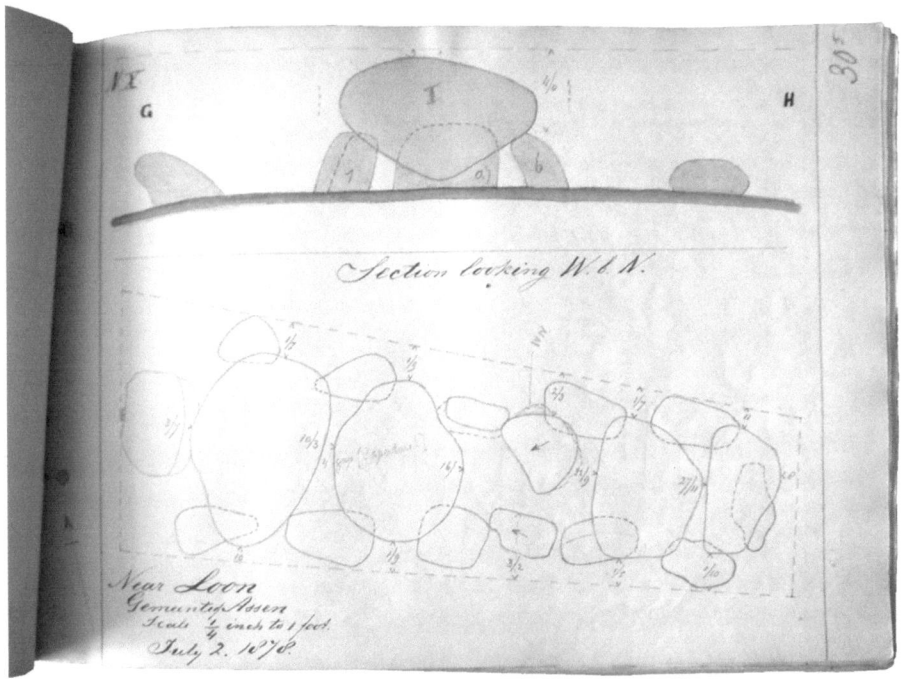

De door De Wilde gemaakte kopieën van de tekeningen van Dryden van het hunebed van Gasteren (D10) met daarop de aantekening dat deze in 1905 en 1906 gecontroleerd zijn.

op Pleyte's *Nederlandsche Oudheden* deel II Drenthe voor de *Almanak* geschreven heeft, maar dat hij die niet kan publiceren, omdat hij gehoord heeft dat Pleyte al dood is.

Zijn studie van de hunebedden heeft hem tot nu toe meer vragen dan antwoorden opgeleverd. Dat verwondert De Wilde niet omdat hij tot de conclusie gekomen is dat deze studie in Nederland nog geheel in de kinderschoenen staat. Een ding weet hij echter zeker, je kunt dat wat er in het buitenland over megalithische monumenten geschreven is niet zomaar op de Drentse hunebedden overplanten.[49]

Op 26 juni 1905 verhuisde hij naar een kamer op Trans 17 en in augustus en september maakte hij per fiets[50] opnieuw een "studiereis langs de Hunebedden".[51] De Wilde beschouwde dit niet als een vakantie, hij reisde niet als toerist, maar als archeoloog.[52]

Als uitvalsbasis voor het eerste gedeelte van zijn onderzoek koos hij een hotel in Zuidlaren.[53] Van daaruit bezocht hij de hunebedden van Noordlaren (G1), Steenbergen (D1), Westervelde (D2), Tynaarlo (D6), Schipborg (D7), Anlo (D8 of D11), Annen (D9), Eext (D12 en D13), Gasteren (D10), Loon (D15), Ballo (D16) en Rolde (D17-D18). Na een maand in Zuidlaren verhuisde hij naar een hotel in Borger[54] waar hij ongeveer even lang verbleef. Van hieruit bezocht hij hunebedden te Gieten (D14), Bronneger (D21-D22-D23-D24 en D25), Borger (D27), tussen Borger en Buinen (D28-D29), "de Grafkelders" bij Emmen (D43), de Emmerdennen (D45), en Angelslo (D46 of D47). Het is mogelijk dat hij tijdens het tweede gedeelte van zijn reis nog meer hunebedden bezocht, maar daarover geeft hij in het artikel dat hij naar aanleiding van deze reis schreef[55] geen duidelijke informatie.

Het onderzoek van De Wilde bestond uit het fotograferen, opmeten en in kaart brengen van de hunebedden die hij bezocht. Dit kwam hoofdzakelijk neer op het controleren van zijn kopieën van de plattegronden en zijaanzichten van Dryden en het maken van aantekeningen over hoe de hunebedden er in het landschap bij lagen. In zijn aantekenboekje V is te zien dat hij dit heel zorgvuldig deed. Hij nummerde de stenen op de foto en beschreef in z'n aantekeningen alles wat hij ter plaatse zag en dacht.

---

49 Brief van De Wilde aan Kymmell van 12 December 1904.
50 Hij reed op een "Victoria met rubber wielbanden en dubbele veren". De Wilde 1906, 154.
51 De Wilde 1906b, 152.
52 De Wilde 1906b, 154. "De graven gleden [na 1880] weer terug in de vergetelheid van de Grote Stille Heide; sommige, goed bereikbare graven vormden een toeristische attractie en een dankbaar onderwerp voor landschapsschilders, de meeste kregen slechts bezoek van passerende boeren of schaapherders. Slechts een enkeling, zoals de onderwijzer en amateur-archeoloog W.J. de Wilde, bekommerde zich in die tijd over de zandafgravingen nabij hunebedden en over andere bedreigingen." Van Ginkel e.a. 1999, 145.
53 Hotel Zondag nu hotel De Gouden Leeuw.
54 Hotel Bieze.
55 De Wilde 1906b.

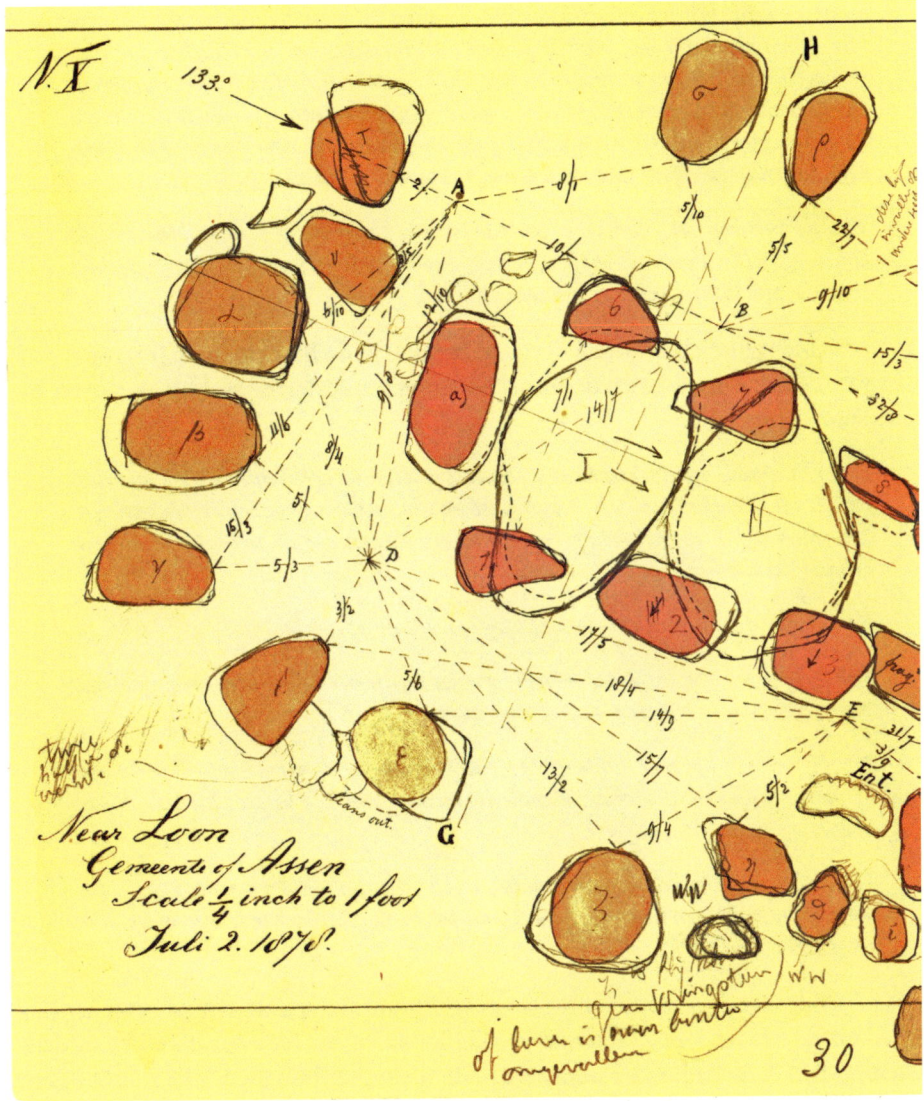

Wanneer Dryden's originelen te groot waren voor De Wildes notitieboekje deelde hij zijn kopieën in tweeën.

Over het hunebed van Gasteren (D10) schrijft hij o.a. het volgende:

Deksteenen: 1 gekanteld, geloof ik in ZW richting steen 2 acht ik een deksteen, gekanteld naar het Z. over den steunsteen heen die daardoor naar binnen gevallen en gebroken is vlak langs den grond. Er is n.l. aan de binnenzijde (N) v[an] steen 2 een steen in den grond te zien blijkbaar afgebroken. Deze steen noem ik 2x, en houd ik voor de eigenlijke steunsteen.

Steen b schijnt mij eer een deksteen toe, gevallen en gebarsten. De zijsteenen zijn hier alleen zoo klein dat b als sluitsteen onevenredig groot lijkt Toch is het niet onmogelijk en het zou kunnen dat dan dit H[unebed] nadert tot den <u>kelder</u> en dat dan toch 6 poortsteen is, ofschoon <u>daartegen</u>: de breedte der tusschenruimten. Het feit echter v[an] het barsten in <u>die</u> richting pleit meer voor een val van boven neer, waarbij dan 7 als sluitsteen gedacht, werd afgebroken.

Voor de meening dat 2 deksteen kan zijn pleit ook zijn vorm, die aan binnenzijde <u>bol</u> is, geheel in tegenstell[ing] m[et] <u>alle</u> andere steunsteenen, die zoover ze <u>heel</u> zijn alle plat zijn a[an] d[e] binnenzijde [56]

De Wilde is niet alleen in de bouw, maar ook in de ligging en de interne structuur van de ondergrond van de hunebedden geïnteresseerd. Ik blijf nog even bij Gasteren:

Het H[unebed] ligt <u>in</u> een heuvel, maar een zeer verbrokkelde heuvel, die deel schijnt uit te maken van een veel grootere heuvel, waarin gegraven is en verstoven. Zeer duidelijk is die heuvel opgewaaid op een terrein dat steenrijk is, maar geen gerolde steenen bevat.

Er is onder dien heuvel een zwarte laag veenachtig[e] aarde.

Het hoogste punt v[an] d[en] heuvel ligt niet boven het H[unebed], maar een zes meter meer naar Oost dan men zou verwachten.

Het H[unebed] ligt zeer duidelijk lager dan de hoogste donkere laag – deze laag is op verre na niet zoo zwart als de onderste en deze onderste bestaat uit zeer dunne laagjes afgewisseld met ligtere.

Deze veenlaag loopt door, horizontaal, wel langzaam afdalend naar het W, telkens onderbroken en heeft zich voortgezet tot in de veentjes die in het W en NW ontgonnen worden [57]

De Wilde laat deze aantekening vergezeld gaan van een doorsnede van het hunebed en de heuvel met een aantal verschillende lagen. Het opvallendste in deze tekening zijn de twee lijntjes onder de bodem van het hunebed. Dit zouden twee boven elkaar liggende vloeren kunnen zijn. De Wilde schrijft er echter niets over. Of De Wilde zelf in dit hunebed gegraven heeft of hoe hij anders aan deze informatie gekomen is vermeldt hij niet.[58]

De Wilde beschrijft niet alleen de beschadigingen aan de diverse stenen van het hunebed, maar ook de staat van onderhoud. Bij Gasteren merkt hij op dat een ter voorkoming van overstuiving er naast geplaatst bamboe scherm in 1905 in slechte staat is. Ook noteert hij:

---

56 Aantekenboek Deel V, 7.
57 Aantekenboek Deel V, 9-10. Volgens Bakker betrof het (mondelinge mededeling) hier waarschijnlijk een podzolbodemprofiel met oerbank en loodzandlaag.
58 Dat De Wilde twee vloeren aangeeft is geen doorslaggevend bewijst dat hij werkelijk gegraven heeft. De Wilde kende Pleyte's artikel uit de Provinciale Drentsche en Asser Courant 20 Feb. 1880 en daarin stond duidelijk vermeld dat hunebedden een dubbele vloer hebben.

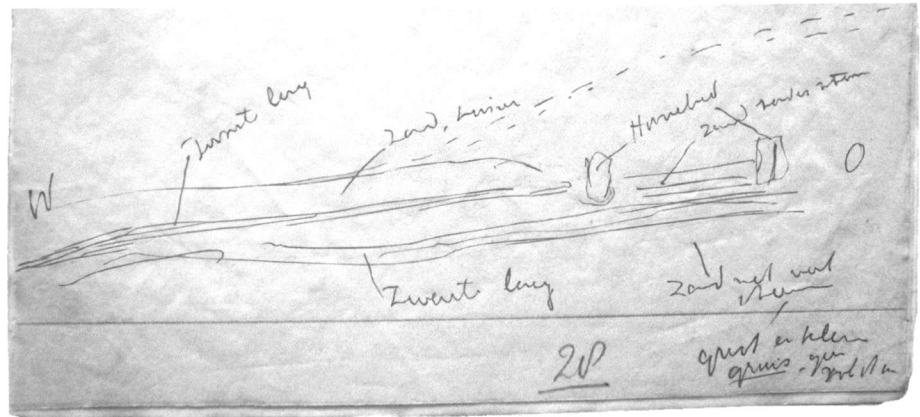

De Wildes doorsnede van het hunebed van Gasteren (D10).

> *Enclave is geheel zand. Opervlakte zeer onregelmatig. 2 bazalt paaltjes aan de W. zijde 3 aan de O zijde, het meest Noordel[ijke] v[an] den bewuste 3 is gevallen en van zijn plaats.*[59]

Verder maakt De Wilde een notitie over de nog zichtbare getuigenissen van het uitgraven van dit hunebed:

> *Steen zwart of donker aan boven kant, tot zekere hoogte daaronder normale kleur voor begraven geweest zijn.*[60]

Bij Gieten (D14) is de situatie beter, "onderhoud voldoende, greppel, 4 paaltjes, hardsteen op hoeken". Over de hunebedden van Midlaren (D3 en D4), die tussen twee boerderijen ingeklemd liggen, is hij daarentegen zeer ontevreden:

> *Sterk verontreinigd met oude lappen, drek v[an] mensch en dier (koe). Over de steenen de gehele plunje van den heer en vrouw des huizes.*[61]

Hoewel het merendeel van de hunebedden nu van provincie of rijk is en het grote slopen opgehouden is, beseft De Wilde dat er nog steeds gevaren dreigen, maar hij gaat daar luchtig mee om:

> *Gezelschap van een jongetje v[an] Tolbaas. Deze tol verplaatst voor uitgang van huis etc. Jongetje 6 jaar, met een mes zoo groot als zijn bovenarm in zijn zak, op zijn dooie gemak (de Drent heeft den tijd) een figuur krassend in den steen en toen in het korte gras – zoo is iedere nadering v[an] d[en] mensch den oudheid*

---

59 Aantekenboek Deel V, 10.
60 Aantekenboek Deel V, 10. Zie Bakker 1979a en 2010 voor de omstreeks 1870 weggegraven heuvelrestanten.
61 Aantekenboek Deel V, 66.

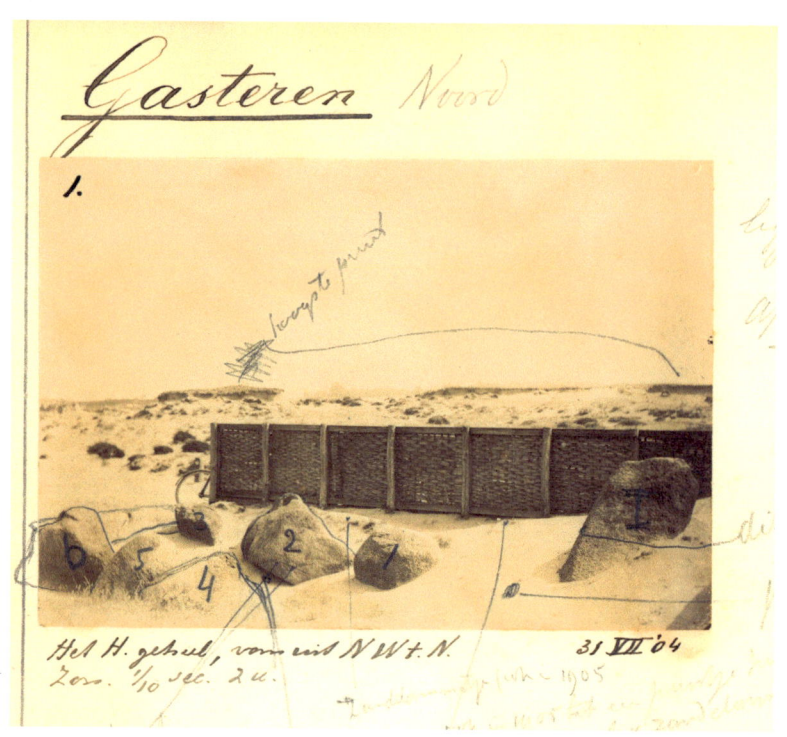

Gasteren (D10) en Gieten (D14).

noodlottig. Het kind bekijkt alle zaken liefst van den onderkant want hij ligt altijd en bij iedere verandering v[an] positie van <u>mij</u>, is zijn onmiddellijke nabijheid op zijn rug.[62]

De tijd dat de hunebedden eenzaam en verlaten op de heide lagen was in 1905 al voorbij, het waren toeristische attracties geworden[63]:

Het was een heerlijke nazomer-dag in het laatst van September, zoodat ik, tijdens mijn arbeid ter plaatse [Gieten-D14], herhaaldelijk gezelschap kreeg van sportbroeders en -zusters, ook enkele wandelaars en een paar équipages. Over het algemeen is het mij trouwens in Drenthe bizonder opgevallen, nu ik meermalen een uur of acht aaneen bij hetzelfde Hunebed bleef, dat die vrij veel bezoek trekken. Bij Rolde, Emmen, Borger, en zelfs bij de zoo afgelegen groepen van Bronneger en van Angelslo, - bijna nergens bleef ik alleen.[64]

Doordat De Wilde de hunebedden meerdere jaren achter elkaar bezocht zag hij ook de veranderingen die er ontstonden:

Eindelyk die Eexter grafkelder! Het trapje is een moderne constructie, aangebracht in 1906 of 1907. Ik kan het jaar preciseeren wanneer U het verlangt, maar moet dan in myn brouillons van dien tyd napluizen. Myn plattegrond van den kelder is trouwens opgemeten en geteekend <u>zonder</u> dat trapje, in een jaar voorafgaande aan het restauratie-jaar. Toen ik evenwel met myn geteekend plan ter plaatse kwam heb ik het, toen nog geen week oude, ding ingevoegd. U [Holwerda] kunt dus absoluut overtuigd zyn van het bestaan of bestaan hebben van die treden. Ik heb er zelf op gestaan en hun aantal (3) en hun aantal steenen geteld, TERWYL NOG DE WERKLIEDEN BEZIG WAREN ON DEN KELDER VERDER TE RESTAUREEREN, - o.a. waren die lieden juist bezig met het bevloeren van den bodem van den kelder en het aanstampen van die vloer met een straatstamper. Die vloer zal er nu nog wel zyn, onder het zand. Dat het trapje verdwenen was, heb ik nog tydens ons zomerbezoek aan eenigen onzer tochtgenooten gezegd. En ik herinner my zeer goed, dat, toen ik het ding voor het eerst zag, ik een neiging voelde om my te ergeren, welke ongezonde toestand niet geheel verbeterde ook al bedacht ik, dat die malligheid na een half jaar wel zou weggetrapt zyn, daar ik by ondervinding wist, dat dit hunebed sterk bezocht wordt door de jeugd, die ik er "vesting" in heb zien spelen, en door anderen, die er minder romantisch-aesthetische dingen in deden en achterlieten.[65]

---

62   Aantekenboek Deel V, 37, Midlaren. De Wilde was waarschijnlijk een kindervriend. Onder een van zijn aantekeningen over Midlaren schreef een kind "geesje slaak".
63   De belangstelling die er op dat moment voor de hunebedden bestond moeten we vooral niet overschatten. Toen de onderwijzer P. Louwerse (1840-1908) in 1908 zijn Verhalen uit de Vaderlandsche Geschiedenis voor de Nederlandse schooljeugd publiceerde liet hij daarin de hunebedden onbesproken en begon hij de vaderlandse geschiedenis in 100 v. Chr. met de komst van de Batavieren.
64   De Wilde 1906, 158-159.
65   Brief aan Holwerda van 19 Februari 1913.

Terug in Utrecht schreef De Wilde in 1905 een artikel, "Een legendarische alomtegenwoordigheid", voor de *Nieuwe Drentsche Volksalmanak* voor 1906 over een bijzondere observatie die hij tijdens deze reis gedaan had. Zijn stijl is helder met hier en daar wat studentikoze humor. Meteen aan het begin van zijn artikel introduceert hij zich als archeoloog wanneer hij over een voorval spreekt dat hem tijdens het opmeten van het hunebed van Noordlaren (G1) is overkomen. Een boer sprak hem aan en vroeg hem wat hij deed. Dit hunebed lag aan de rand van een zandafgraving en dreigde er op elk moment in te vallen. De Wilde is hier niet gelukkig mee en antwoordt de boer dat hij het hunebed gekocht heeft en het nu over gaat brengen naar zijn tuin in Utrecht zodat er eindelijk eens goed voor gezorgd zal worden.[66] De boer op zijn beurt vertelt De Wilde ook een verhaal:

> *Eens heeft Koning LODEWIJK NAPOLEON, toen hij met zijn gevolg een wandelrit maakte door de drie Larens, zijn geleide zoover achter zich gelaten, dat hij de heeren niet meer zag, en, langs den binnenweg aangekomen bij dit Hunebed, heeft hij zijn paard een stouten sprong laten doen, eerst op den kleinsten -, daarna op den grooten deksteen, en bleef zoo, als een ruiterstandbeeld, zijn verloren gevolg inwachten.*[67]

De Wilde is geïntrigeerd door dit verhaal en gaat als een goed wetenschapper op zoek naar een tweede bron om het bevestigd te krijgen. Hij beschouwt het zoeken naar verhalen die aan hunebedden gekoppeld zijn als een integraal onderdeel van zijn werk:

> *Een onderzoeker der oudheid nu, die een reputatie heeft op te houden of nog te verwerven, moet ook een weinig folklorist zijn, en doet dus wijs, als hij de lokale overleveringen, die hij tegenkomt, niet veronachtzaamt.*[68]

Hij vindt geen tweede bron voor Noordlaren, maar tot zijn verbazing hoort hij het zelfde verhaal over de hunebedden bij Annen (D9), Rolde (D17-D18), Gieten (D14), Buinen (D28-D29), Borger (D27), en de Emmerdennen (D45). Bij de Emmerdennen (D45) ziet hij, zoals de veldwachter hem verteld had, zelfs de voetafdruk van het paard op de grote deksteen.[69] Omdat de deksteen van D45 de enige is die groot genoeg is om een dergelijk kunststukje uit te voeren besluit hij dat het voorval hier plaats gevonden moet hebben.[70] Terug in Utrecht slaat de twijfel echter weer toe wanneer hij leest dat dit zelfde verhaal ook over de Steen bij de Vuursche verteld wordt.[71] Deze steen ligt in de buurt van Soestdijk en zou daardoor eerder in aanmerking komen dan een Drents hunebed. Vermoedelijk had De Wilde op dit moment de Steen van de Vuursche nog niet gezien. Daar past namelijk geen paard op.

---

66 De Wilde 1906, 152-153.
67 De Wilde 1906, 153.
68 De Wilde 1906, 153.
69 De Wilde 1906, 163.
70 Westendorp 1815, 271 en Janssen 1848, Emmen no. 3 noemden inderdaad alleen D45.
71 De Rijk 1905, 35. Zie ook Bakker 2004, 13.

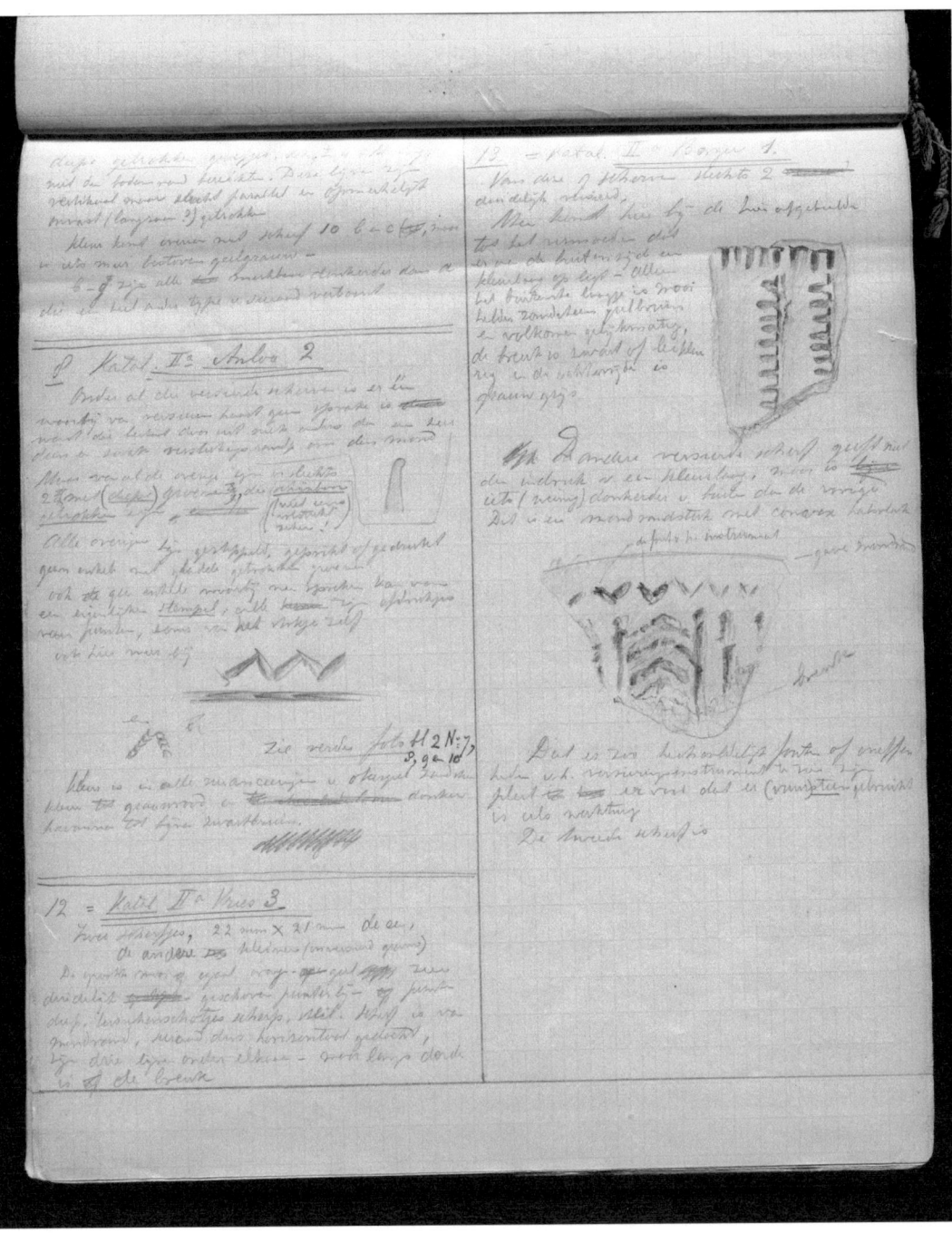

Een van de door De Wilde gemaakte aantekeningen van de scherven die hij in Assen zag.

Hoewel De Wilde zich in dit artikel als archeoloog presenteert is het een volkskundig onderzoek. Wanneer Koning Lodewijk werkelijk met zijn paard in Drenthe op een hunebed gesprongen is moet dit tussen 12 en 14 maart 1809 gebeurd zijn tijdens zijn bezoek aan deze provincie. De Wildes observaties laten dus zien dat dit verhaal zich binnen honderd jaar aan ten minste zeven hunebedden gehecht had zonder dat iemand zich nog de werkelijke aanleiding herinnerde.[72]

Aan het eind van zijn artikel toont De Wilde zich een logisch denkend wetenschapper wanneer hij over Oldenhuis Gratama's *De hunebedden in Drenthe en aanverwante onderwerpen* uit 1886[73] spreekt. Oldenhuis Gratama was ervan overtuigd dat de hunebedden door de Vikingen gebouwd waren en dus van na de Romeinse tijd stamden. Hij baseerde zich hierbij op het ontbreken van enige verwijzing naar de hunebedden in Tacitus' *Germania*. Omdat Tacitus ze niet noemde, zo redeneerde Oldenhuis Gratama, waren ze er toen niet en moeten ze dus van latere datum zijn. De Wilde wijst deze redenering resoluut van de hand:

> *Als iemand iets niet vertelt, kan dat zijn omdat hij het vergeet, of wel het niet wist en het geheel toevallig niet gehoord heeft; maar tegen het bestaan van het verzwegene kan dat niet getuigen.*[74]

Het is duidelijk dat De Wilde de lessen van Pekelharing ter harte genomen had en dat wat hij leest kritisch bekijkt.

De foto's die hij dit jaar gemaakt heeft schijnen goed gelukt te zijn en zijn enthousiasme voor dit medium is nu zo groot dat hij bij het museum in Assen om toestemming vraagt om stukken uit hun collectie te mogen fotograferen. Ook vraagt hij voor het volgende artikel, waar hij aan werkt, de hunebedtekeningen van L.J.F. Janssen (1806-1869) te leen. Beide verzoeken worden door het museum ingewilligd.

In augustus en september 1906 reisde De Wilde opnieuw door Drenthe. Hij begon met een uitgebreid bezoek aan het museum in Assen. Hier bestudeerde hij alle vondsten die met hunebedden te maken hadden. Hij maakte uitgebreide beschrijvingen met schetsen:

> *13. = Katal[ogus] IIa Borger 1.*
> *Van deze 9 scherven slechts 2 duidelijk versierd.*
> *Men komt hier bij de twee afgebeelde tot het vermoeden dat er over de buitenzijde een kleurlaag op ligt – Alleen het buitenste laagje is mooi helder zandsteen geelbruin en volkomen gelijkmatig, de breuk is zwart of leikleurig en de achterzijde is grauw grijs.*

---

72 In de verslagen van deze koninklijke reis naar Drenthe wordt niets over dit voorval gezegd.
73 Oldenhuis Gratama 1886.
74 De Wilde 1906, 165. In Hartog Heijs van Zouteveen 1885, 36 wordt dit idee ook al afgewezen, maar deze schrijver moet dit nog uit de omstandigheden afleiden. "De niet-vermelding der hunebedden door Tacitus is eenvoudig te verklaren, doordat zij destijds meest nog met zand waren bedekt en daardoor aan het oog onttrokken."

De andere versierde scherf geeft niet den indruk v[an] een kleurlaag, maar is iets (weinig) donkerder v[an] buiten dan de vorige. Dit is een mond randstuk met convex halsstuk.
Dat er zoo veel fouten of oneffen heden v[an] h[et] versieringsinstrument te zien zijn pleit er voor dat er (vuur)steen gebruikt is als werktuig.

17. = Katal[ogus] IIa Assen b.
scherf, samengesteld uit 10 kleinere met twee tussenvoegsels van gips, gekleurd in de eigen kleur der vaas.
Ia hals- buikstuk, geen kraag, maar een kraagsierrand.
De scherf is olijfbruin met zwarte vlamsporen groot: ± 16 cm, wat zeker minder is dan de hoogte van het gewezen heele vaatwerk
Er is zeer weinig (of niets) te zien v[an] kwartsfragmenten, de breuk is zwart waar die gelijmd geweest is en zwartbruin op de vrij gebleven kanten.
Door vormen met … [lijnen of lijm] schijnt hier en daar glazuur te zitten.
Techniek v[an] kraagsieraad is: ronddraaien v[an] vaas (op een zijde steunend op bodem) met de L[inker] hand, en met de R[echter] hand steekend het instrument naar zich toe halend. Ook het bladachtige ornament is zoo gemaakt voor zoo ver de "blaadjes" links v. elke "nerv" [zitten], die rechts van elke nerf zijn gestoken en gehaald van de monding af en er weer heen.

Nadat hij het aardewerk beschreven had deed hij het zelfde voor de stenenwerktuigen:

46/II.b Anloo 14.
lengte 9,4 cM,
breedte bij snede 4,3 cM,
bij bovenvlakje 3,2 cM,
grootste dikte bij x = 1,5 cM

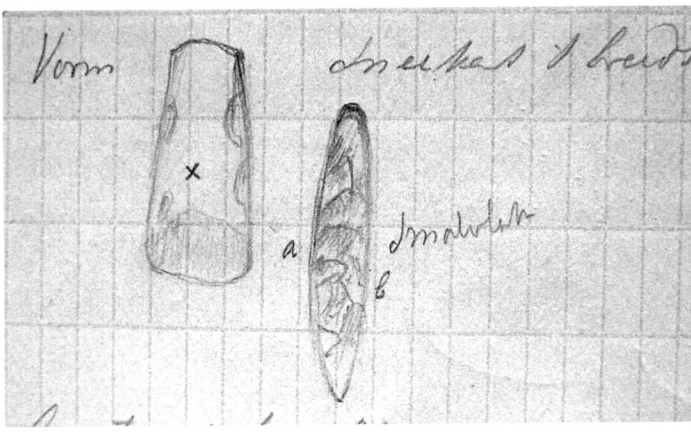

Vorm / sneekant's breedst / smalvlak

kleur is bruinachtig grijs met lichtere, bruinwitte tot geelbruine en grijswitte vlammen er in. De massa zelf glasachtig, glazig. Stof is vuursteen.

Breevlak a is boller dan b maar het verschil is zeer gering en alleen merkbaar van de smalzijde gezien waar de beitel het langst is. De beide zijvlakken zijn oppervlakkig geslepen en zelfs de slijphalen zijn te zien, maar het zacht voor duikende snijvlak is gepolijst aan beide zijden. Het bovenvlakje is eigenlijk een smalle rondachtige rug waarop nog grotendeels de oorspronkelijke korst zit – Er is op h[et] bovenvlakje geen spoor van slagen – Immers de heele vorm van het bovendeel doet denken dat het eenmaal in een steel geklemd of gebonden gezeten heeft. De ribben van smal en breevlakken allen scherp, maar het ene smalvlak is geschonden door 2 geduchte slagen, één er loodrecht op, waardoor concha [75] *afsprongen op beide breevlakken, en één schuin op de rib waardoor dat smalvlak zelf daar met een conchatus* [76] *verdwenen is. Ik vermoed dat dat werkelijk gevechtssporen zijn en dat de beschadigde smalzijde de uiterste was.*[77]

En omdat beschrijvingen en tekeningen bij elkaar toch nog niet alle informatie vasthouden, die men vast kan houden, fotografeerde De Wilde al deze objecten ook nog. De Wilde moet op deze manier een behoorlijke kennis opgedaan hebben van het aardewerk en de stenen werktuigen die met de hunebedden geassocieerd konden worden. Verderop zullen we zien dat hij echter maar een keer iets met deze kennis gedaan heeft.

Toen zijn werk in het museum erop zat fietste hij via hunebed de Papeloze Kerk (D49) naar Emmen. Van daar via o.a. Valthe, Exloo naar Bronneger waar hij zich op zondag 2 september bevond. Via Drouwen, Buinen, Noordlaren, Midlaren en Steenbergen kwam hij op maandag 17 september in Annen. Van daar ging het via Schipborg, Norg, Westervelde en Tynaarlo naar Anlo waar hij op vrijdag 21 september was. Op zaterdag 22 september was hij in Gasteren van waar hij verder reisde via Eext, Gieten, Rolde en Havelte naar Diever. Omdat deze lijst vastgesteld is aan de hand van aantekeningen die hij over de gemaakte foto's noteerde en hij na Diever niet meer gefotografeerd schijnt te hebben, weet ik niet waar hij vervolgens naartoe gefietst is. Vermoedelijk naar Assen en van daar met de trein naar Utrecht. De Wilde fotografeerde op het formaat 9x12 en 13x18. Helaas kreeg hij meteen aan het begin van zijn tocht al problemen met het wisselmechaniek voor de 9x12 platen. In het totaal maakte hij 6 opnamen op dit formaat. Hij werkte hoofdzakelijk op het grotere en daardoor ook aanzienlijk duurdere 13x18 formaat. In het totaal maakte hij hier 69 fotos mee in het veld. Dit moet een heel werk geweest zijn want een camera die dit formaat platen kan verwerken heeft een behoorlijke omvang en kan niet zonder statief gebruikt worden. Wanneer hij zijn fotos uit Rolde beschrijft meldt hij dat de eerste om kwart over drie en de tweede om 20 minuten over drie genomen is. Hoewel glas een breekbaar materiaal is breekt De Wilde, volgens zijn eigen notities, op deze reis maar 5 platen en dat dan nog omdat ook het wisselmechaniek voor de 13x18 platen een paar keer problemen heeft.

---

75 De Wilde bedoelt hier een schelpvormige splinter.
76 Ook hier bedoelt hij een schelpvormig slagspoor.
77 W.J. de Wilde: Eigen beschrijving, I. voorwerpen in of onder hunebedden gevonden.

De Wilde was niet zuinig met zijn platen. Toen hij op een militair oefenterrein bij Norg een namaak hunebed vond werd dat ook gefotografeerd en in detail beschreven:

13x18 Vals Hunebed te NO v[an] d[e] verzanding tusschen Donderen en Norg ten Z[uiden] van het schietterrein aldaar. Er staat op met zwarte verf gepenseeld:

Hunnebed
Neergelegd
door het Deta
chement
1e L, SNE L
14 Juni
1906

tijd: half twaalf, geen zon, tijdopname, foto van uit 30°
De "deksteen" is groot in grootste afmeting 80cm. De heele hoogte v/h H is ± 70 cm. Is het gedoopt? Er ligt een half flesje Medoc – leeg, gebroken – naast. Er is vermoedelijk met kogels op geschoten. Weinig eerbied voor eigen werk.[78]

Hunebed van Norg.

Hunebedden staan in de vrije natuur en veldwerk heeft zo z'n eigen risico's wanneer we een van de kleine opmerkingen mogen geloven die De Wilde noteerde:

13x18 Valthe het zuidelijke v[an] d[e] twee a[an] d[e] weg naar Odoorn van uit 240°

zon instant[ané] Wind Bijensteeken [79]

---

78 Uit zelfde aantekenboek als Eigen beschrijving.
79 Uit zelfde aantekenboek als Eigen beschrijving.

Daar naast waren er ook vriendelijker ontmoetingen. Bij Havelte werd zijn fototoestel bezocht door een Coccinella nebuloze. Om welk dier het hier gaat is niet helemaal duidelijk. Met Coccinella bedoelde hij ongetwijfeld een lieveheersbeestje, maar voor welke variëteit nebuloze staat heb ik niet kunnen ontdekken.[80]

Het weer zat ook niet altijd mee. Bij zeer veel opnamen staat wind!!! vermeld. De belichtingstijden die De Wilde nodig had lagen zo rond één à twee seconden en dan kan de wind er voor zorgen dat de camera beweegt en de foto mislukt. Ook kunnen b.v. gras of boombladeren bij een dergelijke belichtingstijd door de wind een bewegingsonscherpte oplopen. En dan was er natuurlijk de bewolkte lucht, die voor een langere belichtingstijd zorgde en de regen:

13x18 Panorama van af den Grafkelder v. Eekst gezien van uit 350°, dus bijna precies naar het magnetisch Zuiden. Wind – donkere lucht (regen stopt) tijd opname [om] 12 uur. Waarschijnlijk mislukt.[81]

In de loop van drie zomers heeft De Wilde alle hunebedden op z'n minst twee keer bezocht en sommige zelfs drie of vier keer.

Drenthe

Veel van De Wildes papieren zijn na zijn dood verdwenen, maar tussen die we nog kennen bevindt zich een mapje met fragmenten van een roman. In het laatste hoofdstuk geef ik voor zover dat kan een reconstructie van deze nooit voltooide roman. Het is het verhaal van drie vrienden die een fietstocht door Drenthe maken. Dit verhaal vindt zonder twijfel zijn wortels in de reizen door Drenthe die De Wilde in 1904 en 1905 gemaakt heeft. Dit idee wordt versterkt doordat er in deze fragmenten nauwelijks over hunebedden gesproken wordt hoewel we er misschien wel iets van een reden voor De Wildes reis in vinden:

Je zit zoo lustig op je kar, dat je nou toch wel vanzelf moet inzien, dat die middelen by miljoenen te tellen zyn. De een neemt broomkali, de andere wat cremetaart, een derde gaat Hunebedden bestudeeren...[82]

In de natuurbeschrijvingen toont De Wilde ons hoe woest en verlaten Drenthe aan het begin van de twintigste eeuw nog was. In deze beschrijvingen toont De Wilde zich, net als de door hem zo verfoeide tachtigers, een duidelijk kind van Émile Zola (1840-1902). In zijn lang uitgesponnen beschrijvingen doet hij wat Nederland betreft nog het meest denken aan de door hem zo verfoeide Lodewijk van Deyssel. Zet hij zich tegen zijn voorbeeld af, pleegt hij vadermoord?

---

80 Het meest voorkomende lieveheersbeestje, rood met zwarte stippen, is de Coccinella magnifica. Het is mogelijk dat De Wilde zich vergiste en de aanzienlijk zeldzamere Cassida nebulosa, de schildpadkever, bedoelde.
81 Uit zelfde aantekenboek als Eigen beschrijving.
82 De Wilde 1906d, 23.

Haal een enkelen gezonden zin uit Van Deyssel's brochure over het Rembrandtfeest en je krygt van my een rembrandt cadeau.[83]

Er wordt in deze romanfragmenten niet of nauwelijks over hunebedden gesproken, maar er wordt wel over een daarmee enigszins samenhangend beroep besproken:

… we kwamen in een buurt waar geen hut te zien was. Daar begon hy met een langen yzeren staaf in den grond te steken … Een poos ging dat zoo door zonder succes, maar ineens sprong de bout halverwege terug; daar was een kei. Hy pakte hem toen nog een paar maal op en prikte er in een rechte lyn ettelyke malen mee telkens op een afstand en zoo nog hier en daar en met een soort gebrom of gegrommel vertelde hy toen dat het er een was, die de moeite zou loonen. Nou, dat begreep ik ook, want als hij al die keeren op denzelfden steen gestooten had, dan moest dat een respectabel ding zyn, minstens van een meter of vier in omtrek. Na een half uur misschien lag het ding zoo goed als bloot, de kuil was minstens twee meter diep en wel ruim zooveel in doorsnede. Toen nam hy weer even zijn yzer om te voelen of de steen diep stak, hij werkte het zand nog wat los en, warachtig, voor dat ik begreep hoe hy zoo'n gevaarte omhoog zou krygen, pakte hy het beet met zyn twee kolossale knuisten, trok uit alle macht en jawel, daar kwam het naar boven. Ik maakte hem een compliment over zyn pootigheid, maar hy zei dat dit nog niet de grootste was dien hy in zyn leven had uitgehaald. "Maar je kunt dat ding toch zoo niet vervoeren?", vroeg ik. "Van hier hen is dat nou maor 'n luttien" zei hy. Maar toch vond hij het beter het heele zaakje zoo te laten, dan kon de kooper het zelf met een kar komen halen en het of zoo heel laten, of het "kurt houwen", naar verkiezing.

Je begrypt dat ik respect voor den reus had gekregen. Ik dacht zoo, als de hunebedden niet verankerd worden steelt hy ze op een goeie nacht glad weg![84]

Hoewel er zoals reeds gezegd in de bestaande fragmenten niet expliciet over hunebedden geschreven wordt schijnt het trio ze toch uitvoerig bestudeerd te hebben:

Zwygende kykers hebben we gehad by ons werk by Bronneger, by Rolde en by Darp. En het waren verschillende "standen" die er vertegenwoordigd waren. By Darp was het een schaapherder, die uren lang gedoken zat … By Rolde was het een verliefd paar. Dat was het meest begrypelyke silentium tegen ons "derden" van alle. Maar by Bronneger waren het een boer en zyn nog zeer jeugdige zoon.[85]

Uit een potlood-aantekening over een sage die bij de beschrijving van Emmen gebruikt zou moeten worden kunnen we zien dat De Wilde zijn eerste grensoverschrijdende kennis over hunebedden al opgedaan had:

---

83 De Wilde 1906d, 5.
84 De Wilde 1906d, 81-82.
85 De Wilde 1906d, 7.

Een Emmer-sage

Heer Holboek ter Hool (zie de Drie Podagristen) is een boosaardig voogd, schoot den priester neer te Emmen, maar daarvoor wordt hij gestraft doordat de heele bruidstoet van zijn dochter met zijn schoonzoon versteend wordt.[86]

Het eerste gedeelte komt, zoals De Wilde aangeeft uit *De Drie Podagristen* van 1843. Het tweede gedeelte grijpt echter terug op een Duitse sage die aan de hunebedden Visbecker Braut en Bräutigam, uit de omgeving van Wildeshausen, gekoppeld is. Onder de nagelaten papieren van De Wilde bevindt zich een uittreksel van *Hünensteine im Oldenburgischen* (1879) van Ludwig Strackerjan (1825-1881).[87] Over de afbeeldingen van "Die Braut bei Visbek" en "Der Bräutigam" maakt De Wilde de volgende opmerking:

Overigens zyn de voorgestelde steenryen duidelyk van hetzelfde type als de kring om No. 24 [D43] Emmen-NW, alleen veel grooter ...[88]

Uiteindelijk is het de hei die de meeste indruk op De Wilde gemaakt heeft. Hij komt hier keer op keer in uitgebreide beschrijvingen op terug. Dat wil niet zeggen dat De Wilde geen oog heeft voor de vooruitgang. Hij weet dat het Drenthe dat hij ziet zijn langste tijd gehad heeft, maar heeft daar geen waardeoordeel over. Waarom deze roman onvoltooid is gebleven is onbekend, maar toen ik de fragmenten las ontstond bij mij het gevoel dat De Wilde al schrijvend tot de conclusie gekomen is dat zijn talent te kort schoot voor de taak die hij zichzelf gesteld had.

Naast fragmenten voor een boek zitten er in deze map ook een uittreksel van een boek en enige vellen met aantekeningen over weerwolven en andere sprookjesthema's. Ik kijk hier alleen even naar De Wildes aantekeningen over een boek van Beatrix Jungman.[89] De Wilde heeft een aantal citaten genoteerd, ik geef er hier twee:

On our journey home [from Gasselte] we made a detour which gave us a sight of the Hunnebedden, old Roman remains for which Drenthe is famous. Where these enormous masses of granite were quarried, and by what means they were brought thither, are secrets buried with the wonders of the mechanism that raised the Pyramids and constructed the waterways of ancient Rome.[90]

Het idee dat de hunebedden door de Romeinen gebouwd zouden zijn moet geheel aan Jungman toegeschreven worden en was zeker op dit moment niet algemeen geldend of zelfs maar ruim verspreid. Dat De Wilde niets over dit idee zegt moet zeker gezien worden als een aanwijzing dat hij deze notie maakte toen hij zich nog maar net voor de hunebedden was gaan interesseren. Naar het zich aan laat zien was de reis door Drenthe Jungman niet bevallen:

---

86 De Wilde 1906d, 34.
87 Strackerjan, L. 1879 Hünensteine im Oldenburgischen. Gartenlaube. 119.
88 [W.J. de Wilde] Uittreksels 67.
89 Jungman, Beatrix 1904 Holland. London.
90 De Wilde 1906d, 45. Jungman 1904, 147.

> *In parts of this desolate province are a miserable race of beings who live enterily in low huts, slightly scooped out of the ground and built of peat, the interstices being filled with mud. These people, who are little more than savages ...*[91]

Jungmans beeld van Drenthe is niet positief. De Wilde geeft een aantal citaten die allemaal dezelfde sfeer ademen. Men reist niet voor z'n plezier door Drenthe en kan er beter weg blijven. Aan het eind van de Jungman citaten schiet De Wilde de Drenten te hulp:

> *De pessimistische beschrijving die Beatrix Jungman van Drenthe geeft is duidelijk het eenzijdig gevolg van een enkelen dag van "misfortune" en van teleurstelling te Gasselte opgedaan ... Mijn eigen indruk was, in 1904, en vóór dat ik Jungman's boek kende, dat de menschen in de buurt der ontgonnen veenen bij Stadskanaal enz. minder eenvoudig vriendelijk, meer winzuchtig (duurder!) waren dan meer noordelijke en westerlijke Drenthenaren. Ook had ik de opmerking reeds gemaakt dat de herbergen , "hotels", etc. ongeëvenredigd groot en ruim waren voor die kleine dorpjes, wat mij reeds de verklaring had doen zoeken in een voorbarige speculatieve geest tijdens de eerste ontwikkeling der verveeningen. Maar zeker is dat wij persoonlijk de vriendelijkste tegemoetkoming vonden in de kleinste en meest primitieve inrichtingen.*[92]

Uit de roman-fragmenten en de andere aantekeningen uit deze map wordt duidelijk dat De Wilde in eerste instantie voor Drenthe gevallen was en dat zijn liefde voor het hunebed, zeker in 1904 en 1905 op de tweede plaats, na het landschap, gestaan moet hebben.

Het gevecht tegen Pleyte

Het recentste Nederlandse boek over de hunebedden was in 1904 deel II, Drenthe, van Pleytes *Nederlandsche Oudheden van de vroegste tijden tot op Karel den Groote*. Dit tussen 1880 en 1883 in afleveringen verschenen boekdeel was op dat moment dus al een kwart eeuw oud. Pleytes waarnemingen waren nog ouder, die stamden uit 1870-74.

De Wilde schafte het deel Drenthe van *Nederlandsche Oudheden* aan, maar het verschafte hem weinig genoegen. Het stoorde hem zelfs zo dat hij er een kritiek over begon te schrijven. Zoals we gezien hebben wilde hij die uiteindelijk niet publiceren omdat Pleyte dood was. Een onvoltooide versie van deze geplande kritiek is bewaard gebleven. Verderop kijk ik uitgebreid naar de kritiek die De Wilde op dit boek van Pleyte in 1907 publiceerde.[93] Hier kijk ik alleen even naar de sfeer van het artikel zoals hem dat in 1905 voor ogen stond. Volgens Pleyte waren de Kelten de bouwers van de hunebedden. Deze Kelten hadden zich van uit Noord-Europa verspreid tot ze uiteindelijk in Noord Afrika terecht gekomen waren.

---

91 De Wilde 1906d, 45. Jungman 1904, 147-148.
92 De Wilde 1906d, 46.
93 De Wilde 1907a.

Het idee dat er één grote hunebeddencultuur bestond, die zich over heel west-Europa en Noord-Afrika uitstrekte, was al oud. James Fergusson, wiens boek door De Wilde gelezen was, had dit in 1872 ook al beweerd in zijn *Rude Stone Monuments in all Countries*[94] en het zelfde idee was min of meer in 1815 ook al door Westendorp verdedigd in zijn hunebeddenstudie, zij het dat deze niet verder ging dan Zuid-Spanje.[95] Het is niet helemaal duidelijk waarom, maar dit idee stond De Wilde ernstig tegen:

> *Pleyte vervolgt ... zyn beschouwing met de volgende enormiteit:*
>
> *Het volk! dat de megalitische monumenten stichtte, dus ook de Nederlandsche, ook de Deensche, de Engelsche, de Fransche?, schynt [ver]volgens ... langs de kusten van de Oost- en Noordzee naar Frankryk te zyn getrokken, over het Pas de Calais, dat is dus naar Engeland, zou ieder zeggen, die eenige aardrykskundig voorstellingsvermogen heeft? Mis! want Pl[eyte] gaat door: ... over het Pas de Calais, schuins Frankryk door tot Marseille en verder langs de kust of over zee naar de Noordkust van Afrika.*[96]

Bij de opmerking over het Pas de Calais kan men zich afvragen of De Wilde wel te goeder trouw is. Hij doet alsof Pleyte beweert dat men het Pas de Calais moet oversteken om naar Marseille te kunnen door reizen, terwijl Pleyte duidelijk bedoelt dat een groep Engeland in trok terwijl een ander door ging naar Marseille:

> *Dat hypothetische "volk" kan, wanneer men met Pleyte aanneemt dat de oudste bewoners van ons land Kelten waren, dus niet anders dan de Kelten geweest zyn, die dus blykbaar in Noord-Europa autochthoon moeten "ontstaan" zyn of althans daar een onbewoond land vonden, want zy waren "oudste bewoners", en zy konden naar hartelust rond trekken en monumenten strooien als Klein Duimpje zyn kiezeltjes!* [97]

De vraag hoe die Kelten in het Noorden gekomen waren, is een uiterst legitieme, maar hier weinig relevant, omdat hij blijft bestaan ook als je de term Kelten door een andere vervangt. Bij het verder lezen blijkt dat De Wilde zelf begint te begrijpen dat Pleyte een wat slordig schrijver is en dat zijn hyperkritiek zijn doel wel eens voorbij kon schieten:

> *Maar gaan wy verder! Die wandelende Kelten kwamen dus in Afrika, bezetten blykbaar het land en bouwden er hunne monumenten. In den nu volgenden zin van Pleyte zou men evenwel meenen te hooren dat zy daar niet zoo als alleen-bestaanden in deze wereld verschenen ...*
>
> *Nu werd deze kust sinds onheugelyke tyden door blanke stammen bewoond ...*

---

94 Fergusson 1872.
95 Westendorp 1815, 233-368.
96 De Wilde 1904c, 6.
97 De Wilde 1904c, 6.

> *Verwonder U met my, lezer, over de nauwkeurige historische kennis die de heer Pleyte blykt te hebben van die voor-historische tyden. Hy weet zelfs van de heugenis der volkeren in die tyden te spreken. Maar, laat ons eerst zyn zin uitlezen, voor dat wy onze verwondering nader omschryven ...*
>
> *Nu werd deze kust (de Afrikaansche!) sinds onheugelyke tyden door blanke stammen bewoond en wel merkwaardige stammen, die volgens de egyptische monumenten dezelfde eigenaardigheden vertoonden als de Kelten door de Romeinen beschreven.*
>
> *Die Kelten vonden dus daar een soort dubbelgangers in massa? ... Neen, scherpzinnige lezer! Het zinsverband zou U wel op dat denkbeeld kunnen brengen, ik erken het, maar de waarheid is dat wy hier een van de staaltjes voor ons hebben van die "wonderlyke slordigheid" waarmede dit boek geschreven is. Met dit "nu werd" plaatste de schryver zich plotseling, en zonder de minste waarschuwing aan den lezer, op een tydpunt dat "veel later" is dan dat waarvan hy eigenlyk sprak, namelyk in den tyd dat die Kelten reeds onheugelyke tyden lang die Noord-Afrikaansche kusten bewoonden ...*[98]

En zo gaat De Wilde pagina na pagina door om uiteindelijk tot de volgende conclusie te komen:

> *De ongewoon huppelende, nooit logisch en streng voortgaande argumentatie is overal in dit boek een ernstig beletsel om den schryver te vertrouwen, zoowel in zyne rangschikking der feiten als in de conclusies die hy trekt.*[99]

Pleyte was in 1903 overleden en als directeur van het Rijksmuseum van Oudheden te Leiden opgevolgd door A.E.J. Holwerda (1845-1922). Diens zoon, J.H. Holwerda (1873-1951) was in 1904 conservator bij dit museum geworden.

Deze J.H. Holwerda nu verklaarde in 1906 dat Pleytes boek nog steeds het archeologische standaardwerk voor Nederland was.[100] De Wilde was dit absoluut niet met hem eens. Holwerda's opmerking gaf hem nu het gevoel dat hij zich niet langer door piëteit voor de overleden Pleyte hoefde te laten leiden, maar dat hij zijn kritiek uit 1904 op het deel Drenthe toch moest publiceren.

Holwerda had zich in zijn artikel o.a. afgevraagd of Pleyte, net als hij zelf, ook het drieperiodensysteem afgewezen had. De Wilde wijst er terecht op dat Pleyte dit nergens expliciet gedaan heeft. In deel I van zijn *Nederlandsche Oudheden*[101] vermeldt Pleyte het drieperiodensysteem zonder voorbehoud. Hij doet dit op gezag van F. Wibel (1840–1902) *Der Gangbau des Denghoogs bei Wenningstedt auf Sylt*.[102] In de rest van zijn boek speelt dit systeem echter geen rol en dat wekt de indruk dat Pleyte zelf niet systematisch in deze termen dacht. In zijn verhandeling

---

98 De Wilde 1904c, 6-7.
99 De Wilde 1904c, 18.
100 Holwerda 1906, 235 en 236.
101 Pleyte, W. 1877-1902/1903, I Friesland, Oostergo, bij zijn bespreking van Hunebed G1-Noordlaren.
102 Wibel 1869. Kiel. Ik dank Jan Albert Bakker die mij op deze publicatie en de passage hierover in Pleytes nogal onoverzichtelijke boek wees.

over het Uddelermeer uit 1889 is Pleyte duidelijker. Hij gebruikt een gepolijste stenenbijl om aan te tonen dat de omgeving van Uddel al in het "z.g.n. steenen tijdperk" bewoond was. Vervolgens legt hij zijn lezers uit dat dit stenen tijdperk uit twee perioden bestaat, het tijdperk der ruw bewerkte steen, of het paleolitische, en dat der geslepen steen, het neolitische.[103]

De Wilde bezat deel II van *Nederlandsche Oudheden* en had dit met een scherpgepunt potlood in de hand gelezen.[104] Dit deel bevindt zich nu in de Utrechtse Universiteits Bibliotheek.[105] Het merendeel van de aantekeningen bevinden zich in het eerste gedeelte van het boek en plaatst vraagtekens achter Pleytes overtuiging dat de Kelten de eerste inwoners van Nederland waren. De Wilde merkt in deze aantekeningen terecht op dat Pleyte geen bronnen voor zijn overtuiging geeft. Wanneer Pleyte zijn ontevredenheid met de huidige staat van D41 meldt sluit De Wilde zich daar via grote uitroeptekens bij aan:

> *De beschrijving van deze vonst, die zoo volledig als wenselijk is, doet het ons betreuren, dat de gebroken vaten niet tot ons kwamen; aan den anderen kant zien wij er uit, hoe weinig het tegenwoordige gedenkteeken meer overeenkomt met den toestand waarin het gevonden is, en dat alleen die toestand ons een juist oordeel over de samenstelling kan doen vellen.*[106]

Dat hij ook zeer kleinzielig kon zijn toonde De Wilde door stelselmatig iedere keer dat Pleyte over Jkhr. Hooft van Iddekinge (1842-1881) schreef de titel Jkhr. door te strepen.[107]

Pleyte begon deel II, Drente, met een gedeelte van een Egyptisch wandreliëf waarop twee Tamehu hoofden te zien waren. Dit schoot De Wilde, die meende dat Pleyte hier een eigen idee publiceerde, meteen in het verkeerde keelgat:

> *Mijn eerste indruk, bij het zien van dit Egyptische, was: Een vergissing! De binder zal een misgreep gedaan hebben!*[108]

> *Het is echter de vraag of De Wildes verrassing werkelijk zo groot was als hij deed voorkomen.*

Pleyte had Westendorps en Fergussons overtuiging overgenomen en vergroot met het Tamehu-idee, dat al in 1865 door Gustav Karl Ferdinand von Bonstetten [1815-1892], in zijn *Essai sur les Dolmens* verdedigd was:

> *Après avoir erré si longtemps de pays en pays, trouvèrent-ils enfin sur la terre d'Afrique la nouvelle partie qu'ils chercheraint? L'histoire reste muette à cet*

---

103 Pleyte 1889, 17.
104 De andere delen leende hij uit Assen.
105 MAG: HG FOL 34 NB: = Drente.
106 Pleyte 1877-1902/1903, Drenthe, 11.
107 Voor Hooft van Iddekinge zie Vosmaer 1884. Hij was inderdaad geen Jonkheer.
108 De Wilde 1907, 70.

égard, mais on croit retrouver en eux les ancêtres de la race blanche et tatouée des Tamhou (en égyptien, people du Nord) qui habitait sous les Ramsès le littoral de la Lybie.[109]

In 1867 was dit idee in Nederland al zo bekend dat de Leidse geoloog E.M. Beima (1801-1873) het zonder aarzelen als een zekerheid in zijn *De Aarde vóór den Zondvloed* opnam, terwijl hij de Tamehu van Namibië naar onze streken liet trekken:

Van waar deze blonde, blaauwoogige volken kwamen weet niemand; zij bevolkten het oude Numidië, welk land men een hoofdzetel der blonde volken of Tamhoe's noemen kan. Desor[110] *zelf zag daar duizende graven en offerplaatsen – Dolmen en Menhir genoemd – die volkomen overeenkomstig zijn met de in het algemeen onder den naam Keltische bekende graven en gedenkteekenen in Europa. Van uit noordelijk Afrika dan zullen Kelto-Germaansche volksstammen over Spanje en Frankrijk den weg naar Europa hebben gevonden.*[111]

Westendorp had als bouwers van de hunebedden de oer-Kelten aangewezen. De Wilde bracht Westendorps en daarmee Pleytes stelling terug tot "de Kelten" en wees hem van de hand. De hunebedden zijn er te oud voor.[112]

Het grootste gedeelte van De Wildes kritiek ging dit keer echter over Pleytes beschrijving van de hunebedden. Pleyte had samen met zijn vriend J.E.H. Hooft van Iddekinge Drenthe bezocht, maar ze hadden er geen werkelijk onderzoek verricht. Hooft van Iddekinge was van 1871 tot 1873 directeur van het Munten Penningkabinet der Leidsche Hoogeschool en van 1873 tot 1878 secretaris van het College van Rijksadviseurs voor de Gedenkteekens van Vaderlandsche Geschiedenis en Kunst.[113] In die laatste hoedanigheid had hij, in 1873, samen met Leemans de hunebedden bezocht. Tijdens deze reis had hij schetsen van de plattegronden van de hunebedden gemaakt terwijl Leemans hun oriëntatie met een kompas mat. Bij het vervaardigen van het deel over Drenthe maakte Pleyte gebruik van het werk van Westendorp, Janssen en Hooft van Iddekinge. De door Dryden vervaardigde tekeningen liet hij buiten beschouwing. Met de kennis die hij via het controleren van de tekeningen van Dryden opgedaan had bekeek De Wilde de plattegronden die Pleyte in zijn boek af had laten drukken. Als voorbeeld hier zijn behandeling van Emmen-D41. Dit was in 1809 door J. Hofstede (1765-1848) opgegraven en onderzocht:

---

109 De Bonstetten 1865, 49.
110 Pierre Jean Édouard Desor (1811–1882), een Zwitserse geoloog die o.a. onderzoek deed in de Sahara.
111 Beima 1867, 547.
112 De Wilde 1907, 97. De Wilde kende vermoedelijk Pleyte's studie over Uddel en Uddeler Heegde (1889) niet. Hierin laat Pleyte zien dat hij niet aan de door Caesar beschreven Kelten dacht. "Veel overblijfselen, die aan hen [de Kelten] herinneren, zijn echter niet bewaard, doch voldoende in aantal om te kunnen aantoonen, dat zij de bewoonbare gronden van ons land hebben ingenomen, gelijktijdig met of overheerschende eene oudere bevolking, die wij, omdat wij er geen anderen naam voor hebben, kortweg evenéén Kelten noemen." Pleyte 1889, 12.
113 Een voorloper van Monumentenzorg.

Een andere greep, en ik had voor mij uitgeslagen de "Lijst der Hunebedden in Drenthe en Groningen", voorkomend in Janssen's "Drenthsche Oudheden" (1848). Mijn vermoeden was juist: Pleyte's figuur 3 is de platte grond, die daar staat, voorstellend "den oorspronkelijken toestand" van Hunebed "Emmen No. 1" – maar onderste-boven gezet! En hoe nageteekend! Slordig, als had een kind het gedaan! En waarom staat het ding op zijn hoofd? Of anders: waarom verzwegen dat het zoo staat? En waarom is er de richtpijl niet bij die Janssen terecht heeft noodig geacht om het Noorden, en daarmee de geografische positie van het Hunebed zelf, aan te geven? Is die verzwegen uit nonchalance of omdat de pijl in Janssen's lijst een andere richting aanwijst voor het Hunebed dan de pijl, die Pleyte zet bij figuur 3 op diezelfde plaat III, voorstellend een anderen platten grond van hetzelfde Hunebed, maar aan Pleyte "verschaft door JKHR. Hooft van Iddekinge. Mag evenwel in een wetenschappelijk standaardwerk zoo'n belangrijk verschil in waarneming maar zoo zonder meer verzwegen worden? Of wist onze archaeoloog zoo stellig dat alleen de door hem opgegeven richting de ware was? – Zijn pijl zegt: het Hunebed strekt zich in de lengte uit van West naar Oost;[114] die van Janssen zegt: van West-Noordwest naar Oost-Zuidoost. Ik vergeleek natuurlijk mijn eigen meting. Die geeft 73° Oost van Noord, dat is ongeveer van West-Zuidwest naar Oost-Noordoost! Wij verschillen dus alle drie belangrijk; Janssen's opgaaf van de mijne bijna 45° – een halve rechte hoek! – en wij beide van Pleyte of van Hooft van Iddekinge meer dan 20° in tegengestelden zin! Wie van ons had nu gelijk? Ofschoon ik vast overtuigd was dat mijn opname goed moet zijn – om reden dat zij driemaal is gedaan, telkens nauwkeuriger, in drie opvolgende jaren, en toch telkens op minimale verschillen na, dezelfde uitkomst heeft gegeven – toch nam ik nog een ander middel tot contrôle te baat, waarover ik beschikken kon. Den 22 Juni 1878 heeft n.l. een Engelsche commisie, daarvoor opzettelijk in ons land gekomen, dit Hunebed bezocht en er een plan van geteekend ... Welnu, de richting die zij op dit plan aangeeft is 76° waarbij echter is op te merken dat zij uitgingen van een magnetische miswijzing van 15° 30', ik daarentegen van eene van 15°, waardoor het verschil met mij voor dit Hunebed stijgt tot $3^1/_2$ graad. Dat verschil is, hoewel resultaat van practische metingen, toch geheel theoretisch. Wie wel eens getracht heeft om de as-richting van een Hunebed te bepalen, zal mij dan ook begrijpen als ik zeg dat de Engelsche heeren zelf, als zij hun meting nog eens overdeden, allerwaarschijnlijkst een resultaat zouden krijgen, een paar graden afwijkend van hun eerste.[115]

En dit is niet het enige hunebed waarbij Pleyte niet al te nauwkeurig was geweest. De Wilde geeft een hele lijst van grotere en kleinere fouten die hij in de diverse plattegronden ontdekt heeft.

---

114 "Hooft van Iddekinge verzorgde ... het teken- (of liever: schets)werk van de plattegronden, Leemans stelde de oriëntatie van de graven vast met behulp van een kompas (hij deed daar gewichtig over, maar de resultaten zijn zeer globaal en dikwijls fout)." Van der Sanden 2007, 101.
115 De Wilde 1907, 72-74. Wanneer we er van uitgaan dat Janssen bij het verwerken van zijn gegevens Noord en Zuid verwisselde dan kwam hij net als Van Giffen (1925) op 72°.

Pleytes foto en tekening van Midlaren (D3).

Ook wat betreft de afbeeldingen van de hunebedden was De Wilde niet gelukkig met Pleytes boek. Zelf had hij "ongeveer driehonderd eigen - en onder mijn direct toezicht genomen fotografieën van onze Hunebedden".[116] Toen hij zijn eigen foto's met de afbeeldingen van Pleyte vergeleek ontdekte hij dat er hier en daar iets was misgegaan:

> *Zoo is onjuist plaat LIV "Midlaren" [D3] (het onderste van de twee). Dit is toevallig in dit geval onomstootelijk te bewijzen, omdat Janssen een maat opgeeft voor het hoogste punt van den grootsten steen, zooals die was in 1847. Nu is die maat nog heden precies dezelfde en dus ligt ook die steen nog in dezelfde positie als hij lag in 1847. Hij is n.l. plat en staat bijna loodrecht op zijn kant, ondersteund door de naastbijzijnde zijstenen, een stand, die erg in het oog valt en waarbij, ook wegens de onregelmatigheid van het blok, een kleine verandering al een merkbaar verschil moet geven voor de hoogte van dat hoogste punt. Het is dus ontwijfelbaar dat die steen in 1847 en 1906 denzelfden stand innam, - maar volgens die plaat van Pleyte lag hij omstreeks 1880 plat op de zijstenen, zoals een normale deksteen doen zou, die niet of zeer weinig verschoven is.*[117]

En zo toonde De Wilde met een overdaad aan voorbeelden aan dat Pleytes *Nederlandsche Oudheden* beslist geen "standaardwerk" was zoals Holwerda een jaar eerder beweerd had.

Wanneer we echter De Wildes opmerking over Midlaren-D3 met de door Pleyte gepubliceerde lithografie vergelijken ontstaat de indruk dat De Wilde hier opnieuw in hyperkritiek vervallen is. De besproken grote steen ligt op deze afbeelding absoluut niet "plat op de zijstenen". Pleyte maakte zijn hunebed-tekeningen aan de hand van foto's en wanneer we de foto met de litho vergelijken wordt ogenblikkelijk duidelijk dat hij zich bij het maken van zijn afbeeldingen, wat betreft het hunebed zelf, geen enkele vrijheid veroorloofd heeft. Wanneer de grote steen wat platter lijkt te liggen dan De Wilde graag wilde is dat een gevolg van de hoek waaronder de oorspronkelijke foto gemaakt is en niet van Pleytes tekenwerk. Aangezien De Wilde uitdrukkelijk spreekt over de onder zijn leiding genomen foto's moet hij geweten hebben dat het aanzien van een hunebed op een foto afhankelijk was van de hoek waaronder die foto genomen was.

De Wilde was niet bang voor negatieve reacties en wilde weten hoe de rest van de archeologische gemeenschap in Nederland over zijn kritiek dacht:

> *Ik heb aan verschillende personen, die daarvoor in de termen vielen, een afdrukje doen toekomen, en tot mijn verrassing een zeer groote instemming gezien met mijn "philippica" tegen Pleytes boek. Dat was enigszins een verrassing, omdat ik min of meer het gevoel had van een beetje als de poes in de porceleinkast op te treden, of althans als een archaeologisch enfant terrible. Nu, de verrassing is mij zeer zeker ten hoogste aangenaam, want al vrees ik zo'n rol van een wetenschappelijken blaag niet zo erg -- als het nu eenmaal niet anders kan -- toch is het ook geen genoegen hem te spelen.*

---

116 De Wilde 1907, 82.
117 De Wilde 1907, 83-83.

> *Ook de heer Holwerda zelf heeft mij per brief zijn instemming betuigd, en verdedigt zijn door mij weersproken qualificatie van Pleytes boek alleen hiermee, dat hij het beter acht van een gestorven voorganger het beste te zeggen. Nu, daarin zijn we dan in de beste harmonie; en U ziet dus dat mijn stuk gelukkig geen brand heeft gesticht.*[118]

Het is de vraag hoeveel de gemiddelde lezer van de *Nieuwe Drentsche Volksalmanak* met deze gedetailleerde en specialistische kritiek op Pleyte kon. De *Provinciale Drentsche en Asser Courant* komt op 5 maart 1907 met de mededeling dat De Wilde Pleytes standaardwerk dat "jarenlang gold als meesterstuk" uiteen heeft laten vallen "als hout dat door de wormen is aangetast." En dat terwijl Holwerda in 1906 nog beweerd heeft dat het een standaardwerk was:

> *Wie is hier juist? Dat is natuurlijk de vraag. Voor ons is het moeilijk daarop een antwoord te geven. Wel kunnen we echter zeggen, dat de heer De Wilde de fouten, die hij aanwijst, duidelijk toont en zelfs den leek op oudheidkundig gebied binnen leidt in de voor hem gesloten boeken.*[119]

De Wilde had ook grote kritiek op de door Pleyte in zijn *Nederlandsche Oudheden* afgedrukte kaarten van vindplaatsen in relatie tot hun geologische ondergrond, maar over het idee op zich was hij zeer enthousiast. Het probleem was tweeledig. Pleyte had alle gevonden objecten naast elkaar op de zelfde kaart geplaatst. Hierdoor werd het zeer moeilijk om te zien welke voorwerpen bij elkaar hoorden. Een tweede probleem was de schaal. Deze was te klein en daardoor was de positie van de diverse voorwerpen te onzeker geworden. De Wilde komt nu met een nieuw voorstel:

> *Het ideaal van een archaeologische kaart zou zyn, dat zy een bepaald tydpunt van het verleden voorstelt, dat is b.v. den toestand van een land zoowel wat betreft de bewoonde plaatsen, den loop der rivieren, beeken en kanalen, de aanwezigheid van meeren, de vorm der kusten, de verkeerswegen, zooals al die zaken waren ten tyde van een bepaald oogenblik in de geschiedenis, of de Voor-historie.*[120]

> *Deze kaart geeft de geologische en geografische situatie aan van een bepaalde periode en mag dus ook alleen vondsten uit die periode tonen.* De grote vraag is nu hoe groot zo'n tijdvak moet zijn:

> *In die meening nu heb ik getracht om een archaeologische kaart samen te stellen, die beantwoord aan den eisch: een voorstelling te geven van een bepaald tydvak. Dat dit niet een kort oogenblik kon zyn, en zelfs niet een toestand zooals die b.v. gedurende een tiental jaren bestond of zelfs niet gedurende een halve eeuw en nog veel langer, is natuurlyk te erkennen. Het is ook nog onzeker zelfs wanneer ik meen in welke jaartallen uitgedrukt de toestanden zyn geweest, zooals zy op deze kaart zyn uitgedrukt. Dat kan noch de geoloog, noch de archaeoloog tot nu toe met voldoende zekerheid zeggen. Wel wordt in het algemeen aangenomen dat de*

---

118 Brief van De Wilde aan Kymmell van 3 Maart 1907.
119 Provinciale Drentsche en Asser Courant 5-3-1907. Met dank aan Henk Luning.
120 De Wilde 1907c, 1.

De aantekenboekjes van De Wilde.

> *Hunebedden in Nederland tot een periode behooren die afgesloten werd ongeveer in de dertiende eeuw voor Christus, maar de gronden waarop dit berust zyn zoo zwak en m.i. zoo weinig in aantal, dat wy ons onthouden moeten van het noemen van een jaartal en zelfs van een eeuw, en zelfs van nog meer.*[121]

Maar als De Wilde van mening is dat het verleden niet in jaren uitgedrukt kan worden, wat bedoelt hij dan precies met een bepaalde periode?

> *Het is ook geen geologisch begrip, een jaartal, en eigenlyk ook nog geen praehistorisch begrip, al wil nu eenmaal de menschelyke geest graag een strootje hebben om zich aan vast te houden in die onmetelyke zee, die wy "Tijd" noemen. De geoloog is echter bescheiden genoeg zyn onkunde volmondig te erkennen. Hy denkt niet aan eeuwental voor of na een willekeurig aangenomen punt om er den tyd mee af te meten; voor hem zyn er alleen perioden, afdeelingen in het worden en vergaan ...*[122]

---

121 De Wilde 1907c, 3.
122 De Wilde 1907c, 3.

De archeoloog moet volgens De Wilde een voorbeeld aan de geoloog nemen en de prehistorie niet in jaren, maar in periodes verdelen. Archeologen doen dat niet. Dat komt omdat ze nog een jonge wetenschap zijn die nog sterk onder invloed van het denken uit het verleden staat. Een eeuw eerder had men zich alleen nog met de Grieken en Romeinen bezig gehouden. Archeologen hadden in die periode hun vondsten gedateerd en verklaard via de klassieke teksten. Ook die weinigen die zich met de geschiedenis van de vroegste mensen bezig hielden zagen geen ander mogelijkheid. Dit leverde een bepaald type wetenschapper op:

> *… ook die weinigen, die zich werkelyk moeite gaven om te onderzoeken, wat wy nu, niet zonder rechtmatigen trotsch kunnen noemen de wetenschap der oudste archaeologische verschynselen, waren toch in den grond meer literatoren …*[123]

Naast de tijdsbeperkingen die de archeologen door de Klassieken opgelegd werden was er nog een tweede blokkade om ver in het verleden te kunnen kijken:

> *Voeg daarby dat de "schepping der aarde" alreeds in dat wonderlyk mooi gedicht, dat Genesis heet, zoozeer was beperkt wat oudheid van verleden aangaat, dat er voor al wat daarna gebeurd was in een zestigtal eeuwen plaats moest gevonden worden. Dan wordt het temeer begrypelyk hoe de litteratorische archaeologie huiverde om met zulke geweldige cyfers te redeneren als de geologie het hen toch langzamerhand dwong te doen. En nog is het verzet niet geheel gebroken, en nog heden is een van de argumenten tegen het aanemen van een duizend jaar, en zelfs van een paar eeuwen meer of minder in de praehistorie van den mensch een kittelig punt voor den van huis uit litterair denkenden archaeoloog. Nog is een van zyn argumenten: maar waar halen wy den tyd vandaan, om aan al die beschavingsperioden maar zoo langen duur toe te durven kennen.*[124]

Deze argumenten hebben nu hun waarde verloren. Het verleden is veel te diep om in jaren uit te drukken. Archeologen die zich met de prehistorie bezig houden moeten net als geologen in perioden gaan denken:

> *By deze kaart is dus niet te denken aan een jaartal, en evenmin aan een eeuw. Wil men vasthouden aan het voorloopig resultaat der archaeologen en zeggen dat de bouw der hunebedden moet gebeurd zyn voor de tweede helft van de dertiende eeuw, het is my wel, maar myn overtuiging is dat niet. En wat hier op deze kaart is voorgesteld, mag men dan houden als een toestand die bestond voor die dertiende eeuw voor Chr., wat ik gaarne wil toegeven, mits men my maar niet vraagt hoeveel daarvoor.*[125]

Of De Wilde de Neolitische Kaart van Drente werkelijk getekend heeft, zoals hij in deze tekst aangeeft, of dat hij met deze tekst vooruitliep en deed als of de kaart al bestond is onduidelijk omdat deze kaart niet teruggevonden is. Gelukkig

---

123 De Wilde 1907c, 4.
124 De Wilde 1907c, 4.
125 De Wilde 1907c, 4.

geeft De Wilde wel enige informatie over wat er op deze kaart stond of zou moeten staan. Daarmee geeft hij een globaal beeld van hoe hij zich Drenthe in het Neolithicum voorstelde:

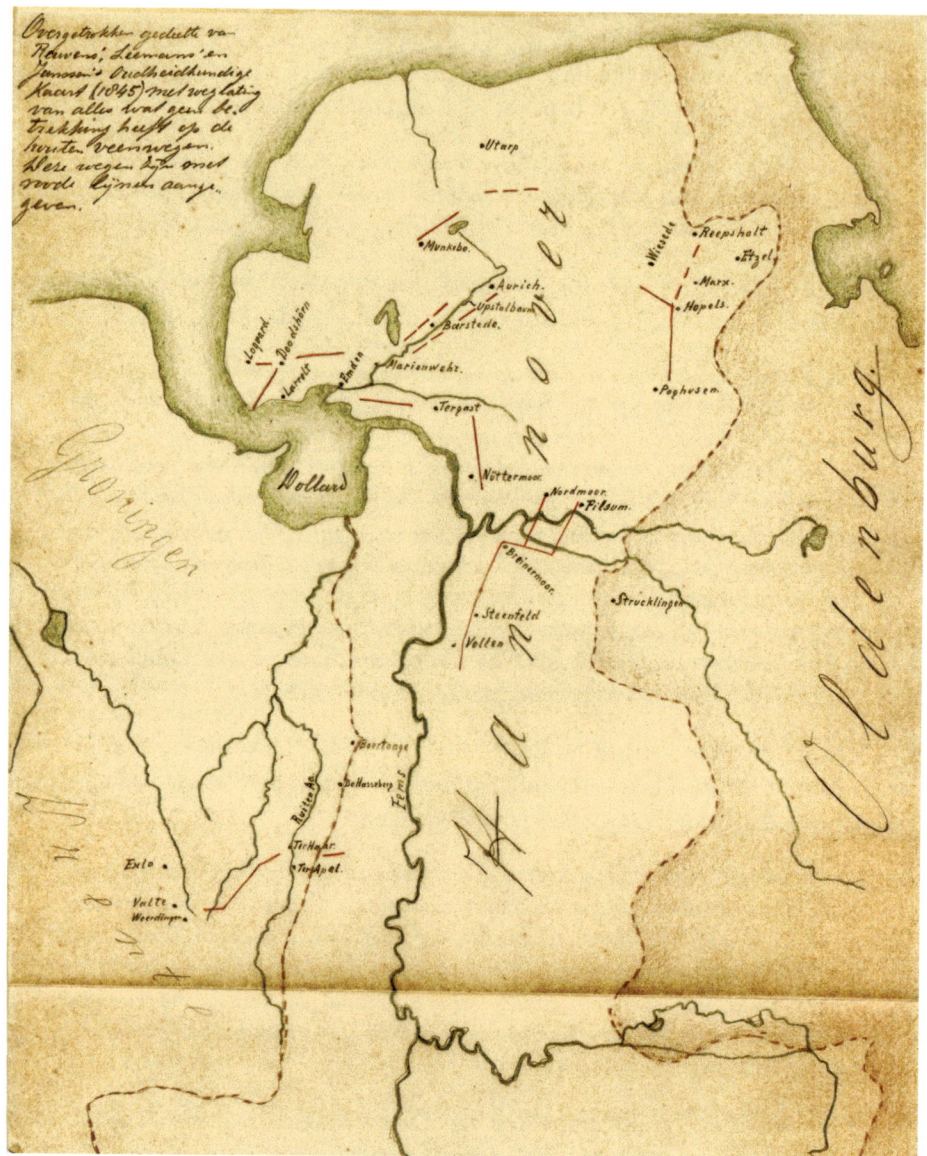

Overgetrokken gedeelte van Reuvens', Leemans' en Janssen's Oudheidkundige Kaart (1845) met weglating van alles wat geen betrekking heeft op de houten veenwegen. Deze wegen zijn met roode lijnen aangegeven.

> *Drente was, wat water en land-verdeeling betreft zoo als hier is geteekend, ten tyde dat de bouwers der Hunebedden hier geleefd en in krachtigen en voor een zoo klein plekje gronds ook in machtigen bloei zyn geweest.*[126]

De Wilde ging er vanuit dat ten tijde van de bouw van de hunebedden alleen de hogere zandgronden begaanbaar waren en dat de rest van het land onder water lag:

> *Een bewys dat de veenen, en vooral de hoogveenen in Drente allen water zyn geweest is indirect het bestaan van de houten veenwegen. Al was het dan geen open water meer, toch moet op die plaatsen waar die wegen gemaakt zyn, en in het algemeen over die veenen waarin die wegen nu gevonden worden, de overgang onmogelyk geweest zyn.*[127]

De Wilde komt nu met een aantal voorbeelden van veenbruggen en dan breekt zijn tekst af. Waarom De Wilde deze tekst niet voltooid en met de kaart gepubliceerd heeft is onbekend. Dat is jammer omdat De Wilde nu niet uitlegt waarom hij er van overtuigd is dat de venen nog open water waren toen de hunebedden gebouwd werden. Dit is extra vervelend omdat hij in zijn tekst hint dat hij op grond van deze overtuiging de toen gangbaren datering van de hunebedden afwijst:

> *Mocht eenmaal meer bepaald bewezen worden dat inderdaad de "Steenperiode" of nader aangeduid "de neolithische periode" waarin men algemeen stelt dat de Hunebedden in het Noorden van Europa en in ons land gebouwd zyn, inderdaad geeindigd is ongeveer in 1250 voor Chr., in Denemarken, dan wil ik gaarne toegeven dat dan de toestand van Drente niet meer zoo was als deze kaart voorstelt …*[128]

De datering van ca. 1250 v. Chr met de toevoeging "in Denemarken" heeft De Wilde hoogstwaarschijnlijk ontleend aan de bekende Deense archeoloog Sophus Müller (1846-1934).[129] Deze plaatste (1905) in Zuid-Scandinavië de dolmens en de duntoppige bijl aan het begin van het 2e millennium v. Chr., de ganggraven en de diktoppige bijl in het midden van het 2e millennium v. Chr., de steenkisten en vuursteendolken na het midden van het 2e millenium. Met zoveel woorden was de periode van de gangraven dus inderdaad ca 1250 v. Chr. afgesloten. Wanneer De Wilde zich inderdaad op Müller gebaseerd heeft dan heeft hij daarbij Müllers idee dat de grote steengraven in Noord-Duitsland en delen van Nederland aan het begin van het 2e millennium en niet later gesitueerd moesten worden genegeerd.

Hoe oud de hunebedden werkelijk waren vertelt De Wilde hier helaas niet.

Naast zijn kritiek op Pleyte begon De Wilde in 1907 ook een artikel over *De richting der megalitische graven in Nederland*. Opnieuw begint hij met zijn klacht over de staat van het hunebedden onderzoek in Nederland:

---

126 De Wilde 1907c, 4.
127 De Wilde 1907c, 5.
128 De Wilde 1907c, 4.
129 Müller 1905. Zie Bakker 2004, 146.

> *Het onderzoek van de grootesteen-graven in Nederland, onze zoogenaamde "Hunebedden", is zoo volkomen verwaarloosd, dat we zonder de minste overdryving kunnen zeggen: het is, wetenschappelyk gesproken, nog niet begonnen.*[130]

Vervolgens gaat hij over tot vadermoord. Over Westendorp hoeft niet gesproken te worden, die heeft volslagen onzin geschreven, Janssen was van goede wil, maar heeft er ook een potje van gemaakt, Pleyte is een schande voor de wetenschap en zelfs aan Holwerda heeft men niet veel:

> *Wat wy er dan ook nu van weten, is treurig weinig, en teekenend is het voor den toestand, dat in het overigens zoo verdienstelyke werk van Dr. Holwerda Jr., "Nederland's Vroegste Beschaving" eigenlyk van de "vroegste" beschaving, d.w.z. onze Hunebedden-tyd, slechts een paar bladzyden handelen …*[131]

En het zijn niet alleen de Nederlanders die niet aan de normen van De Wilde hebben voldaan. Hij noemt twee Duitsers die ook te licht zijn bevonden:

> *Dat in een zoo uitvoerig werk over de graven van den "steentyd" als Schumann's*[132] *…… in 't geheel geen plans gegeven worden, mag men als een ernstig gebrek beschouwen, maar ook in Friedr. Tewes' "Die Steingräber der Provinz Hannover,*[133] *dat door mooie foto's van Hunebedden aldaar uitmunt, en ook wel plattegronden geeft, op vry voldoenden maatstaf en voldoend nauwkeurig, maar dat overigens niet in wetenschappelyke zin uitmunt.*[134]

Het eerste gedeelte van dit artikel handelt over de toestand der hunebedden. De Wilde is blij dat ze nagenoeg allemaal van de staat of de provincie zijn, maar hij betwijfelt of dat de verwoesting van deze monumenten zal stoppen. Voor het hunebed op de Westenes bij Emmen (D44), dat nog steeds in particuliere handen is, heeft De Wilde weinig hoop:

> *[Dit] gaat stellig zyn ondergang tegemoet. Wel heeft de tegenwoordige eigenaar, een landbouwer, naast wiens huis en op wiens erf het ligt, my verzekerd dat zoolang hy leefde er niemand mocht aankomen, maar dat is een voornemen waaraan hyzelf bezwaarlyk de hand kan houden, nu de grond er omheen in dagelyks gebruik is voor zyn bedryf en er zelfs in de laatste jaren al zichtbare veranderingen aan het graf zelf zyn waar te nemen.*[135]

---

130 De Wilde 1907b, 1.
131 De Wilde 1907b, 1.
132 Vermoedelijk: Schumann, Hugo 1904 Die Steinzeitgräber der Uckermark. Prenzlau.
133 Tewes, Friedrich 1898 Die Steingräber der Provinz Hannover : eine Einführung in ihre Kunde und in die hauptsächlichsten Arten und Formen. Hannover.
134 De Wilde 1907b, 7.
135 De Wilde 1907b, 3. Oldenhuis Gratama 1886, 7: "Het Hunnebed te Westenesch blijft nu alléén nog over; de moeilijkheid is dat over een gedeelte daarvan een schuurtje is gebouwd." 193 "Het hunnebedd is vroeger grooter geweest; eenige jaren geleden zijn verscheidene steenen weggevoerd, zeer groote kunnen dat niet geweest zijn, omdat men wegens de ligging in de onmiddelijke nabijheid van het huis de steenen niet door kruit heeft kunnen doen springen wegens 't gevaar."

De Wilde vergiste zich schromelijk in deze boerenfamilie. Het hunebed is nog steeds in haar bezit en wordt door de huidige boer trots met veel zorg omringd.

Het schijnt dat De Wilde niet op de hoogte was van de "restauratie" activiteiten die er onder invloed van Oldenhuis Gratama's ideeën hadden plaats gevonden. Gratama volgde Westendorp in diens mening dat de hunebedden oorspronkelijk open in het landschap gelegen hadden en dat de heuvels, waardoor het merendeel op dat moment min of meer overdekt werden, later opgestoven waren. Op zijn aandringen werden overal in Drenthe de hunebedden "gerestaureerd" doordat men zonder enig onderzoek de dekheuvel restanten weggroef.[136] De Wilde noteerde de gevolgen daarvan:

> *Ik zelf heb by zoogoed als alle Hunebedden sporen, en wel zeer recente sporen van omwroeting van den bodem gezien. En wanneer men nu weet dat de "kultuurlaag" in den Hunebedbodem, d.w.z. de laag waarin de begraafresten gevonden worden, hoogstens een halve meter diep onder de vrye oppervlakte ligt en meestal zelfs al begint onmiddellyk aan de oppervlakte, dan is het gemakkelyk in te zien dat zelfs een eenvoudig zakmes al in den vuist van een onbevoegde een archaeologische ramp kan veroorzaken. Men meene niet dat ik my hier te sterk uitdruk, want een goed archaeoloog moet het besef hebben dat ook de kleinste potscherf van belang is voor zyn wetenschap en zelfs mogelyk van beslissende waarde kan worden voor nadere systematiek en kennis der oudheidkundige verschynselen in ons land. Maar wat eenmaal door een onbevoegde is ontgraven is verloren en zoogoed als geheel waardeloos geworden.*[137]

Ook het beroemde onderzoek van Van Lier uit 1760 van de grafkelder van Eext (D13) was niet nauwkeurig genoeg gedaan, De Wilde had er tijdens zijn bezoek nog scherven aan de oppervlakte gevonden.[138] Dit hunebed is onherkenbaar veranderd sinds het door Van Lier beschreven is:

> *De heuvel waarin het ligt is nu ruim een meter hooger geworden door het afgraven van de omgevende grond, en daar de glooiing van den heuvel zelfs verleden jaar (of wel in 1906) netjes is hersteld, zoodat men binnenkort niets meer zal kunnen zien van de gedane afgraving (die n.l. den heuvelvoet steil had afgestoken), is eigenlyk het karakter van dit monument belangryk gewyzigd.*[139]

Ook in Borger is men wild aan het werk geweest:

> *Borger, het groote, beroemde, is gedegradeerd tot een tuinmonument. Er is, ongetwyfeld met de beste bedoelingen, maar niettemin tot schade van het graf zelf, een plantsoen om aangelegd, dat ook in zooverre zyn doel voorbygaat, dat het graf zelf daardoor meer tot een rotsparty is geworden dan een archaeologisch stuk van*

---

136 Bakker 1979b.
137 De Wilde 1907b, 4.
138 De Wilde was niet de enige. In zijn "Eigen beschrijving I Voorwerpen in of onder hunebedden gevonden" uit 1906 noteerde hij over drie scherven uit het museum in Assen: In Register staat: 4872. Datum v. ontvangst 6 Oct 1905. Scherven van urnen, gevonden bij het restaureren van den grafkelder te Eext in Sept 1905 – koop – van G.H. Krull, burgemeester van Anloo.
139 De Wilde 1907b, 4.

hooge waarde. Nu zou er opzichzelf weinig tegen te zeggen zyn dat men het als een groot sieraad behandelt, wanneer het maar eerst terdege en streng wetenschappelyk onderzocht was. Maar dit is niet het geval. Er is omheen gespit en gegraven om er grasperken, bloemen, boompjes enz. om te plaatsen, waarby natuurlyk de kultuurlaag er omheen hopeloos vermorzeld is, maar aan een onderzoek is daarby in het geheel niet gedacht.[140]

Ook Pleyte had hierover in zijn *Nederlandsche Oudheden* een opmerking gemaakt. De Wilde merkte terecht op dat Pleyte hier wat "luchtig" met zijn gegevens omgegaan was. Opvallend is echter dat De Wilde vervolgens hetzelfde doet. Pleyte geeft de volgende omschrijving:

Alle zoogenaamde hunebedden of liever steenen graven zijn oorspronkelijk met een heuveltje van kleine keien en daarna met zand en heide overdekt geweest ... en hebben dus oorspronkelijk de gedaante van gewone grafheuvels of van een glooiend terrein, zoals het groote dubbele graf in Emmen dat in onze tijd ontdekt is.[141]

Volgens Pleyte zou het grote dubbel graf bij Emmen (Schimmeres D43) in zijn tijd ontdekt zijn. Dat klopt niet, het langraf was al veel langer bekend. Uit de beschrijving blijkt echter duidelijk dat Pleyte hier doelt op D41 dat in 1809 door J. Hofstede onderzocht was. Dit hunebed was bij toeval gevonden en lag geheel in een heuvel verborgen. De beschrijving die Pleyte hierboven van de originele staat van een hunebed geeft komt direct van de door Hofstede gepubliceerde afbeelding. Omdat De Wilde aan het begin van dit artikel verklaart dat Westendorp van geen enkele waarde is moet hij hem gelezen hebben. Het kan dus niet anders of hij kende ook Hofstedes opgravingsverslag met tekening die achter in Westendorps

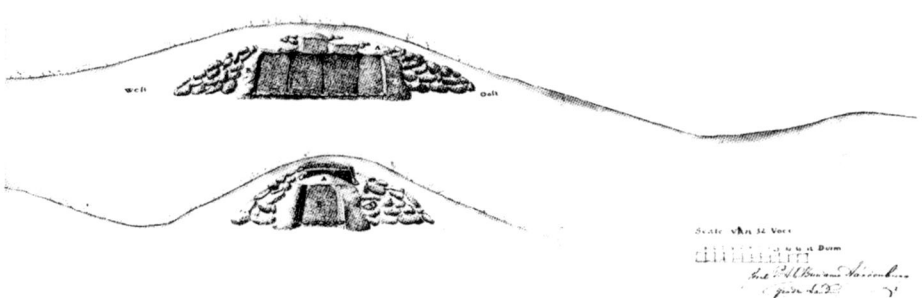

Hofstedes tekening van D41.

---

140 De Wilde 1907b, 5.
141 Pleyte 1877 Friesland, 136.

boek afgedrukt is.¹⁴² Het is daardoor merkwaardig dat hij Pleytes beschrijving niet herkend heeft. Hij houdt echter vast aan D43 en verklaart vervolgens dat Pleytes idee een gevolg is van het broddelwerk dat Janssen in zijn boek van de plattegrond van dit hunebed gemaakt heeft. Pleyte is hiermee opnieuw weggezet als een halve idioot, die niet wist waar hij het over had terwijl De Wilde, als hij iets nauwkeuriger naar Pleytes tekst gekeken had, had kunnen zien dat deze echt een van de meest sprekende voorbeelden van verwoesting door restauratie als voorbeeld nam.

Het tweede gedeelte van het artikel gebruikte De Wilde om te kijken wat hij uit de oriëntatie van de hunebedden kon afleiden. De Wilde doet alsof het idee van een windroos net daarop de oriëntatie van de hunebedden van hem is, maar hij kende het werk van Dryden uit Assen, en moet geweten hebben dat deze al eerder een dergelijke windroos gemaakt had. De Wilde meldt het bestaan van deze roos niet.¹⁴³ Hij nam het werk van Dryden echter niet klakkeloos over, maar ging bij het controleren zeer grondig te werk:

> *Ik heb nu van alle Drentsche Hunebedden nauwkeurig, met gespannen koord en met een zeer goed zakkompas, die richting bepaald, wat my tot in onderdeelen van een graad toe mogelijk was. Die opmetingen zyn alle, zonder uitzondering niet een enkele maal, maar herhaaldelyk gedaan, soms zelfs viermaal, andere daarentegen slechts tweemaal, maar niet een enkele is zonder herhaling gebleven.*¹⁴⁴

Bij het opmeten was het hem opgevallen dat er geen consistentie in de diverse richtingen zat. Dit kon maar tot een conclusie leiden:

> *... dit resultaat maakt nu wel voorgoed onmogelijk vol te houden dat onze Hunebedden zy het ook maar benaderend een vaste "richting" t.o.v. den zonnestand innemen. Aan een verband met een "zonnedienst": of met andere fantasieen van dien aard, kan dus niet gedacht worden ... [er was] dus geen "gedachte" by de plaatsing, althans geen siderisch*¹⁴⁵ *of kosmologisch denkbeeld, m.a. w. geen natuurgodsdienstig element.*¹⁴⁶

De Wildes onderzoek heeft zich tot Drente beperkt en dat maakt dat er ook een beperking aan de conclusie gesteld moet worden:

---

142 Zowel in Westendorp 1815 als in 1822.
143 Mogelijk is dit een gevolg van De Wildes merkwaardige opvatting met betrekking tot citeren: "Het schijnt mij ... bij literatuuropgaven ... dat zij alleen belang hebben wanneer het citeren van den naam het bewijs van het gezegde versterkt; maar wanneer een zaak zelfstandig beredeneerd wordt ... vervalt vanzelf iedere "autoriteit" behalve die van de gehouden redeneering ..." De Wilde 1909b, 92.
144 De Wilde 1907b, 6.
145 Een siderische tijdsperiode (zoals de siderische maand en het siderische jaar) is een tijdsperiode waarna een hemellichaam weer dezelfde positie heeft bereikt, gezien ten opzichte van de sterren.
146 De Wilde 1907b, 6.

> *[het mag niet] veralgemeend worden over alle Hunebedden, ook elders, b.v. in Duitsland, al zal het hier bewezene allicht den Duitschen onderzoekers een aanleiding kunnen geven om ook daar die richtingen eens aan een nadere revisie te onderwerpen.*[147]

Of dit artikel voltooid is of niet is onduidelijk. Het is nooit gepubliceerd en de erin genoemde hunebeddenroos en hunebeddenlijst met exacte locaties is niet teruggevonden.

Pleyte stond niet alleen in zijn overtuiging dat de Kelten de eerste bewoners van Nederland geweest waren en hij was dus ook niet de enige die door De Wilde bestreden moest worden. In 1904 publiceerde Johan Hendrik Caspar Kern (1833-1917)[148] een artikel over de oudst bekende aardrijkskundige namen. Hierin stelde Kern dat:

> *De oudste aardrykskundige namen die men in ons land ontmoet, zijn van Keltischen oorsprong.*[149]

Kern bevestigde hiermee via de taalkunde Pleytes gelijk en dat kon De Wilde niet over zijn kant laten gaan. Hij begon een uitgebreide kritiek op het artikel van Kern, maar voltooide dit uiteindelijk niet:

> *Dat Kern ook weer aan de "oudste" bewoners denkt of althans aan de "oudste namen" als Keltische, bewyst dat hy die Kelten zich geheel volgens de traditioneele leer der negentiende eeuwsche taal-speculatoren denkt als voorafgegaan aan de Germanen, waardoor ze "verdreven" zyn of waarvoor ze "plaats gemaakt hebben", zoaals de geheel ongemotiveerde uitspraken van archaeologen à la Pleyte e.a. luiden.*[150]

De Wilde ontkende niet dat er plaatsnamen bestaan die wel eens van Keltische oorsprong zouden kunnen zijn, maar hij toonde aan dat dit niets over de taal van de eerste Nederlanders zegt:

> *Evenwel ook het besluit zelf dat Kern die plaatsnamen meent terecht te mogen afleiden, gaat zelfs al waren er talryke namen en al waren die volmaakt zeker bepaald, nog te ver. Men zou namelyk mogen aannemen dat hier Galliers (Kelten) gewoond hebben, maar ... niet dat die Kelten hier hebben gehuisd vóór de Germanen.*[151]

Die namen, stelde De Wilde, kunnen evengoed ingevoerd zijn door Gallische hulptroepen. De Wilde gebruikte hier een argument dat Kern zelf bij de bespreking van Batavodurum gebruikt had. Kern stelde hier vast dat de naam wel is waar Keltisch is, maar dat hij pas ontstaan kan zijn nadat de Bataven in de Betuwe aangekomen waren. Die Bataven waren echter geen Kelten, maar Germanen. Deze

---

147 De Wilde 1907b, 7.
148 Taalkundige en Indoloog.
149 Kern 1904, 774.
150 De Wilde 1907d, 1.
151 De Wilde 1907d, 2.

naam kan dus niet vóór-Germaans zijn. Als er nu één van de Keltische namen niet vóór-Germaans is, waarom zouden de ander Keltische namen dat dan wel zijn? Na een uitgebreide behandeling van alle door Kern genoemde woorden kwam De Wilde aan het eind van zijn artikel tot de volgende conclusie:

> *Om dus aan te nemen dat de Romeinen hier Kelten vonden is geheel ongegrond, om aan te nemen dat vóór de Germanen, die zy hier aantroffen er reeds Kelten geweest zyn is nog minder gegrond, en zoo blyft er voor Kelten in Nederland niet alleen geen waarschynlykheid over, maar er is een totaal ledig, een vacuum van bewys, dat door geen enkel taalkundig stofje wordt onderbroken.*[152]

Uit die hoek hoeft Pleyte geen hulp te verwachten. Om helemaal zeker te zijn verwijst De Wilde, nadat hij tot zijn slotconclusie gekomen is, ook nog naar een kritiek van Lodewijk Bolk (1866-1930)[153] op een boek van Lucien Mayey[154] uit het zelfde nummer van het *Tijdschrift van het Aardrijkskundig Genootschap*. Bolk wijst het algemeen opgang vindende idee dat Nederlanders Germanen zijn af. Nederland heeft een gemengde populatie en er moet nog een hoop onderzoek gedaan worden voor men daar met zekerheid iets over zeggen kan:

> *Ik meen dat prof. Bolk ... tot de slotsom is gekomen dat in enkele schedels Keltische stigmata te vinden zyn. Zonder in het minst zyne anatomische gronden te willen weerleggen, moet ik er toch op wyzen dat de eigenschappen, die hy voor Kelische verklaart, slechts daarom zoo heeten omdat men nu eenmaal aan Kelten gelooft, als den uitgebreiden stam, die in de door hem genoemde landen [Zwitserland, Frankrijk, België en Engeland] zou gehuisd hebben. Maar dat dat werkelyk "Kelten" waren, is absoluut onbewezen. Wel kan weer zoo'n onderzoek ons leren dat er eenheid en verschil van eenheid bestaat tusschen deze of gene volken en volkstammen en naties, enz., maar den naam van die gevonden eenheid staat nooit op zulke schedels geschreven en is dus altyd pure onderstelling, die zyn primaire grondsteun toch weer heeft in de historie, en het taalonderzoek.*[155]

De nieuwe archeoloog

Het is onduidelijk of De Wilde in 1907 opnieuw in Drenthe geweest is. Aan Kymmell schrijft hij dat het mogelijk is dat hij na een bezoek aan Hannover nog even naar Drenthe zal komen. Aangezien hij over een bezoek aan Hannover schrijft ligt het voor de hand aan te nemen dat hij de hunebedden in deze omge-

---

152 De Wilde 1907d, 11.
153 Als anatoom en embryoloog hield Bolk zich bezig met de evolutie van de mens. Hij ontwikkelde de Foetalisatietheorie. Deze hield in dat hij ervan uitging dat de mens een geslachtsrijp geworden foetale aap is. Dat wil zeggen dat de aapachtige vooronder van de mens een vertraging of zelfs stilstand in zijn ontwikkelings-proces doorgemaakt heeft. Deze theorie is verder ontwikkeld door o.a. Stephen Jay Gould.
154 Mayet, Lucien 1902-1903 Notes sur les sciences anthropologiques et plus particulièrement l'anthropologie criminelle en Hollande et en Belgique. Lyon.
155 De Wilde 1907d, 12.

ving bekeken heeft en een bezoek aan het Provinzialmuseum (het tegenwoordige Niedersächsisches Landesmuseum) gebracht heeft om daar de vondsten uit die hunebedden te bekijken. Of dit zo is viel helaas niet vast te stellen.[156]

Op 4 januari 1908 verhuisde De Wilde naar een kamer in Oudegracht 120. Als beroep gaf hij opnieuw student op. Hij bleef maar heel kort op deze kamer. Op 8 februari verhuisde hij opnieuw. Dit keer naar een kamer in de Voorstraat 96bis. Hij is nu 48 jaar, wel wat oud om nog student te zijn.[157] Hij geeft nu aan de gemeente door dat hij zonder beroep is en zo zal het de rest van zijn leven blijven. Na zijn vertrek bij het fysiologisch laboratorium heeft hij nooit meer een officiële baan gehad. Aangezien hij zich in zijn artikelen als archeoloog presenteert ligt het voor de hand om ervan uit te gaan dat hij dat, in deze periode van zijn leven, als zijn beroep zag. Toch schijnt hij niet zeker genoeg van zichzelf geweest te zijn om dit als beroep bij de gemeente op te geven. Het mag merkwaardig lijken dat iemand die daar niet voor gestudeerd heeft zich archeoloog noemt,[158] maar men moet hierbij bedenken dat het op dat moment nog niet mogelijk was om prehistorische archeologie te studeren. De Wilde had in wezen, wanneer het op het onderzoek van de hunebedden aankwam, een even goede opleiding opleiding als Westendorp, Janssen en Pleyte - theologie - en Holwerda - klassieke talen. Vanuit de huidige praktijk bekeken had hij waarschijnlijk zelfs een betere opleiding, omdat hij geleerd had hoe men van uit de bètahoek tegen onderzoek aankeek. Als hij een opleiding gewild had zou hij in Utrecht college hebben kunnen lopen bij L.J. Morell (1842-1908) die archeologie en geschiedenis der Griekse kunst doceerde, maar voor zijn hunebedden-onderzoek zou jij daar weinig aan gehad hebben.[159] Er werd op dit moment in Utrecht geen enkele aandacht besteed aan prehistorischonderzoek en opgravingstechniek. We kunnen dit duidelijk zien aan Morells opvolger, C.W. Vollgraff (1876-1967). Deze was van 1902 tot 1908 privaatdocent archeologie in Utrecht. Hij hield van 1902 tot 1904 de eer van Nederland hoog met een opgravingen in Argos (Griekenland). Omdat hij nog al lang moest wachten op toestemming om in het klassieke Argos te graven besteedde hij zijn eerste campagne aan de Mykeense overblijfselen. Aan het eind van deze campagne in 1902 stelde hij aan de hand van gevonden scherven vast dat hij twee cultuurlagen ontdekt had, maar helaas waren deze scherven dusdanig door elkaar geraakt dat hij niet meer wist welke scherf uit welke laag kwam.[160]

---

156 "Unterlagen, die über einen eventuellen Besuch W. J. De Wildes im Provinzialmuseum (heute Niedersächsisches Landesmuseum) in Hannover Auskunft geben, habe ich im Bestand des Provinzialmuseums (Hann. 152) auf der Ebene der Aktentitel leider nicht ermitteln können." Dr. Claudia Kauertz, Niedersächsisches Landesarchiv - Hauptstaatsarchiv Hannover.
157 Frits Coerts (1867-1938), de schrijver van het Studenten-Liedboek van Groot-Nederland (1896) bleef echter 43 jaar lang student in Utrecht.
158 Van der Sanden 2007, 137 noemt hem "Een deskundige liefhebber."
159 Uit de bibliotheek die L.J. Morell aan de UB Utrecht heeft nagelaten blijkt dat hij zeer goed op de hoogte was van alles wat er op zijn vakgebied rond de Middelandse zee gebeurde, maar dat hij geen enkele interesse had voor enige vorm van archeologie elders.
160 Vollgraff 1906, 42. De Wilde was ongetwijfeld op de hoogte van Vollgraffs werk omdat er in 1903 een inzameling gehouden werd om extra fondsen voor zijn werk te krijgen. Utrechtsch Studenten Weekblad "Vox Studiosorum" juni 1903.

In het artikel "Een populaire dwaling" dat De Wilde in 1908 in de *Nieuwe Drentsche Volksalmanak* publiceerde gaf hij als zijn mening dat de toekomst van de archeologie niet bij de erudiete lezers, maar bij de nauwkeurig waarnemende onderzoekers lag. De Wilde bestrijdt in dit artikel het toen gangbare idee van Westendorp (1815) dat de (oer)Kelten de eerste bewoners van Nederland geweest zouden zijn. Om te laten zien hoe men tot dit idee gekomen is schrijft hij een korte, theoretische geschiedenis van de archeologie. Hij is daarmee de eerste die dat in Nederland doet en alleen daarom al is dit artikel de moeite waard:

> *Het is hier niet de plaats om diep in de geschiedenis der archeologie door te dringen, maar een kleine toelichting over de twee hoofdstroomingen, waarin de studie van die wetenschap is gegaan, is toch niet overbodig tot beter begrip hoe het gekomen is dat ook de kennis onzer Hunebedden zoo nauw is in samenhang geraakt met de Keltenbegrippen en hoe ook die hebben kunnen meehelpen, om de denkbeelden daarover te doen uitgroeien tot zulke geweldige proporties.*[161]

De geschiedenis der archeologie start met wat De Wilde de Mozaïsche periode noemt:

> *Zoolang men de Heilige Schrift als de meest gezaghebbende bron van al onze kennis beschouwde, die in alle deelen en onderdeelen waar moest zijn, was het, of scheen het althans, niet moeilijk om in oudheidkundige kennis op te klimmen tot de oudst denkbare tijden.*[162]

Alles kon vanuit de Bijbel verklaard worden. Omdat de Bijbel zei dat er ooit reuzen geweest waren kon Johan Picardt (1600-1670) ze in 1660 aanwijzen als de bouwers van de hunebedden. In de loop der tijd gingen geleerden echter ook de klassieke bronnen bij hun onderzoek betrekken. Hierdoor ontstond de "Latinistische periode". Met deze term bedoelde De Wilde de tijd waarin men de geschiedenis, soms zelfs de voorgeschiedenis, vrijwel uitsluitend schreef op basis van schriftelijke bronnen en zonder gebruikmaking van onderzoek van archeologische monumenten en/of opgravingen. Met het Humanisme in de 14e-16e eeuw, begon, volgens De Wilde, deze Latinistische periode, om pas "nu" (1908) aan zijn eind te komen. Westendorp viel dus ook in de Latinistische periode:

> *Westendorp noemt, in zijn "Verhandeling over de Hunebedden" van 1815, achter elkaar op, als volken die bij de vraag "Wie waren de stichters?" in aanmerking heetten te komen: Kimberen, Sunnische legerbenden, Romeinen, Germanen, Hunnen, Noormannen, Friezen, Angelsaksen, Thraciers, Slaven, Scythen, en wellicht nog meer, die ik hier voorbij gezien heb. En daar in zijn tijd de Indogermanen-kwestie al opgelost was in denzelfden zin als er nog heden aan gehecht wordt, en de Kelten-waan ook reeds tot zijn meest geweldigen omvang was gekomen, is natuurlijk zijn besluit (dat alleen op litteraire gegevens gebaseerd is), nadat hij eerst alle overige volken als nietbouwers der Hunebedden van zijn lijst heeft afgevoerd: "Er*

---

161 De Wilde 1908, 119-120.
162 De Wilde 1908, 120.

was geen ander volk overig, waaraan wij de Hunebedden konden toeeigenen, dan aan de Kelten." Het kwam den naieven theoloog-litterator niet in het hoofd, dat er andere volken konden bestaan hebben, waarover de geschriften zwegen!*[163]

De Wilde gaat hier wel erg kort door de bocht. Schriftelijke bronnen, aangevuld met volksverhalen, leverden Westendorp weliswaar zijn belangrijkste informatie, maar hij vulde die aan met conclusies die hij uit de in de hunebedden en andere stenengraven gevonden voorwerpen trok. De stenen bijlen vertelden hem dat deze graven uit een steenperiode dateerden. Daar men in Julius Caesars tijd ijzer gebruikte moesten deze graven veel ouder zijn. Precieze analysen van de overeenkomsten en verschillen van deze voorwerpen en van de architectuur van de grafkamers waren nog niet beschikbaar en zo veronderstelde Westendorp dat dit soort steengraven in een brede zone langs de Atlantische Oceaan en de Noordzee, van Zuid-Portugal en Spanje tot in Midden-Zweden, in Denemarken, Nederland en Duitsland tot aan de Oder, door een en het zelfde volk gebouwd waren. Westendorp onderbouwde zijn conclusie over de ouderdom van de hunebedden o.a. met een tekst van Ephorus over dolmens bij Kaap St Vincent (de zuidwestpunt van Portugal). Deze dateerde uit de 6e eeuw voor Chr, en aangezien men ze daar toen niet meer als grafmonumenten herkende, moesten de "hunebedden" dus nog veel ouder zijn. Westendorp gebruikte niet de tekst om tot een datering van de hunebedden te komen, maar gebruikte de tekst om de op grond van de vondsten getrokken conclusie te onderbouwen.

Het feit dat De Wilde Westendorps volkerenlijst hier nogal verwrongen weergeeft maakt duidelijk dat hij, toen hij zijn kritiek schreef, niet de moeite nam om te kijken wat Westendorp (1815 en vooral 1822) precies geschreven had.

Zijn opmerking dat de Indogermanen-kwestie in 1815 al opgelost was is ronduit verbazingwekkend. In 1784 toonde Sir William Jones (1746-1794) aan dat er verwantschap was tussen het Sanskriet en het Grieks en Latijn. Hij sprak de verwachting uit dat dit ook het geval zou zijn met het Gotisch, Keltisch en andere Noord Europese talen. In 1818 toonde Rasmus Rask (1787-1832) aan dat er een verwantschap was tussen de Scandinavische talen en het Latijn. Daarmee bevestigde hij de verwachting van Jones en kon de studie van het Indogermaans werkelijk beginnen. Westendorp (1815) kende de ideeën van Jones en speelt er mee zonder daar werkelijke conclusies uit te trekken.[164] Ook het idee dat Westendorp zich alleen op literaire gegevens baseerde is onzin. Westendorp had in eerste instantie, net als Van Lier (1760), op grond van de hem bekende vondsten een tweedeling in de prehistorie gemaakt in een steen- en metaaltijd. De vondsten uit de hunebedden toonden aan dat deze monumenten tot de steentijd behoorden en daardoor viel het overgrote gedeelte van alle mogelijke bouwers af. Vervolgens had Westendorp een (mentale) verspreidingskaart van de megalithische monumenten gemaakt en daarbij vastgesteld dat het merendeel van deze monumenten in gebieden gevonden werden waar de historische Kelten geleefd hadden. Deze twee

---

163 De Wilde 1908, 125-126.
164 Westendorp 1820. Zie Arentzen 2009, 286/293.

gegevens bij elkaar optellend was hij vervolgens tot de conclusie gekomen dat ze door de oer-Kelten gebouwd waren. Het is wonderlijk om te zien hoe onzorgvuldig De Wilde hier met zijn bronnen omspringt en dat terwijl dit is waar hij Pleyte nu juist van beschuldigd had.

Alleen over Van Lier is De Wilde enthousiast. Dat is de roepende in de woestijn die de weg aangaf waarin de archeologie zich dient te ontwikkelen:

> *Evenwel ook de meest officieele wetenschap is niet in staat op den duur het volkomen vrije, alzijdige onderzoek tegen te houden. Er waren al in de achttiende eeuw in ons eigen land mannen, die, zonder de letterkundige bronnen los te laten – want kinderen van onzen tijd zijn wij allen – toch begrepen dat er eeuwen moesten geweest zijn vóór alle litteratuur en vóór alle opgeteekende en overgebleven overlevering. In ons land is Van Lier een baanbreker in dit opzicht geweest, dien men met eerbied te noemen heeft, naast ook de besten in het buitenland. Wel was hij niet de eenige hier te lande, maar ongetwijfeld de meest beteekenende van die vrijere richting van onderzoek in zijn tijd. Hij is feitelijk ook de eerste geweest, die een ernstige wetenschappelijk cachet heeft weten te geven aan de beredeneering van zulke vondsten, als er herhaaldelijk in onze heidevelden gedaan werden, en nog heden is zijn beschrijving van den "Grafkelder" van Eext een van de beste en meest volledige geschriften, die wij in ons land over dergelijke onderwerpen hebben. Het is van 1760!* [165]

De grote fout in de archeologie is volgens De Wilde het onnauwkeurig gebruik van de klassieke teksten. Archeologen proberen daar meer uit af te leiden dan er in staat. Wanneer men objectief naar de Kelten kijkt wordt duidelijk dat alleen Caesar er wat zinnigs over zegt in zijn *De Bello Gallico*. Alle oudere mededelingen zijn te vaag om ook maar iets mee te doen. Caesars mededelingen stammen uit 58 tot 50 voor Chr. en zeggen dus helemaal niets over de eeuwen die daar voor liggen. De Kelten zijn te jong om de eerste bewoners van Nederland geweest te zijn en oer-Kelten zijn een constructie die nergens op gebaseerd is.

De Wilde sluit zich in dit artikel aan bij het gedachtegoed van Rudolf Virchow (1821-1902). Virchow had medicijnen gestudeerd en zich ontwikkeld tot de belangrijkste Duitse medicus van zijn tijd. Hij is de ontdekker van de cellulaire pathologie en de vergelijkende pathologie. Daarnaast was hij antropoloog en etnoloog en alsof dat nog niet genoeg was ook nog politicus. Voor Virchow was de prehistorische archeologie een onderdeel van de antropologie en diende die op dezelfde wijze onderzocht te worden.[166] De Wilde is van mening dat dit de toekomst van de archeologie is.[167]

---

165 De Wilde 1908, 122.
166 In 1869 richt Virchow de Berliner Anthropologische Gesellschaft op. In 1871 veranderde men de naam in de nog heden bestaande Berliner Gesellschaft für Anthropologie, Ethnologie und Urgeschichte.
167 De Wilde 1908, 123. In een lezing in Leeuwarden geeft De Wilde volgens de Leeuwarder Courant 16 januari 1909 de volgende jaartallen voor de drie historische perioden in de archeologie geschiedenis: "… het eerste loopende tot 1760 [Van Lier], het tweede van 1760-1848 [Janssen Drenthsche Oudheden], het derde van 1848 tot heden."

Hij is zich terdege bewust van de grenzen van zijn eigen hunebedden-onderzoek. Er is meer nodig dan het opmeten van de stenen en daar schuilt hem nu net in Nederland het probleem:

> ... sedert Van Lier [heeft er] nooit een enkel wetenschappelijk onderzoek van een onzer Hunebedden plaats gehad ... in ons land is nooit een spade in den grond gestoken voor een grondig onderzoek ...[168]

Hiermee bestempelt De Wilde zowel het werk dat de Hofstedes in 1809 aan Emmen-D41 als dat van Janssen in 1846 aan Zaalhof-D44a als onwetenschappelijk, maar dat terzijde. Toch is opgraven volgens De Wilde niet het absolute antwoord:

> *Toch heeft in het algemeen gesproken die oudheidkunde, die niet in de boeken maar wel op het veld haar studiemateriaal verzamelde, en die den boer volgde, als hij met zijn ploeg de aarde opende en haar begraven geheimen bij toeval aan den dag bracht, - die oudheidkunde, die later ook zelf de spade in de hand nam om, onafhankelijk van het toeval, zelf te graven waar zij wist of meende dat wat te vinden zou zijn, - die oudheidkunde nu heeft ten slotte tegenover of naast haar oudere litteraire zuster het pleit zoo volkomen gewonnen, dat ... de archaeologen van heden bijna tot een tegenovergestelde eenzijdigheid vervallen en men nu meermalen schampere opmerkingen kan lezen over "bureau-stoel-archaeologen, die met de pen, in plaats van met houweel en spade ontdekkingen doen".*[169]

Het onderzoek moet, volgens De Wilde, bestaan uit zowel bureau- als veldwerk. Alleen zo kan men verder komen. Op deze manier kan ook het Keltenprobleem opgelost worden. Veldwerk toont aan dat er in België geen hunebedden zijn:

> *Op het oogenblik is er in heel Belgie geen enkel te vinden, en om nu maar voetstoots aan te nemen dat ze daar alle spoorloos zouden verwenen zijn, acht ik, zonder bepaald bewijs dat er daar inderdaad bestaan hebben, voorbarig en gewaagd, te meer als men bedenkt dat in het zooveel kleinere Drenthe alleen, er nog 53 of eigenlijk 54, en in het Gooi ook nog een enkele, zijn overgebleven, terwijl ik bovendien uit de litteratuur in ons land (Drenthe en Friesland) er nog minstens een dozijn kan aanwijzen, die nu verdwenen zijn, maar die dan toch in die litteratuur hun sporen hebben nagelaten ... De sporen van echte Dolmens komen ten Zuiden van ons land pas ondubbelzinnig te voorschijn slechts zeer weinig benoorden de Seine.*[170]

---

168 De Wilde 1908, 124.
169 De Wilde 1908, 123. Wie De Wilde hier citeert heb ik niet kunnen achterhalen.
170 De Wilde 1908, 136-137. Het is duidelijk dat De Wilde Moreels 1888 niet kende en ook nooit van de Pierre du Diable te Jambes/Namen gehoord had. Ook Le Hon's 1867, 101 idee dat de Europese megalieten door de Lappen gebouwd waren schijnt De Wilde niet gekend te hebben. Le Hon verklaart dat de Belgische dolmen verwant zijn aan die uit Scandinavië en Denemarken, maar spreekt niet over Nederland. Hoewel hieruit het vermoeden ontstaat dat hij een onderscheid maakte tussen een noord en een zuid groep wordt dit in zijn boek niet uitgewerkt.

Westendorp had dit probleem, na de publicatie van zijn boek in 1815, ook gezien en hij had dit in de tweede druk van 1822 opgelost met de steen van Namen.[171] De Wilde spreekt hier met geen woord over, en dit terwijl hij volgens de citaten in zijn aantekenboekje Westendorps tweede druk wel gelezen had.

De Wilde vraagt zich vervolgens af of de dolmens en de hunebedden wel tot dezelfde cultuur behoren:

Tegen de eenheid van den Hunebed-bouwenden stam ten ontzent met de Dolmen-bouwende stam(men?) in het voorhistorische Frankrijk zijn trouwens ook nog andere positieve redenen aan te voeren. De stijl namelijk van die dolmens is belangrijk anders dan die van onze graven. Maar om dat met voldoende overtuigingskracht te bespreken, zou een geheel nieuw en uitvoerig geillustreerd artikel noodig zijn.[172]

Uiteindelijk komt De Wilde met een naam voor de bouwers van de hunebedden. Hij verwijst daarvoor in eerste instantie naar de Zweedse archeoloog Hans Hildebrand (1842-1913). Deze had in 1873 de bouwers van de megalithische graven in Zweden aangeduid met de term "Steenvolk".[173] Het was een Steenvolk omdat het in de Steentijd leefde:

Maar laat ons, Nederlanders, in de hoop later wat meer te weten te komen van deze vage algemeenheid, die twee alvast in zooverre iets nader "bepalen of beperken", dat wij liever spreken van "het NEDERLANDSCHE STEENVOLK" en "den NEDERLANDSCHEN STEENTIJD".[174]

Het feit dat De Wilde hier over "den Steentijd" spreekt maakt duidelijk dat hij net als P.C.J.A. Boeles (1873-1961) in Leeuwarden, in tegenstelling tot Janssen, en vooral Holwerda, en in praktische zin tot op zekere hoogte ook Pleyte, het drieperiodensysteem zonder mitsen of maaren omarmde. Uit het feit dat hij over "den Nederlandschen steentijd" spreekt kunnen we zien dat hij begreep dat dit systeem een relatieve en geen absolute datering gaf. De steentijd in Nederland hoefde qua tijd niet parallel te lopen met die in andere landen. Men moest met Nederland beginnen om dan vervolgens te kijken in hoeverre de Nederlandse omstandigheden aansloten op de buitenlandse. Uit dit artikel ontstaat het beeld dat De Wilde niet begreep dat Westendorp dit gedeeltelijk al ten aanzien van de hunebedden gedaan had. Deze had op een reis door Noordwest-Duitsland in 1813 aangetoond dat niet alleen de vorm van de daar voorkomende hunebedden gelijk was aan de Drentse, maar ook dat de vorm en de versieringstypen van het er in gevonden aardewerk in beide streken identiek was.[175] Het was in 1908 dus al duidelijk dat het bij de hunebedden niet om een typisch Nederlandse cultuur ging. Doordat De Wilde de

---

171 Westendorp 1817. Pierre du Diable te Jambes/Namen. Dit artikel is later verwerkt in Westendorp 1822. Naar het huidige inzicht behoort deze niet tot de TRB-cultuur.
172 De Wilde 1908, 138.
173 De Wilde 1908, 139 Vermoedelijk verwijst De Wilde hier naar Hildebrand 1873.
174 De Wilde 1908, 139.
175 Westendorp 1815, 251-255 en Westendorp 1822, 25-30. Zie ook Arentzen 2009, 155-162.

term "Steenvolk" zonder commentaar overneemt ontstaat de vraag of hij zich niet teveel op de hunebedden geconcentreerd had en daardoor de rest van de prehistorische vondsten in Nederland uit het oog verloren was. Wanneer deze naam steekhoudend zou zijn, zou dat letterlijk genomen betekenen dat in Nederland alleen de hunebedden uit de steentijd zouden stammen en alle andere vondsten uit een andere periode. De Wilde wist echter dat er ook in grafheuvels stenen werktuigen en wapens gevonden werden. Zoveel zelfs dat dit een van de gronden was waarop Holwerda het bestaan van een bronstijd voor Nederland afwees, een stelling waarmee De Wilde het niet eens was.

Bij ontvangst van dit artikel werd er door G.J. Landweer (1859-1924), bestuurslid van het Provinciaal Museum voor Oudheden, bezwaar aangetekend tegen het gebruik van de begrippen "Nederlandsche Steenvolk" en "Nederlandsche Steentijd". Landweer was begonnen als belastingontvanger en was sinds 1905 commissaris van de Drentsche Kanaal Maatschappij. Hij had een grote interesse in archeologie en heeft zich bij het onderzoek naar de Valtherbrug zeer verdienstelijk gemaakt. Hij meende de door De Wilde ingevoerde begrippen te ontkrachten door ze in het absurde door te trekken:

> *De heer L[andweer] meent dat het betoog verzwakt zou worden, als men de redeneering verder doorvoerde en sprak van een "Havelter Steenvolk" en een "Havelter Steentijd". Ik verschil echter daarin ten eenenmale met Z. Ed. Ik zou er nog eerder een versterking in zien, een consequentie, die, nu zij geenszins ad absurdum leidt, feitelijk het betoog nog min of meer bekrachtigt. Immers daarin kom ik onder meer, op tegen de eenheid van de menschen, als natie, die in den Europeeschen steentijd Europa bewoonden; en ik ben ook inderdaad ten volle overtuigd dat er zelfs in het zoo veel kleinere Nederland reeds geen eenheid is geweest, zoodat het "Drentsche steenvolk" noch t.o.v. jaartal, noch van zeden en gewoonten overeengekomen is met b.v. het Zuid-Hollandsche, of neem het Noord-Brabandsche hoewel dit laatste met het Drentsche op grondsoorten heeft gehuisd, die door de geologen zelfs tot dezelfde periode worden gerekend.*[176]

Het is een kwestie van taal. Landweer las het woord volk als natie en dat was niet de bedoeling. Volk moest gelezen worden als een groep mensen. Het ging dus om een groep mensen uit Havelte, uit Drenthe, of uit Nederland:

> *En zoo is er ook niet de minste zwarigheid om te spreken van een "Havelter steenvolk", waarmee zelfs een begrip zou aangegeven worden dat in wezen méér nog een eenheid vertegenwoordigt dan het reeds veel ruimere en vagere "Nederlandsche steenvolk"...*[177]

De Wilde wijst er in zijn antwoordbrief nog eens op dat de steentijd niet overal hetzelfde is geweest en dat er daarom een omschrijving moet zijn over welke steentijd men spreekt. In dit antwoord laat hij ook zien dat men het door hem

---

176 Brief van De Wilde aan Kymmell van 29 December 1907.
177 Brief van De Wilde aan Kymmell van 29 December 1907.

gebruikte begrip Nederland niet al te nauw moet zien. Het hierboven opgevoerde argument betreffende Westendorp vervalt daardoor, maar dat kon de lezer van De Wildes artikel niet weten:

> *Mijn overtuiging is ook dat werkelijk al die zoo genoemde "steentijden" verschillende tijden zijn geweest en wel verschillend zoowel t.o.v. onze jaartelling als verschillend t.o.v. de beschavingstoestanden, die in die tijdvakken bestonden in de landen waarnaar zij genoemd zijn. Maar daarom verdienen zij dan ook inderdaad verschillende epitheta – afgezien, natuurlijk van de fijnste détails der tegenwoordige natieën-grenzen, zoo dat b.v. menig stukje Belgische steentijd, met zijn Belgische steentijd-beschavig op gebied afspeelde dat nu tot het Noorden van Frankrijk of tot de Rijnstreken van Duitschland wordt gerekend, en andersom.*[178]

Het was een juiste observatie van De Wilde dat er voor de bouwers van de hunebedden een naam verzonnen moest worden, omdat die niet in de geschiedenis bewaard gebleven was, maar het is jammer dat De Wilde, tegen zijn eigen logica in, zijn "het Nederlandsche Steenvolk" niet door "Drents Steenvolk" of "Havelter Steenvolk" vervangen heeft. De formulering zoals hij die uiteindelijk handhaafde heeft geen navolging gevonden. Zelf schijnt hij er uiteindelijk ook niet helemaal gelukkig mee geweest te zijn, want in een brief van 9 januari 1910 aan Kymmell spreekt hij over "steenen voorwerpen uit de Hunebed-periode". Hij geeft geen afgeleide vorm hiervan, maar het volk uit de hunebedperiode zouden de hunebedbouwers zijn en dat is de tegenwoordig nog steeds gangbare term.

De Wildes artikel kreeg een vriendelijke ontvangst in de *Provinciale Drentsche en Asser Courant*:

> *Een populaire dwaling - door W J de Wilde in Utrecht. Een breed opgezette, wetenschappelijke beschouwing en verhandeling over de vroegste beschavingstoestanden in ons land. De Kelten zijn de oudste bewoners van Nederland en de bouwers van onze hunebedden - zo heette het steeds bij verschillende schrijvers. Daarmede is deze schrijver het echter lang niet eens en ene bestrijding dier zienswijze is zijn betoog.*
>
> *Ofschoon niet volkomen tot oordelen bevoegd, wil het ons voorkomen, dat de heer De Wilde zeer aannemelijke motieven oppert voor zijne mening en vrijwel slaagt in zijne poging om, naar hij zegt, de Nederlandse Kelten naar het dromenland te helpen verhuizen. Voor ieder, die niet geheel vreemd staat tegenover dergelijke lectuur, bestudering waard.*[179]

In *De Navorscher* van 1909 vroeg een zekere W.Z. of iemand hem kon vertellen waar hij een wetenschappelijke verhandeling over de steen aan de Vuursche kon vinden.[180] De Wilde reageerde op deze vraag:

---

178 Brief van De Wilde aan Kymmell van 29 December 1907.
179 Provinciale Drentsche en Asser Courant 10-2-1908. Met dank aan Henk Luning.
180 W.Z. 1909 (De steen aan de Vuursche) De Navorscher, 440.

Dolmen (Offersteen), Lage Vuursche. Ca. 1902.

> *Het Hunebed in het dorpje De Lage Vuursche in het Gooi, gewoonlijk genoemd "De Steen aan de Vuursche", is evenmin als eenig ander onzer Hunebedden (Drente en Groningen) ooit wetenschappelijk doorzocht ...*[181]

In 1833 was Jac. Scheltema (1767-1835), met gebruikmaking van alle mogelijkheden van zijn tijd, tot de conclusie gekomen dat het hier om een dolmen ging.[182] In 1851 deed Janssen dat wat er volgens De Wilde nooit gebeurd was. Hij deed een opgraving onder deze steen en hij publiceerde de resultaten daarvan in 1856 in zijn *Hilversumsche Oudheden*. Het was mogelijk dat hij er op de resten van een verwoeste bevloering gestoten was, maar echt zeker was dit niet.[183] Er bleef voldoende ruimte voor twijfel. Een aantal latere auteurs was het niet met Scheltema en Janssen eens. Die gingen ervan uit dat het hier om een *folly*[184] uit de 17e- of 18e eeuw ging. De Wilde wil daar niets van weten:

> *De tegenwoordige toestand doet vermoeden dat het een deel is van een tamelijk groot voormalig "Hunebed", waarvan dan slechts een middenstuk is overgebleven. De groote steen, dien de meeste bezoekers als den alleen-aanwezige opmerken, ligt echter op vier anderen, die diep in den grond zitten (volgens Scheltema of Janssen,*

---

181 De Wilde 1909a, 551-552.
182 Scheltema 1833.
183 Janssen 1856, 73-74. Naar het zich laat aanzien kende De Wilde deze publicatie niet en baseerde hij zich, wat Janssens werk betreft, op Pleyte, die zich op zijn beurt ook weer op tweedehands bronnen baseerde, 1877-1902/1903.
184 Een folly (van het Engelse folly: gekheid, idioterie, jolijt) is een tuin ornament in de vorm van een gebouw dat opzettelijk nutteloos of bizar is. Een (namaak) ruïne of de (namaak) grot van een kluizenaar.

mij is ontgaan wie, zelfs 1,20 tot 1,50 M. diep). We hebben dus duidelijk te maken met een "deksteen" op vier "wandsteenen", zooals een deskundig oog dan ook dadelijk opmerkt ...[185]

Vooral de diep ingegraven staanders zijn voor De Wilde doorslaggevend. Als iemand een *folly* had willen bouwen zou hij toch zeker de met zoveel moeite geplaatste stenen nooit zo diep ingegraven hebben dat ze niet opvielen. Uiteindelijk weet De Wilde dat ook dit argument alleen niet doorslaggevend kan zijn:

Het zou gewenscht zijn, dat er nog degelijk onderzoek plaats had in De Vuursche. De kans, er nog veel bij te vinden, is weliswaar gering, maar het is ook wel zeker, dat er nog iets uit blijken zou, dat ons licht kan geven, en ongetwijfeld zullen er nog scherven van aardewerk te voorschijn komen, hoe weinig dan ook, daar ikzelf bij de andere Hunebedden, haast zonder uitzondering, scherven heb geraapt op den blooten grond, zonder proefgraving zelfs.[186]

Dat De Wilde, net als Lukis, Dryden en Pleyte, bij de Drentse hunebedden scherven gevonden had was een gevolg van de "restauraties" die men omstreeks 1870 aan bijna alle hunebedden uitgevoerd had. Bij het weggraven van de dekheuvels had men geen aandacht aan de erin voorkomende scherven geschonken en waren die aan de oppervlakte blijven liggen. De Wildes opmerking "zonder proefgraving" is intrigerend. Had De Wilde zelf "proefgravingen" bij of in hunebedden gedaan?

Aan het eind van dit artikel plaatst De Wilde een open sollicitatie:

Mocht er van een onderzoek sprake zijn, waartoe m.i. de eigenaar ongetwijfeld het verlof niet zou weigeren, dan houdt ondergeteekende zich ten zeerste aanbevolen voor tijdige mededeeling, daar een jarenlange, belangstellende studie van onze Hunebedden hem vragen heeft leeren stellen, waarvan de oplossing daarbij zeker van belang zou zijn.[187]

Modern archeologisch onderzoek heeft hier tot op heden niet plaatsgevonden en zo is het nog steeds niet duidelijk of de steen van Lage Vuursche nu al of niet een hunebed is. Het lijkt geboden dat er nooit door niet-archeologen onder of naast deze steen gegraven wordt en dat een eventueel archeologisch onderzoek uitsluitend door een ervaren TRB-opgraver wordt uitgevoerd.[188]

1909 was een productief jaar voor De Wilde. Naast zijn behandeling van de Steen van de Vuursche kwam hij ook nog met een artikel over de domesticatie van de hond. Aan de hand van skeletresten van honden die in de Deense Kjökkenmöddinger gevonden waren hadden Japetus Steenstrup (1813-1907) en Oscar Montelius (1843-1921) geconcludeerd dat de hond reeds in deze vroegste periode van de Deense voorgeschiedenis gedomesticeerd was.

---

185 De Wilde 1909a, 553.
186 De Wilde 1909a, 554.
187 De Wilde 1909a, 554.
188 Bakker 2004, 14. Bakker 2005. Ik sluit mij hier geheel bij Bakker aan.

> *... zelfs reeds zijn beenderen ...[van de hond aangetroffen] tusschen die oudst-bekende overblijfselen van den mensch in Denemarken, die wij kennen onder den naam "Kjökkenmöddinger", waarin geen enkel bewijs te vinden is van eenig ander reeds getemd huisdier en waarin ook geen blijken voorkomen dat de mensch, die deze afvalhoopen opwierp, kennis had aan eenig metaal. Met andere woorden: men heeft den hond, als metgezel van den mensch, reeds kunnen aantoonen in den "Steentijd". En niet eens in de láátste eeuwen daarvan, want de Kjökkenmöddinger zijn zelfs ouder dan de grootste steenen graven, zooals onze Hunebedden, die ook in Denemarken zeer talrijk zijn en daar ongetwijfeld be-hooren tot de laatste eeuwen van den z.g. "jongeren steentijd", of de "neolithische periode".*[189]

De gevonden hondenbeenderen zijn van een klein type hond. Een formaatje waar, volgens De Wilde, de bewoners van de Kjökkenmöddinger niets aan had-den. Hij wijst het idee dat het hier om gedomesticeerde honden gehandeld zou hebben van de hand en is van mening dat het om wilde honden gaat die zich 's nachts aan de resten van door mensen genuttigde maaltijden te goed deden. Dit waren geen honden die met mensen samenleefden, maar honden die door mensen getolereerd werden:

> *Daar buiten sluipt en snuffelt en krabt de hond, in groot aantal vooral dan, als er dien dag een belangrijke jachtbuit in het dorp verteerd is, waarvan hem na-tuurlijk zijn fijne neus al kwartieren ver een nachtelijk nafeest heeft beloofd. De mensch, al had hij ongetwijfeld veel fijner gescherpte zintuigen dan wij nu, is al lang aan dat nachtelijk hondengerucht gewend, hij hoort het wel, dat schuifelen en grommen, maar hij luistert er niet naar met opzet of met bewustzijn. – Misschien gaat hij er alleen soms even uit om de jankende bende uiteen te jagen als ze te luidruchtig wordt – precies als nu nog de zolderbewoner de katten verjaagt, die hem hinderen. Maar zoolang ze maar brommen en beenderen kraken, laat hij ze begaan, onverschillig en eigenlijk ook machteloos om ze voor goed te verjagen. "Straks komen ze toch weerom", denkt hij, en hij laat ze hun lust doen.*[190]

Nadat hij de positie van de hond in de Kjökkenmöddinger-gemeenschap be-paald had keek hij aan het eind van zijn artikel nog even naar de mens en diens ontwikkeling. Dit waren geen fijnbesnaarde lieden en zindelijkheid was hun vreemd. Dat was duidelijk, anders zouden ze niet midden in hun eigen afval ge-leefd hebben. De dichtst bijzijnde parallel die De Wilde kent zijn de plaggenhut-bewoners die hij tijdens zijn reizen door Drenthe gezien heeft. Die leven, net als de bewoners van de Kjökkenmöddinger in kuilen in de grond met een klein hutje er boven. Ze zijn hoogstens een stap verder ontwikkeld omdat ze niet in hun ei-gen afval leven. Daarmee is echter niet alles over deze mens en zijn mogelijkheden gezegd:

> *Dom was hij echter reeds toen zeker niet, want hij heeft, ondanks de betrek-kelijke zwakheid van zijn lichaam, den strijd tegen de brute beestekrachten om*

---

189 De Wilde 1909b, 90-91.
190 De Wilde 1909b, 114.

> *hem heen overal gewonnen, door zijn geestelijke overmacht, die zijn hand bewapende met geduchter weermiddelen ... Hij heeft zich van dien armzaligen Kjökkenmöddinger-staat weten op te heffen tot den kundigen en zelfs kunstigen steenslijper der latere neolithische periode, die, in vast aaneengesloten groepen, zulke geweldige krachtbewijzen heeft kunnen achterlaten als onze Hunebedden ... [ze ontwikkelden zich tot ze] meer "gezeten burger" waren geworden en vee lieten weiden en akkers bebouwden.*[191]

De jager-verzamelaars hebben zich dus zelfstandig ontwikkeld tot veetelers en landbouwers. De mens heeft zich langzaam, op eigen krachten, ontwikkeld. Het toen heersende idee dat de ene cultuur op gewelddadige wijze vervangen was door de volgende wijst De Wilde van de hand. Geen binnenvallende stammen die met hun hogere cultuur de lagere cultuur uitroeien, maar een langzame, zelfstandige ontwikkeling van de ene naar de andere cultuurfase. In Denemarken had dus een langzame zelfstandige ontwikkeling plaatsgevonden. Voor Nederland lag het iets anders. Dat was in de Kjökkenmöddinger-periode nog een onbewoonbaar moeras. Hierdoor kunnen er geen oer-Nederlanders bestaan hebben en kwamen de eerste bewoners van buitenaf ons land binnen toen dit eindelijk droog genoeg was geworden om er te kunnen wonen:

> *Naar hetgeen mij in den loop van mijn studie over de Hunebedden is ter kennis gekomen, moet ik aannemen dat ons land bevolkt is door de nakomelingen van die Kjökkenmöddingermenschen, die van uit Denemarken langzaam, niet als een trekvolk, maar als een zich uitzettende herdersstam, over Sleeswijk, Oldenburg enz. hebben uitgedijd en eerst eeuwen later, maar toch nog, naar mijn overtuiging, een drie duizend jaar vóór Christus in ons land de Hunebedden begonnen te bouwen.*[192]

De Wilde heeft nu het idee dat er een specifiek "Nederlandsch steenvolk" bestaan zou hebben los gelaten. De Drentse hunebedden zijn nu onderdeel geworden van een Noord-Duitse-Deense cultuurgroep. Helaas voelt De Wilde zich niet in staat om in dit artikel de bewijzen voor deze stelling te leveren, maar hij belooft de lezer dat hij dat later nog eens zal doen. Deze belofte is hij echter nooit nagekomen. Opvallend bij De Wildes nieuwe datering is dat hij van 1250 v. Chr. verschuift naar 3000 v. Chr., een tijd die we ook nu nog plausibel achten. Waarop De Wilde deze nieuwe datering grondveste is niet duidelijk. Het is mogelijk dat hij zich baseerde op de chronologie van Blytt en Sernander uit 1908. Axel Blytt (1843-1898) had in 1876 laten zien dat er drogere en nattere perioden in de geschiedenis van de Deense veenvorming hadden plaatsgevonden. In 1908 werd de op dit onderscheid gebaseerde chronologie door Rutger Sernander (1866-1944) door middel van stuifmeelonderzoek uitgebreid en verfijnd zodat de nu bekende reeks van Preboreaal, Boreaal, Atlanticum, Subboreaal en Subatlanticum ontstond. De hunebedden zouden dan min of meer aan het eind van het relatief

---

191 De Wilde 1909b, 118-120.
192 De Wilde 1909b, 122-123.

droge Subboreaal gebouwd zijn (5600 – 2400 v. Chr.) en de veenvorming zou dan begonnen zijn in het wat latere Subatlanticum (2400 – 0 v. Chr.). Het is ook mogelijk dat De Wilde zich via via op de chronologie van de warven (varves) van Gerard de Geer (1859-1943) baseerde. In 1882 en 1884 had deze korte verslagen van zijn warvenonderzoek en de daaruit ontstane chronologie gepubliceerd. Werkelijke bekendheid kreeg deze warven-chronologie echter pas nadat hij hem in 1910 gepresenteerd had op het Internationale Geologische Congres in Stockholm. Het is ook mogelijk dat De Wilde zich op een oudere, mij onbekende bron baseerde. In 1862 was Willem Jacobsz Hofdijk (1816-1888) in zijn *Tafreelen uit de geschiedenis der ontwikkeling van het Nederlandsche volk* ook met ca. 3000 v. Chr. als datum voor de stichting van de hunebedden gekomen.[193] Hofdijk gaf geen bron voor zijn kennis en het is tot op heden nog niet gelukt om die te vinden.

Een nieuwe onderzoeksmethode

Zoals we gezien hebben maakt De Wilde in 1906 een beschrijving van alle stenen werktuigen die in verband gebracht konden worden met de hunebedden. Hij behandelde dit criterium zeer ruim en een aantal van de door hem beschreven bijlen hebben zelfs geen enkele zichtbare verbinding met een dezer bouwwerken:

57) Een zeer groote bijl v. graniet met ruw pokdalig oppervlak.
Museum nummer (Register) 4137 (was nog niet in de katalogus opgenomen).
In register staat
Datum van ontvangst 27 Sept 1900
Omschrijving: Een grauwe ruw bewerkte steenenbeitel l[engte] 0,27, br[eedte] 0,12
Gevonden in heidegrond onder Odoorn. Koop van W. Egberts te Odoorn
Afd II b Odoorn No 150

Volgens eigen meting
Lang 26,9 cM., breedte 13,7 cM., dikte 6,65 cM.
De gewone beitel vorm (Gebruikt waarschijnlijk om hout te kloven, van daar de vinger groeven)
Grootste breedte en dikte aan de sneede. De breevlakken ongevoelig overgaande in de sneede, maar deze toch wel zichtbaar geslepen, al is het ruw.
Overigens is de steen blijkbaar een gelegenheids maaksel, waarvan de kop zeker niet geslepen is door kunst, maar afgesleten door de natuur, wat hier aan zichtbaar is dat aan de sneede er een richting is in de putjes en groefjes aan het oppervlak (bovendien zijn die putjes veel minder diep dan aan de rest – omdat waar van natuur afgesleten heele kristallen uitvallen)
Wel zijn aan de kop (heel op het puntje) er sporen van platslaan der kristallen. Sterslagen kom[en] op zulk een steen niet voor, omdat de kristallen zelf tot poeder of gruis slaan.

---

193 Hofdijk, W.J. 1862, 9.

Er is op de smalvlakten een stratificatie te zien, zelfs komt een van de ribben overeen met een hardere kiezellaag die echter niet doorloopt op het scherp v.d. bijl, maar er haast is afgeslepen op het sneevlak en dan schuin uitwigt en aan de andere zijde nog vóór hij de rib bereikt, verdwijnt op het vroeger breevlak (Dat hij op de rib verloopt is aan duim zijde van duimbovenvlak)

Het is duidelijk op plat sneevlak dat die harde kiezellaag zelf uit 2 of 3 laagjes bestaat.

Overigens schijnt er op nog enkele plaatsen kleine gedeelten afgeslagen en weer bijgeslepen te zijn (of mischien niet eens geslagen, want deze steen is zoo te maken door eenvoudig niet al te hard en niet te zacht te kloppen er op – dus niet schuin er af slaan

Door afborstelen met water is de oppervlakte (gedaan boven het duim in druksel) ruwer geworden en lichter van kleur, de putjes n.l. duidelijker daar nu het zand en de aarde (heihumus zonder twijfel) er uit zijn.

Nu glinsteren ook de kwartskristallen er in veel duidelijker. Met loep is nu te zien dat die kristallen zijn: wit, bruin, roodachtig tot (helder)rood en geel, doorschijnend, slechts een paar millimeter maximaal grootte. Ook sterk glinsterende zwarte en andere doffe zwarte partikels talrijk daartusschen en alles aangevuld door een vuil witte of geele, bruinachtige en hier en daar roodachtige tusschenstof

De steen is ongetwijfeld graniet, al kan ik de soort niet nader bepalen, en wel een tamelijk fijnkorrelig, en ook is de stof overal zeer gelijkmatig

Zonder boorgat

De beide ruwvlakken ietwat onregelmatig, zetelvormig of eigenlijk is dat alleen het duimvlak.

Van smalvlakken is nauwelijks sprake slechts het eene (tusschen de vingergroeven) is nog een weinig vlak, het andere is ... [getekende bolling]

De snede is aan basis breede deel v. bijl. Het scherp is tamelijk scherp, vooral aan de kanten en aan de eene helft, naar het midden iets stomper.

Van polijsten geen spraake, nauwelijks van slijpen, maar slagen duidelijk op kop die daardoor veel gladder is dan heele rest v. bijl, zelfs gladder dan de geslepen snede en het geslepen scherp. Van ribben is eigenlijk ook geen sprake. Nergens, alleen het scherp is hier een rib of een kant, alle andere zijn bepaald rond, zoodat heele steen er uitziet als een ietwat mislukt plat brood.

Het bizondere echter van deze steen is nu dat op het eene der breede vlakken een gleuf, ondiep, breed ± 2,5 – 2,8 cM, lang ± 5-5$^1/_2$ cM en diep ± $^1/_2$ cM verloopt zoodanig dat zijn stomp uiteinde begint op $^1/_3$ v. d. middellijn van den kop af in 't midden v.h. breevlak.

En tevens op het andere breede vlak 4 even ondiepe en verschillend lange gleuven, die allen een richting hebben convergerend met den zijrand v.h. breede vlak. De bovenste is ± 6 cM lang, de dan volgende ± 7 cM, de dan volgende ± 6 cM en de onderste, meest sneevlak nabij liggende, ± 2 à 2$^1/_2$ cM.

Teekent men die convergerende lijnen in hun onderlinge ligging door dan snijden ze elkaar (merkwaardig juist! terwijl ik geen figuur geconstrueerd heb!!) in een punt. Teekent men ook de richting der groeve op de andere breevlakte er bij dan blijkt ook deze in die richt[ing] verlengd in dat punt met de andere lijnen samen te vallen.[194]

Die sleuven zijn zeker kunstmatig. Men ziet er onduidelijke krassen, die echter geen spoor v. metaal bevat (met sterke loepje) en ook even wit is als de kop v.d. bijl (n.l. geslagen is)

Zie verder foto.

Het is evident dat hier steenenfiguren in aangebracht voor de vasthoudende hand en wel bepaald voor de linker hand.

Die hand was een groote, maar niet ongewoon groote hand met de fingers uitgespreid, maar niet te ver uitgespreid.[195]

Dit is de langste beschrijving van een stenen werktuig dat De Wilde in 1906 in zijn *Eigen beschrijving, I. voorwerpen in of onder hunebedden gevonden* noteerde. Het is dan ook een intrigerend voorwerp, een geslepen steenen bijl met handgreep? Rond 1909 kwam De Wilde erop terug. Bij nader onderzoek bleek deze bijl niet in 1900, maar in 1899 samen met een groot aantal andere prehistorische objecten door het museum aangekocht was van de veenarbeiders Egberts en Arends uit Odoorn. Deze twee lieden konden in dat jaar plotseling over een zo grote hoeveelheid van dit soort voorwerpen beschikken dat het aankoopbudget van het museum in Assen niet toereikend bleek om ze allemaal aan te schaffen. Zodoende konden ook de musea in Leiden en Leeuwarden er een aantal bemachtigen. Het

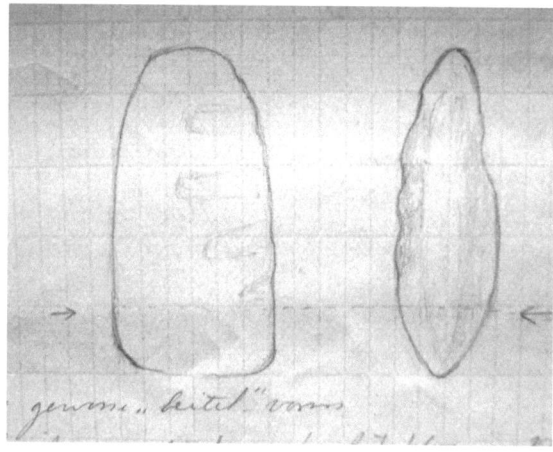 

Schets en foto van de bijl uit Odoorn.

---

194 De Wilde maakte deze tekening op het omslag van zijn aantekenboek en daaruit blijkt dat de "duim" lijn niet door het zelfde snijpunt gaat als de andere lijnen maar dit net mist.
195 W.J. de Wilde: Eigen beschrijving, I. voorwerpen in of onder hunebedden gevonden.

aardewerk dat Egberts en Arends leverden was zo afwijkend van het bekende prehistorische aardewerk dat men in Assen van "typisch Odoorner baksel" sprak. Toen Pleyte een van de door het Leidse museum aangekochte beeldjes met water probeerde schoon te maken loste dit op. Het aardewerk was niet gebakken en kon onmogelijk lang in de vochtige grond gezeten hebben. Er was maar een conclusie mogelijk, de Odoorner vondsten waren vervalsingen. In 1902 bekenden Egberts en Arends dat zij de makers waren.[196]

De Wilde vroeg het museum of hij de hiervoor beschreven bijl, die hem duidelijk intrigeerde, een tijdje voor onderzoek mocht lenen. Dit werd goedgekeurd. De Wilde was er zeker van dat hij een grote ontdekking gedaan had. Eind 1909 verzocht Kymmell De Wilde om een bijdrage voor de *Nieuwe Drentsche Volksalmanak*. De Wilde was op dat moment nog niet klaar met zijn onderzoek naar de intrigerende bijl en had geen tijd om een ander artikel te schrijven. Om toch iets te doen stuurde hij Kymmell een foto van de bijl en beloofde hem daar een kort bijschrift van twee à drie paginas bij te schrijven wanneer men deze in de *Nieuwe Drentsche Volksalmanak* wilde opnemen. Kymmell vond dit wel een goed idee, maar zijn medebestuurslid Pelinck[197] had bezwaren. Doordat het Odoorner aardewerk vals was gebleken waren ook de andere voorwerpen, die men van Egberts en Arends had aangekocht, verdacht. Pelinck wilde, nog voor De Wilde had aangegeven waarom hij van de authenticiteit van deze bijl overtuigd was, zelf bepalen of die echt was of niet. Kymmell deelde dit, zonder Pelincks naam te noemen, aan De Wilde mee en deze voelde zich gepasseerd en beledigd. De briefwisseling is niet geheel bewaard gebleven en daardoor is het niet geheel duidelijk wat er daarna gebeurd is. De foto van de bijl werd echter niet in de *Nieuwe Drentsche Volksalmanak* van 1910 afgedrukt en vermoedelijk heeft De Wilde tengevolge van deze actie van Pelinck zijn relatie met het museum beëindigd.

Het artikel dat De Wilde over deze bijl schreef verscheen vervolgens in de *Oudheidkundige Mededeelingen van het Rijksmuseum van Oudheden te Leiden* van 1913. In hetzelfde nummer publiceerde Holwerda over zijn opgraving van de twee hunebedden te Drouwen en Van Giffen over de Buinerbrug en het stenen voetpad aldaar. De *Oudheidkundige Mededeelingen* was, in tegenstelling tot de *Nieuwe Drentsche Volksalmanak*, een werkelijk vaktijdschrift. Het feit dat Holwerda, die de hoofdredacteur was, het artikel van De Wilde accepteerde was een teken dat hij het serieus nam. De Wilde had duidelijk de status van gewaardeerd archeoloog bereikt.

In de ogen van De Wilde zag deze bijl er erg oud uit en in de opmerking die hij daarover maakt toont hij duidelijk een blinde vlek in zijn denken:

---

196 De Leeuw 1979 en Verhart 1995, 17-21.
197 Egbertus Pelinck (1854-1937) Jurist, vice-president en president van de rechtbank in Assen. Van 1907 tot 1914 was hij lid van de Eerste Kamer.

Ook de lompheid nu is ... een besliste "ouderwetschheid" voor den tijd der Hunebedden, en ware er voor Nederland te denken aan een vroegere kultuur dan die van deze groote steenen graven, men zou er dezen hamer stellig aan toeschrijven.[198]

Om wat meer over deze bijl te kunnen zeggen gebruikt De Wilde de classificatie uit Sophus Müllers *Nordische Altertumskunde*.[199] Het gaat hier om het oudste type, een "stumpfnackiges" bijl. Deze bijl ziet er sterk verweerd uit, wat het vermoeden wekt dat hij lang in weer en wind gelegen heeft. Hij laat de steensoort waaruit de bijl vervaardigd is door de Utrechtsche hoogleraar geologie C.E.A. Wichmann (1851-1927) determineren en deze stelt vast dat het biotiet-graniet is. In 1879 was Wichmann in Utrecht aangesteld als hoogleraar geologie, mineralogie en paleontologie. Wichmann werd vooral bekend door zijn expeditie van 1888-1889 naar de Indische Archipel en zijn expeditie van 1903 naar Nieuw Guinea.

Wanneer De Wilde de bijl met de microscoop bekijkt ziet hij dat er, ook na zijn onderzoek in 1909, nog resten van aarde op aanwezig zijn. Na dit geconstateerd te hebben gedraagt hij zich als een voorbeeldig onderzoeker:

Overigens is het oppervlak zeer ruw, pokdalig. Waar de verdiepingen nog gevuld zijn met het donkerkleurig zand, waaruit de steen is opgedolven, is de kleur meer gelijkmatig, donkerder en grauwer. Die aanhechtende aarde zelf vertoont onder het mikroskoop alle eigenschappen van heigrond, sterk gemengd met stukjes plantaardig weefsel waarin wortelvezeltjes en bladstukjes van Erika of Tetralix[200] *nog te herkennen zijn. Blijkbaar dus gewone heihumus ... Wie hier meer verlangt kan het verzuimde inhalen, daar ik den steen slechts voor een deel van de aanhangende aardpartikels heb ontborsteld.*[201]

Vervolgens gaat hij opzoek naar slijp-, kras- en slagsporen. Deze vertellen hem niet alleen dat het hier om een origineel exemplaar gaat, maar maken het hem ook mogelijk om een veronderstelling over het gebruik er van te geven:

Als men bedenkt, dat onze "hamer" ruim 4 Kilo weegt, dan is het duidelijk dat hij onmogelijk ooit kan gediend hebben om er mee te slaan of te houwen, nu die snede of beter het scherp zoo gaaf is gebleven. En dit nu komt overeen met die slagsporen op den kop, die immers toonen, dat er niet méé, maar wel eròp geslagen is. Doch de intactheid van die snede plus het feit dat de duidelijkste sporen van gebruik aan de grootste peripherie liggen (de uitgeperste kristallen en de krassen), bewijst dat onze steen gebruikt moet zijn als "wig", die door slagen op den kop in een splijtende, maar sterk elastisch samenklemmende massa gedreven is, waartusschen dus de steen zelf geweldig geprest werd. En daar de grootte van de wig reeds vanzelf bewijst, dat het ermee bewerkte materiaal geen klein volume kan

---

198 De Wilde 1913, 103.
199 Müller 1897, 49.
200 Vermoedelijk bedoelt De Wilde met "Erika" Calluna vulgaris, struikheide en met "Tetralix" Erica tetralix, dopheide. De formulering "van Erika of Tetralix" is onzinnig, omdat hij hier één plantennaam opsplitst en er twee verschillende planten van maakt.
201 De Wilde 1913, 106.

gehad hebben, kunnen we – en dit is iets dat hoogst zelden bij een voorhistorisch artefakt voorkomt – vrij zeker bepalen, dat zij moet gediend hebben om boomen te splijten.[202]

Daarna interpreteert De Wilde de groeven die op dit voorwerp te zien zijn opnieuw als een bewust aangebrachte handgreep. Zijn eigen hand is te klein om van deze groeven gebruik te maken, maar bij proefondervindelijk onderzoek blijken ze uitstekend als handgreep voor grote handen te voldoen.

Aan het eind van zijn artikel komt De Wilde tot de conclusie dat het hier om een echt stenen werktuig gaat dat uit het Neolithicum stamt. Er zijn ook in de Bronstijd stenen werktuigen vervaardigd, maar die waren minder nauwkeurig en bootsten vaak bronzen voorwerpen na. En dan toont De Wilde dat hij een werkelijk onafhankelijk wetenschapper is, die niet onder de indruk is van Holwerda's status:

… gaat men daarbij na, dat in Drente er nu reeds voldoende brons is gevonden, waaronder zelfs een gietvorm van een echten bronzen bijl; een gietvorm, die dus bewijst dat men daar niet alleen brons gebruikte, maar ook zelf er bronzen bijlen goot![203]

En zo bewijst De Wilde in Holwerda's eigen tijdschrift dat deze ongelijk heeft en dat er we degelijk een Nederlandse bronstijd bestaan heeft.

Het mag zijn dat De Wilde van mening was dat hij de echtheid van dit object afdoende bewezen had, maar dat is niet waar. In de overdruk van *Oudheidkundige Mededeelingen* die in de bibliotheek van het Drents Museum bewaard wordt ligt een briefje van G. de Leeuw:

Het hier beschreven voorwerp draagt het inv.nr.1900/IX I en werd gevonden door Wiert Egberts te Odoorn, die 't vond in heidegrond onder Odoorn. Zeer waarschijnlijk betreft het een falsificaat. Het is de bedoeling van ondergetekende over dit onderwerp in een der volgende jaren een artikel te schrijven. Assen dec.1968 G de Leeuw.[204]

In het artikel dat De Leeuw hier in 1979 overschreef wordt deze bijl echter niet genoemd.[205] Het Drents Museum gaat er tegenwoordig van uit dat het bij deze bijl om een vervalsing gaat.[206]

De Wilde heeft op dit moment in zijn leven niet alleen het respect van zijn mede-archeologen gewonnen, maar hij heeft ook een archeologisch onderzoeksterrein geopend waarmee hij naast Holwerda en Van Giffen zou kunnen functioneren. Het ligt dan ook in de lijn der verwachtingen dat hij zich verder op het sporenonderzoek op artefacten zou richten, maar dit gebeurt niet.

---

202 De Wilde 1913, 108-109.
203 De Wilde 1913, 115-116.
204 Persoonlijke mededeling van Henk Luning.
205 De Leeuw 1979.
206 Persoonlijke mededeling van Vincent van Vilsteren.

Een Antropologische Archeologie

Al in 1908 had De Wilde aangegeven dat de toekomst van de archeologie zijns inziens bij de (fysische)antropologie lag.[207]

In zijn *Von den verschiedenen Rassen der Menschen* uit 1775 had J.F. Blumenbach (1752-1840) op grond van uiterlijke kenmerken een lijst opgesteld van de verschillende menselijke rassen: "kaukasisch, mongolisch, äthiopisch, amerikanisch und malayisch". Latere onderzoekers brachten verfijningen in dit systeem aan en door die te koppelen met wat Tacitus en andere klassieke schrijvers over niet-Romeinse volken geschreven hadden kon men het ras van deze volkeren bepalen. Een Germaan was blank, blond en had blauwe ogen.

In 1842 werd hier nog een extra kenmerk aan toe gevoegd toen A. Retzius (1796-1860)[208] met zijn schedelindex kwam.[209] Retzius ging ervan uit dat de verhouding tussen de lengte en breedte van een schedel een ras kenmerk was.[210] Globaal kon men de mensheid in twee groepen verdelen, de dolichocephalen, de mensen met een lange schedel, en de brachycephalen,[211] de mensen met een brede schedel.[212]

Onder invloed van o.a. Virchow waren antropologen er van overtuigd geraakt dat de menselijke geschiedenis uit de huidige mens af te leiden was. Om er achter te komen wie de eerste bewoners van een bepaald gebied geweest waren en wie de door de archeologie bestudeerde prehistorische monumenten gemaakt had, moest men niet zozeer opgraven als wel de huidige populatie bestuderen.[213] De moderne populatie was opgebouwd uit alle rassen die zich gedurende de geschiedenis in een bepaald gebied gevestigd hadden. Door te kijken welke rassen er in de moderne populatie aanwezig waren kon men zien welke rassen er in het verleden geweest warren.

---

207 De Wilde 1908, 123.
208 Voor Retzius zie Larsell 1923.
209 Het onderscheiden van rassen door middel van schedelonderzoek was in 1791 begonnen toen P. Camper (1722-1789) aantoonde dat ieder ras zijn eigen gelaatshoek had. Camper, P. 1791 Verhandeling over het natuurlijk verschil der wezenstrekken in menschen van onderscheiden landaart en ouderdom; over het schoon in antyke beelden en gesneedene steenen. Utrecht. Met dank aan Bakker.
210 "Sedert A. Retzius in 1842 het voorstel deed ter onderscheiding der rassen een Index te berekenen uit de lengte en breedte van den schedel en de rassen al naar dien index in groepen te verdeelen werd het algemeen gebruikelijk van Dolichokephale en Brachykephale rassen te spreken ... Het werd een zoo algemeen gebruik, dat men de anthropologie zonder deze indeeling der rassen nauwlijks meer denken kan." Kohlbrugge 1911, 758.
211 "... waarom [schrijft] de heer De Wilde steeds brachicephaal in plaats van brachycephaal. Dit is niet alleen etymologisch onjuist, maar heeft ook geen zin. Bovendien is 't in strijd met de algemeen aangenomen spelling, althans ten onzent, in Duitschland, Frankrijk en Engeland." Ten Kate 1913, 739.
212 Volgens Retzius hadden zowel de Kelten als de Germanen een lange schedel.
213 Bolk over Gallée: "Zijn historische zin leidde hem [Gallée] er toe, niet alleen het heden goed te leeren kennen, maar ook uit het heden te willen opmaken, hoe het nog slechts ten deele kenbare verleden ongeveer mag geweest zijn ..." Voorwoord in Gallée 1907-1908.

In 1865 had Gregor Mendel (1822-1884) de door hem, in 40 jaar onderzoek, gevonden erfelijkheidswetten gepubliceerd. Helaas werden de *Verhandlungen des naturforschenden Vereines in Brünn*,[214] waarin hij dit deed, door slechts weinigen gelezen. Het duurde tot 1900 voordat de door Mendel geformuleerde wetten de aandacht trokken. In dat jaar werd Mendels publicatie door zowel de Nederlander Hugo de Vries (1848-1935) als de Duitser C. Correns (1864-1933) herontdekt.[215]

Door de zekerheid waarmee Pleyte in zijn *Nederlandsche Oudheden* spreekt lijkt het alsof het idee dat de Kelten de bouwers der hunebedden waren in 1877 algemeen geaccepteerd was. Dit was echter niet waar. Al in 1849 had Acker Stratingh in zijn *Aloude Staat en Geschiedenis des Vaderlands* gesteld dat de bouwers van de hunebedden tot een voor-Keltische, voor-Germaanse groep behoord hadden waarvan de naam niet bewaard gebleven was.[216] Acker Stratinghs opmerking was echter, zoals aan Pleyte te zien is, niet afdoende. Pleyte benoemde ze opnieuw tot de bouwers van de hunebedden, maar ook nu werd dit idee weer aangevallen. Op 19 november 1899 meldde Jan te Winkel (1847-1927) op de vergadering van de Nederlandsche Anthropologische Vereeniging dat hij op taalkundige gronden tot de overtuiging gekomen was dat de moderne Drenten van de Franken afstamden. De eerste bewoners van Drente waren dus geen Kelten, maar Germanen geweest. De arts-antropoloog J. Sasse (1862-1916) beantwoordde deze mening in een artikel in het *Tijdschrift van het Nederlandsch Aardrijkskundig Genootschap*.[217] Sasse wees erop dat de Germanen en dus de Franken blank waren, en blauwe ogen en lange (dolichocephale) schedels hadden. Bij een bezoek aan de markt van Emmen had Sasse vastgesteld dat de meerderheid van de Drenten brede (brachycephale) schedels hadden. Die konden niet van de Germanen afstammen, hun voorouders moesten gezocht worden in de voor-Germaanse bewoners van dit gebied. Sasse wees er vervolgens op dat volgens Virchow[218] de korthoofdige midden-Europesche mensen Kelten waren. De conclusie was eenvoudig, de voorouders van de Drenten waren Kelten.

Wat de contacten van De Wilde met de Utrechtse academici waren is onbekend, Zeker is echter dat hij de hoogleraar Germaanse talen, vergelijkende Indogermaanse taalwetenschap en de beginselen van het Sanskriet, Johan Hendrik Gallée (1847-1908) kende.[219] Deze had een ruime opvatting van zijn vakgebied. Om wat meer over het klankverloop bij de diverse talen en dialecten te kunnen zeggen deed hij in 1901, samen met de fysioloog H. Zwaardemaker (1857-1930),

---

214 Mendel 1865 Voor Mendel zie b.v. Henig 2000.
215 Zevenhuizen 2008, 268-271.
216 Acker Stratingh 1849, 88.
217 Sasse 1899.
218 "Virchow (Der Mensch, II, p. 262)". Sasse vergist zich hier in de schrijver. Het gaat hier om Ranke, Johannes 1886 Der Mensch I & II. Leipzig.
219 In een brief aan Holwerda van 19 Februari 1913 verwijst De Wilde ook naar Gallée echter zonder enige aanwijzing dat deze al in 1908 overleden was.

fonologisch onderzoek op het Fysiologisch laboratorium.[220] Omdat De Wilde daar op dat moment werkte ligt het voor de hand dat ze elkaar daar voor het eerst getroffen hebben.[221]

Gallée was geboren in Vorden en bleef zijn hele leven geïnteresseerd in de taal van zijn jeugd en verwante Saksische dialecten. Hij begon met het opstellen van een *Altsächsische Grammatik* (1891). In de daarop volgende jaren ging hij zich meer en meer direct bezighouden met de inspiratiebron voor deze studie, de taal van zijn jeugd.[222] In 1895 kwam hij met het *Woordenboek van het Geldersch-Overijsselsch dialect*. Dit dialect onderzoek leidde bij hem tot "historisch-geographische en ethnographische navorschingen naar de onderling zoo sterk uiteenloopende bestanddeelen, waaruit de bevolking van Nederland is samengesteld, ja zelfs tot onderzoekingen op het gebied van folklore, antropologie en archaeologie".[223] In 1900 kwam Gallée met een artikel over de *Sporen van Indo-germaansch ritueel in germaansche lijkplechtigheden*. Het hele artikel beslaat 26 paginas en één daarvan is gewijd aan de hunebedden. In één van zijn notitieboeken maakte De Wilde een uitgebreide aantekening over deze pagina. Ik geef hier alleen de eerste regels van Gallées artikel:

> *Omtrent sommige gebruiken kunnen de oude hune- of hunnebedden ons iets leeren. Van de vyftig oudgermaansche grafsteden, in Drente gelegen, door Dr. L.J.F. Janssen, conservator by het Museum van Oudheden te Leiden, in 1847 onderzocht was er eene, waarin geheele skeletten, niet verbrand, werden aangetroffen; in alle andere die hy onderzocht heeft, waren verbrande beenderen, al of niet in urnen verzameld. Het skelet was, volgens meting van Prof. Sandifort te Leiden in 1846, van een man van middelbare grootte.*[224]

Voor iemand die zich met vergelijkende taalwetenschap bezig hield schreef Gallée nog al slordig. Het schijnt hem ontgaan te zijn dat hij in bovenstaand citaat beweerd dat Sandifort in 1846 iets onderzocht dat Janssen pas in 1847 zou vinden. Dit punt zag De Wilde over het hoofd, maar hij vond in dit citaat wel twee andere punten waaruit bleek dat Gallée Janssens *Drenthsche Oudheden* slecht gelezen had:

> *a). Janssen zegt wel, Dr[enthsche] O[udheden] (8) "In Drenthe bevinden zich thans nog vijftig hunebedden en zoogenoemde grafkelders ..." – maar niet dat hij ze allen onderzocht heeft, wel "bezocht" en afgebeeld en, op papier, gereconstrueerd heeft. Op bl. 7 staat duidelijk dat het doen v. opgravingen hem niet toegestaan was.*

---

220 Gallée 1901
221 Dat ze elkaar kenden blijkt uit een brief van 19 Februari 1913 van De Wilde aan Holwerda.
222 Gallée 19102, 5 "Seit seiner promotion (1878) mit der sprache seiner engeren heimat (Alt-Geldern) beschäftigt, wurde Gallée sehr schnell über die östliche grenze seines landes hinaus zum studium des altsäsischen geführt."
223 Vollgraff 1909, 77.
224 Gallée 1900-1901, 134-135.

b). Janssen zegt Dr[enthsche] O[udheden] (17) "Die beenderen werden in het jaar 1846 door mij in voormeld graf gevonden; zij waren tezamengepakt als een ronde klomp en vermegd met asch, aarde en wortels, zoodat zij oorspronkelijk in een ronde urnschenen gezeten te hebben ... Uit een paar der grootste stukken dier beenderen ... heeft hij (d.i. prof. Sandifort) afgeleid, dat de persoon waarvan zij afkomstig waren, van middelbare grootte moet geweest zijn."

J[anssen] zegt dus duidelijk dat er niet "geheele skeletten, niet verbrand" in waren, en ook uitdrukkelijk dat Sandifort niet "skeletten" te meten kreeg, maar blijkbaar grootere stukken van gebrandde beenderen.

Waren die beenderen niet gebrand geweest (ondanks die vermenging met asch) dan zou J[anssen] het er bijgezegd hebben, want een bladzij vroeger zegt hij bepaald en met nadruk: "De voorwerpen, die behalve verbrande menschenbeenderen in de hunebedden gevonden werden, zijn van steen, been en gebakken aarde." – waarin de cursivering van dat woord "verbrande" van Janssen zelf is. Ware dus die vondst te Exlo een uitzondering geweest, dan had hij dat er zeker bijgezet.

De waarheid is echter dat er nooit in eenig Hunebed in Drenthe een onverbrand menschenskelet gevonden is.[225]

Er volgen hierna nog een aantal aantekeningen waarbij De Wilde keer op keer aantoont dat Gallée erg onnauwkeurig gelezen heeft. Alleen de laatste aantekening vormt een uitzondering op deze reeks. Gallée spreekt over de kuiltjes die in sommige stenen gevonden worden en geeft doordat hij ze "Blut- of Opferlöcher"[226] noemt aan dat hij hier een religieuze betekenis aan toekent. Gallée merkt op dat deze gaten gevonden worden op de dekstenen. Van uit de kennis die hij in het veld opgedaan heeft zet De Wilde bij deze opmerking een vraagteken:

Westenesch (D44).

k) Het is niet zeker dat alle steenen, waarin de kuiltjes te zien zijn. Deksteenen zijn. Ik acht het h[oogst] waarschijnlijk dat bij No 53 Westenesch [D44] zelfs de steen met den reeks kuiltjes een zijsteen is.[227]

Gallée geeft in dit artikel als zijn mening dat de hunebedden uit een "niet te bepalen tijd" stammen. Doordat hij "steengraven (hunebedden) en zandgraven (grafheuvels zonder steen-

---

225 De Wilde Hunebedden – Wat de schrijvers er van zeggen. Ongedateerde map met aantekeningen 4-5.
226 Gallée volgt hier Estorff 1846.
227 De Wilde Hunebedden – Wat de schrijvers er van zeggen. Ongedateerde map met aantekeningen 9.

graf)"²²⁸ samenvoegt welkt hij de indruk dat hij ervan uit gaat dat er één oervolk in Nederland geleefd heeft. Dit gekoppeld aan de titel van het artikel levert dan al snel het vermoeden op dat Gallée ervan uitging dat de hunebedden door Germanen gebouwd waren.

Gedurende zijn zomervakanties reisde Gallée door Nederland om fotos en tekeningen te maken van boerderijen en hun bewoners. Het schijnt dat hij hierbij de hulp van De Wilde heeft ingeroepen. Tijdens zijn reis door Drenthe in 1906 maakte De Wilde volgens zijn aantekeningen 7 fotos voor Gallée. Twee 13x18 platen met vermoedelijk de hunebedden op de esch bij Bronneger (D21-D22) en vijf 9x12 platen in de omgeving van Zuidlaren. Het hoe of wat van deze fotos is onbekend, maar vermoedelijk hebben ze iets te maken met Gallées *Het boerenhuis in Nederland en zijn bewoners* dat in 1907-1908 verscheen.

Gallée overleed nadat de fotoatlas voltooid was, maar voordat het tekstgedeelte gedrukt was. Het boek werd voltooid door Bolk en Te Winkel, die er ieder een hoofdstuk aan toe voegden. In zijn tekst geeft Gallée de volgende mening over de vroege geschiedenis van Drenthe:

> *Het hoogere gedeelte van Drente vertoont duidelijke sporen van reeds in de vroege oudheid bewoond te zijn geweest. Of deze vroegere bewoners met de Saksen zijn samengesmolten, of zij naast hen leefden, dan wel of de Saksen zich in hunne woonsteden gevestigd hebben en er nieuwe van hen zelf naast gebouwd hebben, hieromtrent is ons niets bekend.*²²⁹

Het enige dat uit deze opmerking duidelijk wordt is dat Gallée nu tot de overtuiging gekomen is dat de oorspronkelijke bewoners van Drenthe geen Germanen waren.

Als apart hoofdstuk kwam Bolk met zijn *De Bevolking van Nederland in hare Anthropologische samenstelling*. In tegenstelling tot Gallée weet hij wel wie de eerste bewoners van Drenthe waren. Hij stelt dat de oorspronkelijke bevolking van noord en midden Europa uit het alpine ras, de Kelten, bestaan heeft en dat dit later door het teutonische ras, de Germanen, overvleugeld is:

> *Met recht mogen wij veronderstellen, dat de oerbevolking van ons land verwant was aan het alpine-ras, en de voornaamste vraag die wij te beantwoorden hebben is deze, of ook in ons land, zooals dit in sommige oostelijke districten van Engeland het geval is, die oerbevolking geheel door den van het Noorden komenden indringer is uitgeroeid, dan wel of het zich nog plaatselijk wist staande te houden om in latere tijden zich er mede te vermengen.*²³⁰

---

228 Gallée 1900-1901, 135.
229 Gallée 1907-1908, 8.
230 Gallée 1907-1908, 130.

Bolk stelt dus dat de Kelten de oerinwoners van Nederland, dat wil zeggen de bouwers van de hunebedden, waren. Sasse was hiermee uiterst ingenomen omdat hij meende dat hiermee zijn antropologisch-historische opvattingen gesteund werden.[231] De Wilde, die al zoveel moeite met Pleytes Keltengeloof had, voelde zich gedwongen om hierop te reageren.

Om erachter te komen hoe de diverse rassen zich in een land tot elkaar verhielden moest men onderzoek doen onder grote groepen. Om aan cijfers te komen vroeg men schoolmeesters om op te geven hoe de verhoudingen in hun klassen lagen. Omdat kinderschedels nog niet volgroeid zijn beperkte men zich tot haar- en oogkleur:

> *Rudolph Virchow heeft het eerst in Duitschland de schoolkinderen in groepen verdeeld naar de kleur van oogen en haren, en kort nadat hij zijn anthropologische hoofd-typen van blonden en bruinen uit de 6,5 millioen getelde individuën had opgemaakt, werden dergelijke tellingen gedaan in België, Zwitserland en een deel van Oostenrijk, zoodat van die landen een samenhangende anthropologische kaart kon geteekend worden.*[232]

Het type met bruine ogen wordt door Virchow Alpine genoemd en dat met blauwe Teutoonsch.

Opvallend op deze kaart is dat de grens van België duidelijk te zien is. Waar aan de ene kant het Teutoonsche ras (blauwe ogen, blonde haren) overheerst is dat aan de andere kant het Alpine ras (bruine ogen, zwarte haren). Wanneer De Wilde de cijfers van Bolk naast deze kaart legt ziet hij iets geheel onverwachts:

> *… er blijkt … ten duidelijkste uit, dat de samensteller voor ons land tot enorm veel hooger Alpinen-gehalte is gekomen dan men uit de Duitsche en zelfs uit de reeds zooveel hoogere Belgische cijfers zou verwachten.*[233]

Sasse meent nu in deze cijfers het bewijs voor zijn Keltentheorie te zien, maar dat idee wijst De Wilde van de hand:

> *De archaeoloog en prehistoricus kunnen echter die Kelten als oer-Nederlanders niet erkennen, en hoogstens toegeven dat na het begin onzer jaartelling wel "Keltische", of beter "Gallische" elementen in het Zuiden en Midden van Nederland zijn ingedrongen, maar dan blijft het voor hen nog de vraag of dat geweest is in den vorm van een Gallischen stam of slechts van een langzame infiltratie door misschien slechts enkele individuen.*
>
> *Doch aannemende dat Bolk's verbazende cijfers juist zijn en tevens aanemende dat "Alpine" hetzelfde zou zijn als "Kelt", dan nog is dat geen bewijs dat in ons land oorspronkelijk een "Keltische" bevolking door een andere, in casu een "Teutoonsche", zou verdrongen zijn. Al wordt n.l. geconstateerd, dat heden hier een vermenging bestaat van Teutoonsche en Alpine elementen, dan kan*

---

231 De Wilde 1911, 415.
232 De Wilde 1911, 418.
233 De Wilde 1911, 421.

niemand daaruit zeggen welk van die twee ter plaatse primair was, noch wanneer die vermenging begonnen is, noch in welke richting die voortschrijdt of wel vermindert.[234]

Hoewel De Wilde nu Sasses hele idee ontkracht heeft laat hij het hier niet bij. Het is bekend dat het verschil tussen het Belgisch gedeelte van de kaart en het Duitse gedeelte voor een deel ontstaan is doordat men andere criteria gebruikt heeft. Donkerblonden zijn in België als bruinen geteld en daardoor is het Alpiene aandeel in de bevolking aanzienlijk hoger komen te liggen. De Wilde is er van overtuigd dat Bolks cijfers afwijken van wat men op grond van de Duitse en Belgische zou verwachten omdat ook hij weer andere criteria gebruikt heeft. Het probleem is dat het merendeel van de Nederlanders niet raszuiver is. Het Teutoonse type heeft zich vrijelijk met het Alpiene type gekruist. De Wilde gaat nu berekenen wat er door deze kruisingen gebeurd is. Ik laat al deze berekeningen hier verder voor wat ze zijn en wijs er alleen op dat De Wilde de wetten van Mendel bij zijn berekening buiten beschouwing liet. Dit is opvallend omdat de derde wet van Mendel zegt dat verschillende kenmerken onafhankelijk van elkaar vererfd worden.[235] Er bestaat dus geen vaste relatie tussen b.v. blond haar en blauwe ogen. Het schijnt dat De Wilde vraagtekens achter de door Mendel geformuleerde wetten plaatste:

In zake statistische antropologie doet men vooralsnog het best door niet Mendel's "wet" toe te passen, maar liever andersom: af te wachten of die statistische gegevens mogelijker wijze die "wet" zullen bevestigen, of te niet doen, of althans zullen wijzigen, - welke laatstgenoemde mogelijkheid mij persoonlijk toeschijnt de meeste waarschijnlijkheid voor zich te hebben.[236]

Aan het eind van zijn betoog komt De Wilde met cijfers die meer in overeenstemming met de Duitse en Belgische zijn. Hiermee ontkracht hij opnieuw het idee dat de Kelten de oer-bevolking van Nederland geweest zijn:

Overigens willen wij niet vervallen in de fout, waarover wij in het begin van dit opstel spraken: het construeeren van geschiedenis op gebrekkige gegevens. Wij onthouden ons dus van verdere deducties [uit gegevens die eerst] zelf opgehelderd dienen te worden … Maar een volk dat uit ruim 93% "Teutoonsche" of "Germaansche" elementen bestaat, mogen we gerust nog als echt Germaansch beschouwen.[237]

---

234 De Wilde 1911, 422.
235 Mendel gaf drie wetten:
    I de Uniformiteitswet. Als je twee raszuivere individuen met een kenmerkend verschil met elkaar kruist bestaat de eerste generatie nakomelingen uit identieke individuen.
    II de Splitsingswet. Bij onderlinge kruising van individuen uit de eerste generatie krijgen de nakomelingen verschillende kenmerken. Bij dominante-recessive overerving is de verhouding 1:3 en bij partiële dominantie is de verhouding 1:2:1
    III de Onafhankelijkheidswet. De verschillende kenmerken worden onafhankelijk van elkaar vererfd.
236 De Wilde 1911, 417.
237 De Wilde 1911, 446.

Westendorp was op archeologische gronden al tot de overtuiging gekomen dat de door hem gepostuleerde oer-Kelten (de Hunebedbouwers) niet de directe voorouders van de Nederlanders waren. Hij was van mening dat de hunebedden nooit onder een heuvel gelegen hadden en zag de grafkelders als een overgang naar de grafheuvels. De grafheuvels waren, volgens de klassieke auteurs, door de Germanen gebouwd. Op grond van de aanwezigheid van grafkelders concludeerde Westendorp dat zijn oer-Kelten geassimileerd waren met de later binnengedrongen Germanen. De conclusies van Bolk en Sasse schenen nu dit idee te bevestigen.[238] De Wilde wees het idee dat (oer-)Kelten de bouwers van de hunebedden waren af en stelde, net als Acker Stratingh, dat we de naam van de bouwers, en dus hun ras, niet kenen. Er ontstaat nu echter een probleem waar De Wilde in zijn artikel geen aandacht aan besteedt. Wanneer de hunebedden niet door Kelten of Germanen gebouwd zijn, maar door een onbekend ras, waar zijn dan de raskenmerken van die bouwers gebleven, waarom zijn die niet in het nageslacht bewaard gebleven? Wijst hij Westendorps assimilatie-idee van de hand? Gaat De Wilde er van uit dat de Hunebedbouwers door de later binnen gedrongen Germanen zo grondig uitgeroeid zijn dat hun raskenmerken totaal verdwenen zijn, of heeft hij dit probleem eenvoudig over het hoofd gezien?

In 1912 komt Sasse met een antwoord op De Wildes artikel:

Er is een nieuwe strijder opgestaan in 't kamp der anthropologen en ik heet hem van harte welkom, hoewel hij begint met een verwijt aan mijn adres.[239]

Sasse reageert opvallend vriendelijk op de aanval van De Wilde. Deze heeft hem niet helemaal begrepen, maar eigenlijk hebben ze beiden min of meer dezelfde kritiek op Bolk. Daarnaast heeft De Wilde een derde groep, het Middellandse ras, bruine huidskleur lange schedel, buiten beschouwing gelaten en dat heeft wel degelijk een rol gespeeld. Sasse vraagt zich alleen af hoe het mogelijk is dat De Wilde beweert dat grijze ogen bij de blauwen horen. Dat kan absoluut niet kloppen.

Op zijn beurt schijnt Sasse De Wilde ook niet al te goed gelezen te hebben. Uitvoerig beschrijft hij hoe men aan de verspreiding van de door M.A. Evelein (1879-1959) onderzochte brandgraf-heuvels het voordringen van de Germanen in Brabant kan reconstrueren en dat terwijl De Wilde Noord-Brabant en Limburg buiten zijn beschouwing gelaten had.

Sasse gaat ervan uit dat het skelet en vooral de schedel onveranderd blijft als rassen maar niet kruisen. Maar ja, ze blijven niet onvermengd en daar begint het probleem. Dit probleem treedt het sterkste naar voren in de antropologische kaarten. Welke kenmerken moet men nemen en welke niet:

Heel goed is het, dat de heer De W. eens het grote verschil getoond heeft der cijfers in drie aan elkaar grenzende landen verkregen bij antropologies statisties onderzoek. Het sprak wel van zelve, dat bij geheel verschillend schema, het resultaat

---

238 Westendorp wordt overigens door Bolk en Sasse nergens genoemd.
239 Sasse 1912, 14.

zeer uiteen moest lopen, maar toch, het moest eerst met schelle kleuren geschilderd worden, om ons en onze opvolgers er opmerkzaam op te maken, dat ook dit onderzoek evenals zo vele andere, internationaal geregeld moet worden volgens één zelfde schema.[240]

Net als De Wilde wijst ook Sasse Mendel af, hij is het echter niet met De Wildes 50% bij kruisingen eens. Volgens hem vererven blonde haren aanzienlijk beter dan lange schedels. Dit heeft een duidelijke invloed op de cijfers. Tel daarbij op dat De Wilde het "Middellandse ras" niet meegeteld heeft en het is wel duidelijk dat zijn cijfers net zo min als die van Bolk kloppen

Het mag door dit alles lijken als of De Wilde zijn belangstelling uitgebreid had, maar uiteindelijk waren het voor hem nog steeds de hunebedden waar het allemaal om draaide. Op 25 februari 1913 publiceerde de *Nieuwe Rotterdamsche Courant* een bericht over Stonehenge. De redactie had vernomen dat "Stonehenge, het bekende hunebed, naar men zegt, te koop is".[241] De Wilde reageerde ogenblikkelijk. Nog de zelfde avond stuurde hij een ingezonden brief die de volgende dag, 26 februari 1913, gepubliceerd werd. Aan de hand van het woord hunebed toonde hij aan dat Stonehenge geen hunebed kan zijn:

Het woord hunebed heeft een heel eigenaardige verwisseling van beteekenis ondergaan. Oorspronkelijk toch, en het wordt voor het eerst geschreven gevonden in de 16e eeuw, heetten de steenen grafkamers, die in Drente enz. voorkomen, niet "hunebedden" maar eenvoudig "steenhoopen" en werd de naam "huynebed" (vandaar dat ik "hunebed", met één n beter acht dan "hunnebed") toegepast op alle heuvels, die men hetzij voor grafheuvels hetzij voor geheimzinnige verblijfplaatsen van Witte Wijven enz. aanzag.[242]

Daar nu in den loop der tijden ettelijke heuvels van dien aard, na verval of ontgraving, bleken steenen grafkamers te bevatten, is die naam hunebedden ook op die opengewoelde steenen gevaarten toegepast en ten slotte door de beschrijvende toeristen, op wie zij natuurlijk veel grooteren indruk maakten dan de heuveltjes, uitsluitend daarvoor gebruikt; wat dan door de school bestendigd is geworden. Nog in de tweede helft van de negentiende eeuw werd echter het woord hunebed óók gebezigd voor gewone heuvels, zonder steenen graf er in, getuige b.v. een stafkaart van Drenthe uit 1852, herzien in 1884 en 1898, waarop het woord is blijven staan voor een steenlozen heuvel bezuiden Exloo. De kaart is in mijn bezit. Maar zelfs nog een drietal jaren geleden vond ik den naam hunebed in Overijsel, waar geen megalithische graven (meer?) bestaan, in den volksmond gebruikt voor lage eenvoudige heuveltjes, die echter zelfs door de eenvoudige werklieden aangezien werden voor oude graven.[243]

---

240 Sasse 1912, 21.
241 Nieuwe Rotterdamsche Courant – Dinsdag 25 Februari 1913. Voor de "Verkoop" van Stonehenge zie Chippindale 1996, 174.
242 De Wilde baseert zich hier op Picardt 1660.
243 De Wilde 1913c. Ook op de Veluwe werd het woord hunebed soms voor een grafheuvel gebruikt. Zie Bakker 2004, 56.

Stonehenge had nooit onder een heuvel gelegen en het was geen graf:

> ... zoo kan Stonehenge zeker niet "hunebed" heeten, daar zelfs in Engeland niemand er een reuzengraf in ziet, doch veelal het gehouden wordt voor een reusachtig bouwwerk voor cultus of vergadering. En naar mijn bescheiden meening zou men het inderdaad voor dit laatste moeten houden, en dus er een voorhistorisch parlementsgebouw in mogen zien.[244]

In datzelfde jaar, 1913, mengt de antropoloog Herman F.C. Ten Kate (1858-1931)[245] zich in "het geschil Bolk-De Wilde-Sasse, aangaande de geographische verspreiding van anthropologische typen in Nederland".[246] Hij is het met De Wilde eens dat de cijfers van Bolk waarschijnlijk niet kloppen, maar ook hij vraagt zich, net als Sasse, af of die van De Wilde wel beter zijn. Opvallend hierbij is dat Ten Kate of Mendel niet kende of net als De Wilde en Sasse diens wetten als onbruikbaar beschouwde:

> Het feit echter, dat beide kenmerken niet altijd gepaard zouden voorkomen ... is misschien zoo te verklaren, dat het eene kenmerk bij de "Bastaarden" langer persisteert dan het andere. Er moet hier een wet van correlatie bestaan en zoo lang wij die niet goed kennen, schijnen dergelijke tegenstrijdigheden tegen de statistische anthropologie te pleiten.[247]

Ook hij wijst vervolgens op de rol van het Middellandseras. Ten Kate heeft ze zelf in ons land meerdere malen gezien. Voor conclusies over de etniciteit van de prehistorische Nederlander zou dit wel eens een belangrijk gegeven kunnen zijn:

> Indien het juist is wat Haddon zegt: "Various branches of the Mediterranean race first spread over southern and western Europe and the British Islands as Neolithic man",[248] dan wordt dit feit verklaarbaar.[249]

Ook in 1913, vroeg de redactie van het *Tijdschrift van het Nederlandsch Aardrijkskundig Genootschap* De Wilde om een recensie te schrijven over M.C. Piepers' (1835-1919) *Nederlandsche Antropologie*.[250] Piepers was jurist in Nederlands

---

244 De Wilde 1913c.
245 Hij noemde zichzelf een "wetenschappelijk wereldreiziger". Bosman 1994.
246 Ten Kate 1913, 737.
247 Ten Kate 1913, 737.
248 Haddon 1911, 40. Alfred Cort Haddon (1855-1940) werkte als bioloog in Serawak en Nieuw-Guinea. Hij gebruikte zijn kennis van de culturen van de daar levende "steentijdmensen" als model voor de culturen uit de Europese steentijd. Hij wordt tegenwoordig algemeen gezien als de grondlegger van de moderne Britse antropologie.
249 Ten Kate 1913, 737.
250 "Het redactiearchief is slechts zeer ten dele bewaard gebleven; alleen van de periode na 1950 zijn er enkele stukken overgeleverd. Ik denk dus dat brieven van de Wilde niet in het archief van het Genootschap voorkomen, te meer omdat zijn naam in de bestuursnotulen over die jaren niet voorkomt en er ook geen verwijzingen zijn naar een met hem lopende briefwisseling." Schriftelijke mededeling van de secretaris van het KNAG, Dr. Paul van den Brink, 17 juni 2009.

Indië en hield zich als hobby bezig met het bestuderen van insecten.[251] De Wilde is niet gelukkig met Piepers' boekje en bij het lezen van zijn recensie krijgt men bijna medelijden met de schrijver:

> *Een auteur, die meeningen van wetenschappelijke voorgangers reeds voldoende weerlegd schijnt te achten wanneer hij ze "onzinnig" of "onzin" noemt (woorden, die de heer P. herhaaldelijk gebruikt), zonder éénig bewijs dat zij dit epitheton werkelijk verdienen … zulk een beoordeelaar geeft ons niet voldoenden waarborg voor objectiviteit om hem de kritische behandeling eener heele wetenschap toe te vertrouwen.*[252]

Piepers maakt in zijn boek een onderscheid tussen prehistorische anthropologie en recente anthropologie, wat er in de praktijk op neer komt dat hij in het eerste hoofdstuk "de *praehistorische* denkbeelden van dr. Holwerda tracht te ontmantelen en in zijn tweede hoofdstuk hetzelfde tracht te doen met de *anthropologische* beschouwingen van prof. Bolk".[253] Het interessantste aan deze recensie is dat hij De Wildes opvatting over de functie van o.a. de archeologie geeft:

> *Volgens hem [Piepers] hebben andere wetenschappen te zwijgen … zoolang zij, Historia, met verstaanbare stem spreekt. Maar is dan historie iets anders dan een compilatie of, in het beste geval, een synthese van de resultaten dier andere? Het tegendeel is dan ook waar: Niet die andere hebben te wijken voor de geschiedkunde, maar deze zelf zal opzij moeten voor elk positief gegeven, dat haar een andere wetenschap in den weg legt. Wie de immer deduceerende geschiedwetenschap wil laten spreken vóór de exacte wetenschappen (als b.v. archaeologie en anthropologie, en ik voeg er bij geologie en aardrijkskunde), die met waarnemingen voor den dag komen, spant de wetenschappelijke paarden achter den wetenschappelijken wagen.*[254]

Piepers komt in zijn boekje tot de conclusie dat de hunebedden gebouwd zijn door de *Homo europaeus*.[255] De Wilde toont in zijn recensie aan dat deze opmerking van weinig waarde is omdat Piepers zich in het wie of wat van deze Homo europaeus geheel verwart. Piepers begint met de stelling dat "het blonde ras van den homo europaeus staat tot den donkeren homo mediterraneus als de ijsbeer tot de bruine of zwarte beeren".[256] Dit betekent volgens Piepers dat het niet om variëteiten maar om verschillende rassen gaat. Zowel de Homo europaeus als de Homo mediterraneus zouden volgens Piepers van één voorouder afstammen en dit

---

251 De vlindercollectie Piepers-Snellen in het Rijksmuseum van Natuurlijke Historie in Leiden is het nog zichtbare resultaat van deze hobby.
252 De Wilde 1913b, 379.
253 De Wilde 1913b, 379.
254 De Wilde 1913b, 381.
255 Mogelijk Gallée 1907-1908, 126. "Het teutonische ras, ook wel bekend als het germaansche ras, het noordsche ras, de Homo europaeus …"
256 De Wilde 1913b, 381.

oorspronkelijke ras zou gepigmenteerd geweest zijn. Vervolgens merkt Piepers op; "wij kennen van geen van beide rassen de herkomst, weten niet of er daartusschen en de oudste bewoners van Europa verband bestaat":[257]

> *Hier zegt dus de Schr., ... dat wij van die twee rassen niets weten ten opzichte van elkander, niets van een verband onderling en dus ook niet of zij van één enkel gemeenschappelijk ras afstammen. Maar dan weten wij ook niet, of het blonde uit een donker ras is voortgekomen of andersòm, hoewel de Schr ... zegt dat het blonde ras licht geworden is en dus uit een donker ras is geevolutioneerd.*[258]

Piepers gaat er van uit dat er een rechtstreeks verband tussen de Homo neanderthalensis en de moderne mens bestaat "omdat een andere vorouder zich vooralsnog niet laat aanwijzen". Deze laatste opmerking geeft De Wilde vervolgens de kans om nog eens tegen Westendorp van leer te trekken:

> *Op dienzelfden "grond" heeft, nu reeds ruim honderd jaren geleden, Nikolaas Westendorp de Hunebedden in ons land aan de Kelten toegeschreven. Er waren geen andere om ze aan toe te kennen! En hij had er succes mee! Een succes, dat zelfs nu nog nawerkt! Zou Piepers het ook hebben met dien Neanderthaler?*[259]

In het volgende nummer van *Tijdschrift van het Koninklijk Nederlandsch Aardrijkskundig Genootschap* reageert Piepers op deze recensie. Dit is geen recensie, dit is een gemene, infame aanval. Piepers verdedigt zich met een tegenaanval. De Wilde heeft in zijn recensie verklaard dat hij het niet als zijn taak beschouwt om b.v. de opvattingen van Holwerda te verdedigen:

> *[Dit] is nu zeker zeer bescheiden maar maakt toch, zoolang uit niets blijkt dat de recensent tot zulk eene verdediging ook maar eenigermate in staat is te achten, sterk den indruk van grootspraak.*[260]

En daarmee is de toon gezet. Voor Piepers is het duidelijk, de Wildes recensie is niets anders dan een vuige aanval door iemand die daar niet capabel toe is:

> *Op dezelfde wijze bevat zijn geschrift ... allerlei holle woorden en phraseologie over exacte wetenschappen, experimenten en wat dies meer zij, alles zooals men het bij een werkelijk wetenschappelijk man, die de waarde van die zaken beter kent en het ophemelen daarvan aan het vulgus in de wetenschap overlaat, niet zou aantreffen.*[261]

---

257 De Wilde 1913b, 382.
258 De Wilde 1913b, 382.
259 De Wilde 1913b, 382.
260 Piepers 1913, 655.
261 Piepers 1913, 656.

Het niet geschreven standaardwerk

Het jaar 1913 moet een bijzonder jaar voor De Wilde geweest zijn. Als archeoloog was hij doorgedrongen tot Holwerda's prestigieuze tijdschrift, een duidelijk teken dat zijn werk serieus genomen werd. Daarnaast was hij hartelijk ontvangen door het Nederlandsch Aardrijkskundig Genootschap en zelfs door Sasse als een vakgenoot begroet.

Toch is de kritiek op Piepers het laatste wat hij gepubliceerd heeft en dat terwijl Holwerda hem gevraagd had om een uitgebreid artikel over zijn hunebed ideeën voor de *Oudheidkundige Mededeelingen*. Waarom De Wilde hierna nooit meer gepubliceerd heeft is totaal onduidelijk.

In zijn nagelaten papieren bevindt zich een schema voor een groter artikel of zelfs een boek. Het was opgedeeld in 21 paragrafen en te oordelen aan de inhoudsopgaven van die paragrafen wilde hij hierin alles behandelen wat hij over de hunebedden wist. Veel van de vermoedelijke inhoud had hij al in diverse artikelen aangesneden:

> *§ 1. In Skandinavie zyn onbetwist de oudstbekende sporen van den mensch, welke gevonden zyn by Mullerup aan het Maglemose op Seeland.*[262]

De Maglemose Cultuur stamt uit het Mesolithicum, ca. 8000 tot 6000 v.Chr. Dit begrip werd in 1912 door de Deense archeoloog Georg L. Sarauw (1862-1928) ingevoerd.[263] Het was op dit moment de oudst bekende Noord-Europese cultuur. De vondsten die Jacques Boucher de Crevecoeur de Perthes (1788-1868) sinds 1826 bij Abbeville deed stamden uit het Paleolithicum en ook de grotschilderingen in Altamira die in 1879 door Marcelino Sanz de Sautuola (1831-1888) stamden uit deze periode. Men hoefde voor het Paleolithicum niet naar Frankrijk of Spanje. Ook in de omgeving van Luik was er al uitgebreid onderzoek naar gedaan. In 1833 had Philippe Charles Schmerling (1791-1836) als eerste aangetoond dat er menselijke resten samen met de resten van b.v. Mammoeten in de grot van Engis te vinden waren.[264] In 1887 hadden Max Lohest (1857-1926) en Julien Fraipont (1857-1910), naar aanleiding van de vondsten uit de grot van Spy, de eerste uitgebreide monografie over de Neanderthalers gepubliceerd.[265] En zo waren er een groot aantal vondsten die aanzienlijk ouder zijn dan de Maglemose Cultuur. Of De Wilde hiervan op de hoogte was is onbekend.

De paragrafen 1 tot en met 8 waren bedoeld voor de ontwikkelingen in Denemarken en de verspreiding van de Hunebedbouwers via Noord Duitsland naar Drenthe:

> *§ 9. In Nederland zyn de Hunebedden de oudste sporen van bewoning benoorden de Ryn en de Waal.*

---

262 De Wilde 1913d.
263 De onderzoekingen in het moeras van Maglemose bij Mullerup zijn in 1900 begonnen.
264 Schmerling 1833 en 1834.
265 Fraipont et Lohest 1887.

> *§ 10. De Hunebedbouwers zyn te beschouwen als de oudste of "oer" inwoners van het diluvium van Groningen, Frieland, Drente en het Gooi.*
>
> *Daar Drente het hedendaagsche centrum van het voorkomen der Hunebedden in Nederland is, kan gevoegelyk het oudste menschengeslacht in Nederland het "Oer-Drentsche" genoemd worden.*[266]

Het is opvallend dat De Wilde hier over Oer-Drenten spreekt. Blijkbaar heeft hij de eerder gebruikte term "Nederlandsche Steenvolk" losgelaten.

In § 11 en 12 wilde De Wilde op grond van de vorm van de hunebedden opnieuw aantonen dat de bouwers er van oorspronkelijk uit Denemarken kwamen en dat het "Nederlands diluvium benoorden de Ryn onbewoond" was tot "de tweede Megalithen-kultuur".

In paragraaf 13 komt De Wilde met een chronologie voor de door hem geschetste ontwikkeling:

> *§ 13. De chronologische volgorde der tot heden besproken toestanden kan men dus indeelen in de stadia van:*
> *1). Maglemose*
> *2). Oudste Kjökkenmöddingertyd*
> *3). Jongste Kjökkenmöddingertyd*
> *4). Oudste Megalithen-tyd*
> *5). Middelste Megalithentyd*
> *6). Jongste Megalithentyd*
>
> *In Nederland zyn daarvan slechts de stadia 5) en 6) vertegenwoordigd, hoewel wellicht niet juist synchronisch met diezelfde stadia in Denemarken, al heeft het onderscheid in jaartal bezwaarlyk meer dan b.v. een eeuw geduurd, en daar in Denemarken stadium 6) gerekend wordt een overgang te vormen tot den kopertyd of den beginnenden tyd van het brons, kan voor Nederland aangenomen worden dat in die zesde phase ook daar de tyd van het brons begonnen is, hoewel die slechts spaarzaam vertegenwoordigd is in Nederland en er met name in de Hunebedden nog geen spooren van brons gevonden zyn.*[267]

In de hierop volgende paragrafen bepaalt De Wilde de relatie tussen de Hunebedden en de Dolmens:

> *§ 14. Er bestaan geen gronden om een samenhang te veronderstellen, noch een historische, noch een prehistorische, van de dolmen der prae-Galli met de Hunebedden der Oer-Drenten.*
> *Daar tegen pleiten:*
> *a). de verspreiding*
> *b). de constructie der megalithische graven zelf*
> *c). het gebrek aan historische overlevering*

---

266 De Wilde 1913d.
267 De Wilde 1913d.

§ 15. Noch de Britsche noch de Iersche dolmen hangen duidelyk morphologisch samen met de Skandinaafsch-Drenthsche; maar de echte dolmen in Zuid-Engeland komen overeen met de Fransche.

§ 16. Van de z.g. "Keltische" landen bevat alleen Frankryk talryke dolmens, maar juist de meest "Keltische" gedeelten van Schotland en Wales, en b.v. ook Ierland en Zwitserland bevatten geen dolmens, evenmin als Belgie.[268]

En zo is hij bij de Kelten aangekomen. Voor de paragrafen 17, 18 en 19 heeft hij wat meer tekst geschreven, maar uit de vele doorhalingen en verbeteringen in potlood blijkt duidelijk dat hij ermee geworsteld heeft. Het is aan alles te zien dat ook deze teksten niet voltooid zijn. Ik geef hier een wat groter fragment omdat dit goed laat zien hoe De Wilde met dit onderwerp om ging:

De vraag naar de oudste bewoners van Nederland is de laatste jaren weer aan de orde gekomen met de onhelderheid en verwarring, die hem steeds hebben gekenmerkt. Bekend is dat men eenmaal geheel (West-)Europa door Kelten bewoond heeft geacht, waarbij men door volslagen gemis aan chronologische data er allengs ... [als] algemeenheid stelde voor den oertyd ... zodat b.v. Le Brigant[269] *het Keltisch hield voor de oertaal der menschheid, wat weliswaar door de meesten als overdreven beschouwd werd, maar niet belette dat Pictet, in zyn "De l'affinité des langues Celtiques avec le Sanscrit"*[270] *(1837) toch direct verband zocht tusschen het Keltisch en den stamtaal der Indogermanen.*

Weinig vraagstukken zijn zoo vertroebeld als dit, waarin tyden en plaatsen door elkaar gehaspeld zyn als waren dat onbelangryke factoren, tengevolge waarvan de meest radikale tegenspraken elkaar opvolgen in de geschiedenis van zyn studie. Zoo heeft b.v. A. Prinzinger, "Ueber die Herkunft der Bayern" (1881)[271]*, betoond dat de Beieren niet tot de Keltische volkeren behooren en dat de Grieksche en Romeinsche berichten over Kelten in Beieren slechts berusten op vergissing door gebrekkige volkenkunde der schryvers. Prinzinger steunde daarby op de Beirische taaleigens, waarin volgens hem geen Keltismen voorkomen. Maar daarmee is hy informeelen tegenspraak met Zeus "Die Deutschen und ihre Nachbarstämme"*[272] *en met S. Riegler "Bayern und Norddeutsche" (Allgem. Zeitg. 30.I.1884)*[273]*. Toch staat Prinzinger verre van alleen, want ook de onlangs overleden, hoog ver-*

---

268 De Wilde 1913d.
269 Le Brigant, Jacques (1720-1804) 1787 Observations fondamentales sur les langues anciennes et modernes. Paris.
270 Pictet, Adolphe (1799-1875) 1837 De l'affinité de langues Celtiques avec le sanscrit. Paris.
271 De Wilde is hier nogal onduidelijk in zijn titel opgaven. Vermoedelijk bedoelt hij: Prinzinger, August (1851-1918) 1856 Die älteste Geschichte des baierisch-österreichischen Volksstammes. Salzburg. Omdat hij echter het jaartal 1881 noemt kan het ook zijn: Prinzinger, August 1881 Die Keltenfrage : deutsch beantwortet und theilweise zum Vortrage gebracht in der Versammlung der Wiener Anthropologischen Gesellschaft zu Salzburg am 12. August 1881. Salzburg.
272 Zeuß, Kaspar (1806-1856) 1837 Die Deutschen und die Nachbarstäme. München.
273 Mogelijk bedoelt De Wilde het Zeitschrift für allgemeine Geschichte, Kultur-, Litteratur- und Kunstgeschichte.

dienstelyke oudheidkundige Much [274] *ontkende het Keltendom der Beieren, terwyl ook reeds vroeger de Chronist Zauner (1796)* [275] *en Von Schumann (1842)* [276] *en Dürlinger (1866)* [277] *het er over eens waren dat de Beiern "Germanen" waren en geen Kelten.* [278]

In paragraaf 20 laat De Wilde zien dat er eigenlijk geen plaats is voor de Kelten in de Nederlandse chronologie:

> *§ 20. Wanneer wy, na al het hier te voren gezegde, nog onderstellen dat er Kelten in Nederland hebben gewoond als stam, of ras of volk, dan moet hun verblijf binnen een van de volgende tydperken vallen:*
> *a). De Hunebeddentyd, die men stellen kan op ongeveer 3000 – 1000 v. Chr.*
> *b). De tyd van de Hunebedden tot de komst der Romeinen, te stellen op ongeveer 1000 v. Chr - 50 v. Chr.*
> *c). De Romeinsche overheersching, te stellen op 50 v. Chr – 300 n. Chr.*
> *d). De tyd na de Romeinen tot Karel den Groote, te stellen op 300 – 800 na Chr.* [279]

En dan zou uiteindelijk in paragraaf 20 de conclusie komen dat er nooit Kelten in Nederland gewoond hadden en dat de in dit land gevonden Keltische namen ingevoerd waren in de Romeinse tijd door Gallische hulptroepen.

Aan het begin van dit boek merkte ik op dat De Wilde al tijdens zijn leven in de vergetelheid raakte. Wat het antropologische gedeelte van zijn werk betreft klopt dit niet helemaal. In 1927 verklaarde D.J.H. Nyèssen in zijn *The passing of the Frisians*[280] dat hij het wat betreft de cijfers van Bolk met De Wilde eens was. In 1928 publiceerde dezelfde Nyèssen een historisch overzicht van de Nederlandse antropologie in de *American Journal of Physical Antropology*. Hij besteedde hierin uitgebreid aandacht aan het werk van Bolk en merkte daarbij op dat diens cijfers door De Wilde als onbetrouwbaar werden beschouwd.[281] Toen A.J.P. van den Broek in 1951 *De Anthropologische Samenstelling der Nederlandse Bevolking* als derde hoofdstuk van G.J.A. Mulders *Handboek der Geografie van Nederland* deel II

---

274 Matthäus Much (1832-1909) Mogelijk verwijst De Wilde hier naar: Much, Matthäus 1894 Kelt oder Celt oder keines von beiden? Eine Anregung zur Schaffung einer einheitlichen Nomenclatur in der Urgeschichte. Mittheilungen der Anthropologischen Gesellschaft in Wien Bd. 24.
275 Zauner, Judas Thaddäus (1750-1813) 1796 Chronik von Salzburg. Salzburg.
276 Wie De Wilde met Von Schumann bedoelt heb ik niet kunnen achterhalen.
277 Dürlinger, Joseph (1805 - 1867) 1866 Von Prinzgau. Salzburg. De Wilde schijnt Dürlinger niet goed gelezen te hebben. Op p. 34 schrijft deze: "… Bayern (Bojobaren, Bojoaren), ein wenn nicht ursprünglich deutsches, so doch schon lange germanisirtes Volk …"
278 De Wilde 1913d.
279 De Wilde 1913d.
280 Nyèssen 1927, 77, 207.
281 "… various medical men, e.g., Coenen, Caspari, and Stork, assisted in the important inquiries of Bolk. They also elicited the treatise of W.J. de Wilde in the 'Tydschrift voor Geneeskunde' [sic] in 1911, in which he arrived at the conclusion that Bolk's pigmentation figures in his well-known investigation of the school children of the Netherlands were too high." Nyèssen 1928, 10.

publiceerde bestede ook hij aandacht aan het werk van Bolk. Ook Van den Broek wijst er op dat de cijfers van Bolk niet onomstreden zijn. Hij geeft naast De Wilde ook Sasse als criticus.[282]

Een nieuwe theorie

Eind 1908 gaf De Wilde een lezing in Assen waarin hij een nieuwe theorie met betrekking tot de datering en de functie van de hunebedden ontvouwde. Deze lezing wordt bezocht door Mr. J.G.C. Joosting (1866-1944)[283] die er op 23 januari 1909 over sprak op een bijeenkomst van het Historisch Genootschap Groningen. Onder zijn gehoor was o.a. de al eerder genoemde archeoloog Vollgraff. Deze was in 1908 in Groningen aangesteld als hoogleraar Griekse taal- en letterkunde. In de notulen van deze bijeenkomst werd een verslag van Joostings voordracht opgenomen:

> *De Heer Joosting geeft een overzicht van de beschouwingen door den Heer W.J. de Wilde uit Utrecht, op eene lezing te Assen gehouden, over de hunebedden ontwikkeld. Deze acht de steengevaarten te zijn gevormd, zooals een kind van dominosteenen bouwt; eerst twee rechtopstaande steenen met een deksteen, daarna een kamertje, waaraan één zijde ontbreekt, dan een gesloten kamertje, waaruit ten slotte door verlenging in de breedte of diepte een groot vertrek ontstaat, De eerste vormen vindt men op de noordkust van Afrika en in Engeland, de volgende in Frankrijk, Engeland, Hannover en in ons land. De uitgestrekte kamers in de diepte zijn in Frankrijk, die in de breedte in ons land en in Hannover. Hieruit meent de Heer de Wilde te mogen opmerken, dat de gang van zaken niet is geweest Noord Afrika, Spanje, Frankrijk, Nederland; dus dat onze hunebedden niet Keltisch, doch Germaansch – Noorsch of Saksisch – zijn.*
>
> *Het belangrijkste van de lezing was echter de theorie, door de Wilde opgebouwd uit de hoogte der hunebedden boven A.P. Geeft de richting geen houvast, omdat zij naar alle windstreken gekeerd is en er dus te dien opzichte van geen godsdienstig monument sprake kan zijn geweest, het blijkt, dat alle hunebedden, gelegen op het diluvium, doch aan den rand van het alluvium, op het zelfde niveau liggen. Stelt men het alluvium door water voor, wat het eens is geweest, dan lagen dus al die hunebedden aan het strand der zee en heeft de kromming van dat strand de richting der hunebedden, de hoogte der zee de hoogte der hunebedden bepaald. Neemt men met de Wilde aan, dat Drente tijdelijk niet bewoond is geweest, dan wijst dit de hunebedden terug tot enkele duizenden jaren vóór Christus. Waarbij echter valt op te merken, dat ook omwonende volkeren, des noods Vikings, hunne dooden kunnen hebben vervoerd naar de Drentsche kust en daar begraven, in verband met de bekende vrees voor de afgestorvenen en den vrijdom, dien men*

---

282 "De verhouding van de oogkleur dragen volgens Bolk een zelfde karakter als de haarkleur, d.w.z. naar het zuiden neemt de sterkere pigmentatie van de iris toe. Bolk's conclusies uit de gegevens van haar- en oogkleur zijn niet onweersproken gebleven. W.J. de Wilde (1911) en A.J. Sasse (1909) zijn tot andere opvattingen gekomen." Van den Broek 1951, 183.

283 Van 1897 tot 1913 was Joosting rijksarchivaris in Drenthe en van 1914 tot 1924 vervulde hij de zelfde functie in Groningen.

zich koopen kon door over water te gaan. – Geologische onderzoekingen zullen de Wilde's hypothese nader moeten bevestigen, maar belangrijk is zij zeker, omdat zij kan bijdragen tot nieuwe hypothesen ter verklaring der hunebedden.[284]

Omdat dit verslag niet van De Wilde zelf is en het onduidelijk is in hoeverre het hier om een interpretatie van Joosting gaat is voorzichtigheid geboden. Opvallend is dat er hier gesproken wordt over Germaansch, Noorsch of Saksisch en dat zelf de Vikingen opduiken. Betekent dit dat De Wilde zijn idee over een onbekend "steenvolk" als bouwers pas na deze lezing ontwikkelde? Op de geologische implicaties van deze theorie kom ik later nog terug.

Op 15 januari 1909, nog voor Joosting met zijn verslag kwam, hield De Wilde dezelfde lezing in Leeuwarden voor het Friesch Genootschap. De *Leeuwarder Courant* van de volgende dag gaf er een enthousiast verslag van:

Over een onderwerp als "de Hunnebedden in Nederland" zoo te spreken, dat onmiddellijk de geheele vergadering den spreker met aandacht volgt, toont niet alleen, dat men gemakkelijk spreekt, maar ook dat men iets belangrijks heeft te zeggen. En dat had de heer W.J. de Wilde, van Utrecht gisteravond dan ook werkelijk in het Friesch Genootschap van Geschied-, Oudheid- en Taalkunde. Uit de populaire wijze, waarop hij zijn onderwerp behandelde, bleek intusschen duidelijk op welk een breed-wetenschappelijken grondslag zijn kennis was opgebouwd. Van den ernst van z'n studie getuigden ook de kaarten en situatie-teekeningen, die aan een deel van beide wanden der bovenzaal ... waren opgehangen en waardoor het gesprokene veelmaals aanmerkelijk verduidelijkt en de opgeworpen stelling aanneemlijk werd gemaakt.[285]

Na uitgelegd te hebben dat de hunebedden oorspronkelijk onder een heuvel lagen geeft De Wilde duidelijk aan dat niet alles wat in eerste instantie er min of meer hetzelfde uitziet dat ook is:

Spreker noemt deze grafheuvels megalitische graven als hij die over de geheele wereld bedoelt, hunebedden die in ons land, dolmen en allees couvertes die in Frankrijk.[286]

De Wilde gaat uitgebreid in op de verschillende locatie van de ingang bij de allées couvertes en de hunebedden. Bij de hunebedden in het midden van een lange zijkant, bij de allées couvert in een van de beide smalle uiteinden. In het verslag wordt het niet expliciet gezegd, maar het is duidelijk dat De Wilde deze twee groepen van elkaar scheidt. Ter afsluiting komt De Wilde met een verklaring voor de positie van de diverse hunebedden in het landschap:

Spreker heeft bij zijn onderzoek ook nagegaan de ligging der hunnebedden, ten opzichte van de dorpen en de grondsoort, waarop de hunebedden liggen. En

---

284 Groninger Archieven. Archief Historisch Genootschap, inventarisnummer 1.3.
285 Leeuwarder Courant 16 januari 1909.
286 Leeuwarder Courant 16 januari 1909. De journalist schrijft consequent hunnebedden ook al legt hij in zijn stuk uit waarom De Wilde van mening was dat het hunebedden moest zijn.

hij is daarbij tot het resultaat gekomen, dat ze alléén op diluvium liggen, echter nooit op het hoogste punt. Dit eenmaal ontdekt hebbende, geloofde hij te mogen aannemen, dat zij aan den oever waren gelegen. Hiervoor bracht spreker merkwaardige bewijzen bij. Het tegenwoordige alluvium van Drente was in dien tijd nog water.[287]

Na de pauze verduidelijkt De Wilde zijn opvattingen met lichtbeelden. Ook nu schuif ik de opmerkelijke geologische opvattingen van De Wilde nog even voor me uit. Hier wil ik er alleen aan toevoegen dat De Wilde in deze lezing uitdrukkelijk de Steen van de Vuursche bij de hunebedden indeelt, maar die verder bij zijn verklaring voor de locatie van de hunebedden buiten beschouwing gelaten schijnt te hebben.

Iets meer dan een jaar later, op 24 januari 1910 gaf De Wilde opnieuw min of meer dezelfde lezing over de hunebedden. Dit keer voor het Koninklijk Oudheidkundig Genootschap in Amsterdam. De leden van dit gezelschap hielden zich met enige regelmaat bezig met archeologische onderwerpen. Op 20 december 1909 had Holwerda er een lezing over Arentsburg gehouden.[288] Dit keer zijn we voor de inhoud echter niet afhankelijk van een journalist. Er bestaat van deze lezing een uitgebreid verslag dat door De Wilde zelf gecorrigeerd is.[289] Hij vertelt zijn gehoor dat er, behalve in Amerika en Australië, overal ter wereld megalithische monumenten gevonden zijn. Het basisprincipe van deze monumenten is een zo "elementairen konstruktievorm" dat zij "op vele plaatsen spontaan, onafhankelijk van elkaar zijn ontstaan."[290] Vanuit deze grondvorm zijn er verschillende vormen ontwikkeld en op basis van deze latere vormen toont De Wilde opnieuw aan dat de hunebedden geen allées couverte zijn. De ingangen zijn anders geplaatst. Er is geen verband tussen de Franse en de Drents/Noord-Europese groep. De constructie van de ingang van de hunebedden toont volgens De Wilde duidelijk aan dat Westendorp en Oldenhuis Gratama, die dachten dat de hunebedden oorspronkelijk niet onder dekheuvels lagen, het fout hadden:

Het aanwezig zijn van zulk een gang is in onze hunebedden te beschouwen als een bewijs, dat eenmaal het hunebed geheel onder een heuvel heeft bedolven gelegen ...[291]

Niet bij ieder hunebed is de ingang even duidelijk, maar volgens De Wilde moet men daar niet al te grote conclusies aan verbinden:

Spreker acht het niet geoorloofd om, op grond van deze weinig sprekende verschillen in de konstruktie, ook verschillende typen bij deze graven aan te nemen, en vooral niet om het type verschil te zoeken in het al of niet aanwezig zijn van een

---

287 Leeuwarder Courant 16 januari 1909.
288 Holwerda 1909.
289 De Wilde was ontevreden over het verslag in de Leeuwarder Courant, men had hem woorden in de mond gelegd. Dit keer had hij het verslag gecontroleerd en zelfs hier en daar nog wat uitgebreid. Zie brief van De Wilde aan Holwerda van 2-12-1912.
290 De Wilde 1910b,10.
291 De Wilde 1910b, 11.

heuvel. Hij betreurt het evenwel, dat er op het oogenblik nog zoo weinig zekers van te zeggen valt, doordien nog nimmer een degelijk wetenschappelijk onderzoek van een enkel onzer graven is verricht. Wel heeft J. van Lier, "Oudheidkundige Brieven", 1760, een voor zijn tijd verdienstelijke beschouwing geschreven over den "grafkelder" bij Eext [D13] in het bijzonder en verder over de hunebedden in het algemeen, en wel heeft in 1848 L.J.F. Janssen, "Drentsche Oudheden" er het een en ander, maar bijna zuiver theoretisch, over gezegd, doch dat alles is nu geheel onvoldoende om er naar moderne eischen van wetenschap uitspraak over te doen. Een der meest volledige berichten over een ontgraving van een hunebed is een proces-verbaal, opgemaakt in 1808[292] bij de ontdekking van het hunebed [D41], dat benoorden Emmen aan den weg naar Odoorn ligt. Dat stuk is in extenso bij N. Westendorp, "Verhandeling over de Hunebedden en derzelver Stichters", 1815, te vinden, maar geeft niet het licht dat men er van zou mogen verwachten, daar de ontgravers geen deskundigen zijn geweest, hoewel ongetwijfeld zeer achtenswaardige mannen. Wat ons ontbreekt, is alles, ook de meest primitieve, zekere kennis van den inhoud onzer hunebedden.

Een belangrijk deel van sprekers eigen plaatselijk onderzoek betreft de ligging der hunebedden in ons land. Men heeft dikwijls beweerd, dat alle zouden liggen met de lengte-as in de richting West-Oost, en dit in verband gebracht met een vermoedelijke zonnedienst der bouwers. En hoewel die onderstelde ligging reeds meermalen is tegengesproken (Jans[s]en, e.a.), is toch die meening vrij algemeen blijven bestaan. Spr. heeft daarom alle as-richtingen der Nederlandsche hunebedden opnieuw opgenomen en in een diagram geteekend, waardoor duidelijk bleek, dat weliswaar vele van die richtingen liggen binnen den hoek van 45-135 graden Oost van Noord, maar dat er ook niet weinig buiten dien hoek vallen en zelfs bijna Noord-Zuid gericht zijn, zoodat aan een godsdienstige beteekenis van die richting in verband met een hemelstreek of hemellichaam niet te denken valt.

Evenmin echter kon spr. een duidelijk verband konstateeren tusschen plaats en richting der hunebedden en de ligging der Drentsche dorpen, hoewel er redenen waren te vermoeden, dat een nauwlettender en omvangrijker onderzoek in die richting niet geheel onvruchtbaar zou blijken. Opvallend evenwel is, dat terwijl dikwijls zeer dicht bijeen liggende hunebedden een sterk verschil van as-richting vertoonen, toch onvermijdelijk alle, die in een klein gebied bij elkaar liggen, juist op dezelfde hoogte boven Amsterdamsch peil bleken te liggen. De enkele uitzonderingen op dien regel, n.l. die merkbaar hooger liggen dan de anderen rondom hetzelfde dorp, vertoonen ook in andere opzichten bijzonderheden in hun ligging, die spr. op het vermoeden bracht dat zij eenmaal aan den rand of de oever van het water hebben gelegen.[293]

---

292 Moet zijn 1809.

293 Afgaande op het verslag van deze lezing zoals dat werd opgenomen in de Nieuwe Rotterdamsche Courant 25-01-1910 Ochtend was of de journalist in zijn verslag of De Wilde tijdens zijn lezing minder voorzichtig: " … in een opzicht is er overeenkomst in de plaatsing der hunebedden, t.w. dat geen enkele op het alluvium dus op de veengronden ligt, maar alle op het dilluvium en dan nooit op het hoogste punt daarvan. Men treft ze steeds aan tegen de hellingen op eenzelfde hoogte, waarom spr. de conclusie trekt dat de hunebedden werden aangelegd aan het strand van de wateren, die Drenthe vroeger voor een groot deel bedekten."

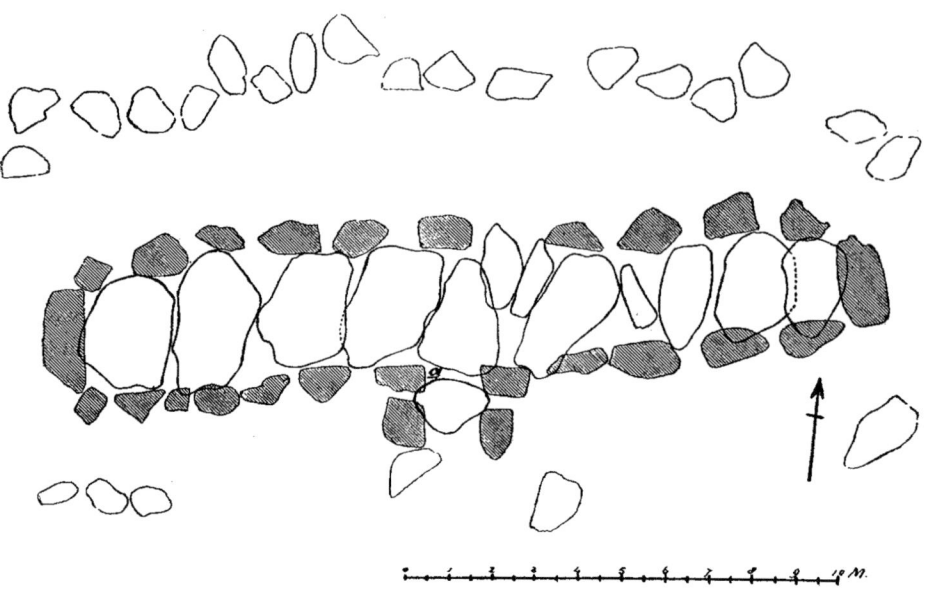

De door De Wilde getekende plattegrond van het hunebed van Darp (D53).

> ... *[D53 en D54 bij Havelte/Darp] liggen niet in dezelfde as-richting, maar evenwijdig met de strekking van den heuvelhelling, waarbij komt, dat het onomstootbaar vaststaat, dat eenmaal de Steenwijker-Aa zich moet hebben uitgestrekt tot denzelfden voet van dien heuvel [de Havelterberg], hoewel toen nog niet als duidelijk stroomende beek, doch ongetwijfeld meer als een vrij ondiep en nauwelijks bewegend water.*
>
> *Op overeenkomstige wijze nu, als deze hunebedden van Darp, liggen alle anderen, met geringe wijzigingen, door de terreinen veroorzaakt. Allen liggen op de helling en nooit op het hoogste punt van hun naaste omgeving, gelijk spr. met een ander diagram demonstreerde. En door die positie is dan tevens de as-richting verklaard, daar de grafkamer steeds gericht bleek naar dezelfde hemelstreek, als waarheen de oude oeverlijn ter plaatse heeft moeten verloopen. Met een reeks lichtbeelden werd een en ander nog nader verklaard.*[294]

In de huidige opvatting is het idee dat de Steenwijker Aa in de tijd van de hunebedden direct naast de hunebedden D53 en D54 te Havelte gelopen heeft nogal vreemd. De veldwaarnemingen waaruit dit denkbeeld ontstond waren echter goed. De Wilde refereerde namelijk aan het zeer brede (peri-)glaciale dal waardoor nu de Steenwijker Aa stroomt. Het ontbrak hem echter aan voldoende kennis over Pleistocene en Holocene landschapsvormen om het waargenomene goed te kunnen interpreteren.

---

294 De Wilde 1910b, 12-13.

In 1886 betoogde de Utrechtse privaatdocent geologie J. Lorié (1852-1924)[295] in een artikel in de *Nieuwe Drentsche Volksalmanak* dat de gladde zijde van de hunebedstenen alleen ontstaan kan zijn tijdens hun transport door een gletsjer. De onderzijde van de stenen is tijdens het transport glad geschuurd. Wanneer ze op ijsbergen naar Drenthe gedreven waren zou dat niet gebeurd zijn.[296] Helaas had De Wilde, wanneer hij het met de schrijver eens was, niet de gewoonte om zijn bronnen te noemen, maar hoogstwaarschijnlijk gebruikte hij dit artikel als basis voor zijn idee dat de Steenwijker-Aa ooit tot aan de voet van de Havelterberg stond:

> *Eerst zijn dus deze dalen (die van de Tjonger, Linde, Steenwijksche Aa, Havelter Aa, Wold Aa, Oud Diep) door het stroomende water uitgespoeld, later, toen de stroomsnelheid door den minderen regenval verzwakt was, weder ten deele met fijn zand opgevuld, dat van de hoogere gronden werd weggevoerd, maar door die riviertjes en beken spoedig weder werd afgezet. Vervolgens ontstonden op dit zand veenen, die nu nog voor een groot deel aanwezig zijn.*[297]

Het oorspronkelijk snelstromende water was in de loop van de tijd dus tot stilstand gekomen en het is op dit moment, net voor het begin van de veenvorming, dat De Wilde de bouw van de hunebedden situeerde. Volgens Lorié was er een verbinding tussen deze landschapsvorm en het landijs:

> *Eene eigenaardigheid van elk terrein, dat door eenen gletscher of een inlandijs bedekt is geweest, is namelijk de aanwezigheid van tal van laagten, kommen van allerlei vorm, grootendeels zonder afvoer van het water.*[298]

De hiergenoemde laagten zonder waterafvoer zijn pingo-ruines.

De Wildes observatie dat hunebedden evenwijdig met de contourlijnen gepositioneerd waren klopt. Het feit dat De Wilde de glaciale dekzanden waarop de hunebedden liggen alluviaal[299] zou noemen moet een drukfout of vergissing van de journalist zijn, omdat De Wilde al in zijn eerste lezing had opgemerkt dat alle hunebedden op diluviale gronden lagen.

De Wildes lezing was een dusdanig succes dat er een kort verslag van verscheen in het blad van de ANWB, *De Kampioen*. Hierin in wordt duidelijk dat De Wilde opnieuw over de datering van de hunebedden had gesproken:

---

295 Samen met F.W. Harmer (1835-1923) kwam hij in 1896 met het bewijs voor het bestaan van het eerste interglaciaal van het Pleistoceen in Nederland, het Amstelien. Harmer 1896. Tegenwoordig noemt men deze periode het Pretiglien.
296 Lorié 1886, 192. Niet elk bewijs voor een landijstheorie was even sterk. In Hartogh Heijs van Zouteveen 1885, 69 vindt men de volgende onderbouwing: "Het voorkomen van Scandinavische mossen op de steenen der Drentsche hunebedden bewijst mede, dat die steenen, sedert zij op ijs herwaarts kwamen, niet onder water zijn geweest, en dus door vastelandsijs zijn aangevoerd, en niet op drijvende ijsvelden, die smeltende, hun steenvracht op den bodem der zee lieten zinken."
297 Lorié 1886, 195.
298 Lorié 1886, 196.
299 De Wilde 1907a, 80.

De oprichting er van moet dateeren eeuwen voor dat een Romeinsch soldaat een voet heeft gezet aan onze rivierboorden, en zelfs meent de heer de W. uit zijn onderzoekingen te mogen afleiden, dat hoogstwaarschijnlijk in den tijd van den bouw der Hunebedden geheel Zuid-Holland, Zeeland en ook Noord-Holland, evenals de meeste overige kleistreken van ons land, nog niet bestonden, of althans nog pas in de maak waren, doch niet bewoonbaar.[300]

De redactie van *De Kampioen* was zo enthousiast dat men De Wilde vroeg om een artikel over de hunebedden voor hun tijdschrift te schrijven. In dit artikel geeft De Wilde op een populaire manier een overzicht van alles wat hij tijdens zijn onderzoek ontdekt heeft. Wanneer hij over de oorspronkelijke dekheuvels komt te praten geeft hij nu een extra bewijs dat hij nog niet eerder gebruikt had:

Nu is het opmerkelijk, dat de plantengroei om den voet van dit steenen graf [Eext - D13] waarvan men volstrekt zeker weet dat het bedolven geweest is, duidelijk anders is dan die der omringende hei ... Het is een soort kort gras, licht grijsgroen van kleur en vrij stug van blad, maar in zijn geheel een mos-achtige zode vormend. Precies dezelfde vegetatie bestaat nu ook op den nog bestaanden heuvel van den Eexter Grafkelder. Gaat men nu na, dat rondom het Hunebed bij Gieten [D14] gelegen ... de bodem evenzoo dezelfde afwijkende vegetatie vertoont, dan moet men wel aannemen, dat ook dit kolossale Hunebed bij Gieten, dat geen schrijver anders dan als blootliggend vermeldt, toch eenmaal eveneens onder een heuvel moet gelegen hebben.[301]

Nadat De Wilde zijn lezers uitgelegd heeft dat de hunebedbouwers van de oer-Denen afstammen komt hij met een datering voor deze monumenten:

... op geologische gronden is het vermoeden gewettigd, dat althans de oudste vormen der megalithische graven gebouwd zijn een drieduizend jaar voordat de Steentijd in Denemarken eindigde, zoodat daaruit voor ons land het begin van den gravenbouw zou kunnen gesteld worden op een duizend jaar later, dat is dus in ongeveer 3000 v. Chr, wat ook m.i. niet ver van de waarheid zal zijn, gelet op de ligging onzer Hunebedden in verband met den bodem waarop zij gebouwd zijn.[302]

In een recensie van deze lezing in het *Utrechtsch Nieuwsblad* van 26 januari 1910 vinden we een extra aanduiding:

Wat de ligging betreft ...[zijn alle hunebedden gelegen] aan de grens van het diluvium en de alluviale veen gronden. Aan de hand dier hypothese zijn twee merkwaardige conclusies gevonden nl. Vooreerst dat de hunebedden werden aangelegd aan de oevers der moerasplassen en meren, dus aan het water, wat inder-

---

300 Anoniem 1910a.
301 De Wilde 1910a, 278.
302 De Wilde 1910a, 280.

Foto) Het eenige Hunnebed (Haagsch Illustratie-bureau.
in de provincie Groningen, te Noordlaren, met een deksteen van niet minder dan 52000 K.G.

Noordlaren (G1). De eerste foto is vermoedelijk in 1905 door De Wilde gemaakt. Hij heeft takjes gestopt in beide boorgaten. De tweede foto verscheen in de Prins van 1918.

daad verband kan houden met het ceremonieel van het volksgeloof en ten tweede: dat onze hunnebedden vermoedelijk reeds werden gebouwd 3000 jaren voor onze tijdrekening.[303]

Voorzichtigheid is overigens geboden met deze recensie. Het schijnt dat de aantekeningen van de journalist die hem schreef niet al te nauwkeurig waren. Wanneer hij De Wildes klacht dat er geen werkelijk wetenschappelijk onderzoek aan de hunebedden verricht is verwoordt krijgen de lezers te horen dat "alleen mevrouw Titia van der Tuuk eens een hunnebed[304] heeft doen ontgraven."[305] Hier wordt ongetwijfeld Titia Brongersma's onderzoek van het hunebed van Borger uit 1685 bedoeld!

Wanneer we naar de foto's kijken die De Wilde bij het artikel in de *Kampioen* liet plaatsen zien we dat hij al een paar jaar niet in Drenthe geweest was. De eerste foto die hij opnam was er een van het hunebed van Noordlaren (G1) aan de rand van een zandafgraving:

Op den voorgrond een diepe afgraving; het eerste bedrijf van den aanstaande val van dit hunebed ...[306]

In 1910 was deze dreiging echter verdwenen doordat de zandgroeve in 1906 bij het reservaatje van G1 gevoegd en het terrein geëgaliseerd was.[307]

In 1912 wordt de meermaals door De Wilde gedane oproep voor modern hunebeddenonderzoek in de praktijk gebracht. Holwerda graaft de twee hunebedden van Drouwen [D19-D20] op. De conclusies die Holwerda uit dit onderzoek trekt staan lijnrecht tegen over die van De Wilde zoals blijkt uit een lezing die hij op 23 november 1912 in Arnhem over "De prehistorische bevolking der zandgronden van Nederland" gaf:

---

303 Anoniem 1910b. Opvallend is dat de journalist hunnebedden schrijft terwijl De Wilde een gedeelte van zijn lezing gebruikte om uitleggen dat het hunebedden moest zijn. Volgens de recencent van de Nieuwe Rotterdamsche Courant 25-01-1910 Ochtend was De Wilde absoluut zeker in zijn uitspraak: "Het zal, besloot spr., tijd worden dat nu eindelijk eens wordt begonnen met het wetenschappelijk onderzoek der hunebedden. Sedert 1870 zijn deze merkwaardige monumenten, dagteekenend van 3000 jaar voor Christus, reeds eigendom van den Staat, maar deze wijdt er niet genoegzaam aandacht aan."

304 "Allereerst de naam. Het is onjuist van hunnebed te spreken. Goed is: Hünebed ..." Anoniem 1910b.

305 Titia Klasina Elisabeth van der Tuuk (1854-1939) "... voorzag vanaf 1885 als schrijfster en vertaalster in haar onderhoud. Zo schreef en vertaalde zij kinderboeken en historische romans en vertaalde enige feministische romans en vele werken op het gebied van sexualiteit en sexuele moraal." Everard 1986, 137. Ik heb geen aanwijzing kunnen vinden dat zij ooit iets met hunebedden van doen gehad heeft.

306 De Wilde 1910a, 242.

307 Bakker 1982-1983, 126-127, veronderstelde dat dit direct of indirect door De Wildes waarschuwing voor de gevaarlijke situatie van G1 geschiedde. De Wilde zou deze waarscuwing dan al vóór 1906 mondeling tegenover de autoriteiten geuit moeten hebben.

Spreker begint met er op te wijzen dat de gangbare termen Steentijd en Bronstijd feitelijk geen waarde bezitten voor een werkelijke kennis der stammen in onze streken.[308]

Dit is heel eenvoudig te begrijpen wanneer men bedenkt dat er zelfs in 1912 elders op de wereld nog stammen waren die geen metalen gereedschappen kenden.

Het grootste gedeelte van zijn lezing besteedt Holwerda aan de hunebedden. De vondsten hebben hem verrast en instaat gesteld om een theorie te ontwikkelen:

Zulke hunnebedden door geheel West-Europa verspreid, hangen in het zuiden samen met de bekende Aegeische kultuur, gelijk wij die uit Troje b.v. kennen, en die in Griekenland in de Mykeensche beschaving haar hoogtepunt vindt.

Het Hunnebed is zeer duidelijk een namaak van den doodengrot. Klaarblijkelijk is het volk, dat de Hunnebedden bouwde, eenmaal uit het Zuiden gekomen waar het gewend was zijn dooden in zulke grotten neer te leggen en bouwde het nu hier zulke kunstmatige grotten. Niet overal echter waren zwerfblokken en keien te vinden en daar vindt men dan geen Hunnebedden, maar begroef men de dooden in grafkuilen, waarin men ze in gehurkte houding legde (Hockergräber). Men gaf de dooden precies dezelfde voorwerpen in die Hockergräber mee, als in de Hunnebedden en daaruit blijkt, dat beide soorten graven gebruikt werden door de zelfde stammen, die de burchten van Troja bouwde.[309]

Voor Holwerda dus geen zelfstandige Noordelijke hunebeddencultuur die zich onafhankelijk ontwikkeld had, maar een grote West-Europese megalietcultuur die zich vanuit het zuiden over West-Europa verspreid heeft en noodgedwongen, door geografische omstandigheden, gedegenereerd is. Voor Holwerda geen onderscheid tussen hunebedden en allées couvertes.

Holwerda vertelde zijn publiek dat het nog onmogelijk was om met een enigszins nauwkeurige datering te komen, maar in zijn conclusie blijkt dat zijn vermoedelijke datering sterk van die van De Wilde afwijkt:

Uit alles blijkt, dat ons land oorspronkelijk bewoond was door een primitieve stam, die uit het zuiden van Europa kwam, wellicht een 1500 v. Chr.[310]

Het is opvallend dat Holwerda hier impliciet de bouwers van Troje en Mykeene primitief noemt.

Het tweede gedeelte van zijn voordracht besteedde Holwerda aan zijn koepelgraf-theorie, maar omdat die niets met De Wilde's werk te maken heeft ga ik daar niet op in.

---

308 Nieuwe Rotterdamsche Courant Zondag 24-11-1912.
309 Nieuwe Rotterdamsche Courant Zondag 24-11-1912. De Hockergräber had Holwerda in 1908, 1910 en 1911 bij de Hunneschans aan het Uddelermeer op de Veluwe opgegraven.
310 Nieuwe Rotterdamsche Courant Zondag 24-11-1912.

Op de zelfdedag dat het verslag van deze lezing in de *Nieuwe Rotterdamsche Courant* verscheen, 24 november 1912, schreef De Wilde aan Holwerda. Hij heeft het verslag met interesse gelezen en hoopt een aantal van de zelfde punten in een geplande lezing in Amsterdam te behandelen.[311]

Deze lezing moet De Wilde eind 1912 of begin 1913 gehouden hebben. Onafhankelijke informatie heb ik er niet over kunnen vinden maar uit de correspondentie met Holwerda ontstaat het beeld dat deze er bij aanwezig geweest is. Holwerda was geïntrigeerd geraakt door wat hij hoorde en had De Wilde daarover geschreven. De ideeën van De Wilde moeten op meerdere punten afgeweken hebben van die van Holwerda, maar deze nam ze toch uiterst serieus. Hij vroeg De Wilde of die zijn ideeën niet in de *Oudheidkundige Mededeelingen van het Rijksmuseum van Oudheden te Leiden* wilde publiceren. Op 19 februari 1913 beantwoordde De Wilde Holwerda's vragen. Ik kijk hier alleen naar één specifiek gedeelte van dat antwoord:

> *Wat nu die water-kwestie betreft, ik zal daarover natuurlyk het noodige publiceeren, en wel zoo spoedig mogelyk, daar ikzelf de zaak niet minder belangryk acht – hoewel het feit opzichzelf U en my waarschynlyk toch nog tot niet geheel overeenkomstige gevolgtrekkingen zal leiden. Van uwe gastvryheid in de Mededeelingen hoop ik niettemin zeker nog daarvoor gebruik te maken.*[312]

Met de aanduiding "water-kwestie" verwijst De Wilde naar zijn idee dat de hunebedden oorspronkelijk aan de kust gebouwd waren. Hoewel hij Holwerda vertelt dat hij spoedig een verhandeling hierover wil publiceren en hem dankt voor de ruimte in de *Mededeelingen*, is die publicatie er nooit gekomen. Om nog onbekende redenen heeft hij na 1913, zoals al eerder gezegd, nooit meer iets gepubliceerd. Naar het zich aan laat zien trok De Wilde zich in dit jaar volledig terug uit de wetenschap.

Op 16 Juli 1914 verhuist hij naar een kamer op Prinsenstraat 54.

In 1918 krijgt het hunebeddenonderzoek een verdere impuls doordat A.E. van Giffen (1884-1973) de hunebedden van Havelte [D53], Emmerveld [D40], Exloo [D30] en Bronneger [D21 en D22] onderzoekt. Met het werk van Holwerda en Van Giffen begint het moderne, twintigste-eeuwse onderzoek van de hunebedden. De Wilde speelt hierin verder geen rol.

Wat De Wilde na 1913 gedaan heeft heb ik niet kunnen ontdekken. Zijn grote theorie duikt nog één keer in de pers op, maar het is de vraag in hoeverre hij daar zelf iets mee te maken had. Op 20 april 1918 verscheen er een zeer kort artikeltje over de hunebedden in het tijdschrift *de Prins* onder de opvallend grote titel "De nieuwe theorie over de Hunnebedden":

> *De heer De Wildt uit Utrecht ontdekte, dat alle Hunnebedden zich op dezelfde hoogte bevonden, n.l. ± 8. M. boven A.P. en wel op het alluvium (de jongste geologische periode) aan de grens van het diluvium. Men neemt aan, dat de Noorsche*

---

311 Brief aan Holwerda 24-11-1912.
312 Brief aan Holwerda van 19 feb. 1913.

Foto) Hunnebed te Midlaren (Drenthe), (Haagsch Illustratie-bureau.
een der grootste in ons land, in de nabijheid waarvan gemoedelijk een paar boerenwoningen gebouwd zijn.

Foto) Reusachtig Hunnebed te Midlaren (Drenthe); in de nabijheid heeft men (Haagsch Illustratie-bureau.
een paar boerenwoningen gebouwd. — Bovenstaande foto, aansluitende bij die in „De Prins" van 20 April j.l., waarbij tevens een
beschouwing over de nieuwste theorie betreffende het ontstaan van de Hunnebedden, geeft een nog krachtiger indruk van de ontzaglijke
grootte der steenen gevaarten dan de vorige.

Midlaren (D3 en D4) gepubliceerd in de Prins van 1918.

rotsblokken zijn aangedreven op de ijsbergen en schotsen, naar de kust van het vaste land, dat door Drenthe gevormd werd. Groningen en Friesland bestonden toen nog niet en maakten deel uit van de Noordzee.[313]

De journalist, die dit schreef, schijnt niet al te veel interesse in het onderwerp gehad te hebben. Hij begint al met de naam van zijn informant te verhaspelen en ook de begrippen alluvium en diluvium zijn, net als in de eerste Amsterdamse lezing, verwisseld. Ook het laatste gedeelte van bovenstaand citaat zal niet van De Wilde afkomstig zijn. Alleen een journalist die zich niet werkelijk in de materie verdiept had kon in 1918 nog met Lyells drifttheorie uit 1830 aankomen, terwijl de Zweedse geoloog O.M. Torell (1828-1900) al in 1875 zijn landijstheorie op een congres in Berlijn wereldkundig had gemaakt.[314] Deze theorie bestond toen al 43 jaar en was ondertussen algemeen geaccepteerd geraakt. De Wilde had niets met deze informatie van doen. Die kende de landijstheorie zoals blijkt uit een van zijn bewaardgebleven aantekenboeken. Hierin heeft

hij een uittreksel gemaakt van F.J.P. van Calkers (1841-1913) *Diluviales aus der Gegend von Neu-Amsterdam* uit 1885. Van Calker bespreekt in dit artikel een aantal observaties die hij gedaan heeft tijdens het graven van de Hoogeveensche vaart. Bij het graven van deze vaart doorsneed men twee verschillende soorten klei:

> *... graue Lehm [ist] das Product mehr oder weniger starker Auswaschung und Umlagerung durch Schmelzwasser ..., der braue Lehm dagegen [repräsentirt] Reste des ursprünglichen Moränenmergels.*[315]

En dit is niet de enige aanwijzing dat De Wilde Torells landijstheorie kende. Aangezien hij zowel de *Nieuwe Drentsche Volksalmanak* als het *Tijdschrift van het Nederlandsch Aardrijkskundig Genootschap* las moet hij ook bekend geweest zijn met het werk van Lorié.

Hierna verdwijnt De Wilde als wetenschapper en publicist voor goed uit het zicht en is hij alleen nog maar via het gemeenteregister te volgen. Hij bleef ongehuwd en verhuisde van kamer naar kamer. Op 9 september 1918 betrok hij een kamer op de van Limburg-Stirumstraat 25, op 24 februari 1919 verhuisde hij naar een kamer op de Hendrick de Keyserstraat 26, op 13 november 1925 nam hij zijn intrek op de Parkstraat 36 en op 15 december 1927 nam hij opnieuw een kamer op de Hendrick de Keyserstraat 26. Tegen het eind van zijn leven is De Wilde vermoedelijk meer en meer sociaal geïsoleerd geraakt. Nog voor hij op 14 maart 1936

---

313 Anoniem 1918 met fraaie fotos van D3 en G1. Op 4 mei, 194 publiceerde men nog een foto van D3.
314 Otto Torell had de landijstheorie weliswaar al in 1861 gepostuleerd, als antwoord op een door de Hollandsche Maatschappij der Wetenschappen uitgeschreven prijsvraag over de herkomst van de Silurische zwerfstenen van de Hondsrug, maar dit antwoord is, hoewel bekroond, nooit gepubliceerd (de tekst is helaas zoek). Pas in 1872 verscheen hij voor het eerst in het Zweeds in druk. Werkelijke bekendheid kreeg de landijstheorie pas door het Berlijnse congres van 1875. Zie Brouwer 2006.
315 Van Calker 1885, 794.

overleed was het grote vergeten al begonnen. Toen zijn huisbaas, A. Appelman, zijn overlijden bij de gemeente aangaf wist deze niet precies waar De Wilde geboren was. Als geboorteplaats kwam er foutief Curaçao[316] op zijn overlijdensakte te staan. Er werd geen overlijdensadvertentie geplaatst.

---

316 In alle andere stukken is echter sprake van Batavia zodat het duidelijk is dat het hier om een fout gaat.

Hoofdstuk 4

Epiloog

De Wildes plaats in de geschiedenis van de archeologie

Even plotseling als De Wilde in de archeologie opgedoken was verdween hij er ook weer uit. Wat hij verder met z'n leven gedaan heeft is onbekend. Ondanks alle onduidelijkheden en het feit dat zijn archeologische carrière betrekkelijk kort was is De Wilde toch een buitengewoon interessante figuur in de geschiedenis van de Nederlandse archeologie. In de periode na Pleyte en voor Holwerda's werk bij Drouwen was hij de enige die zich met de hunebedden bezig gehouden heeft. Tussen 1904 en 1907 inspecteerde hij de toestand van deze monumenten op een uiterst gedegen wijze.

Tijdens de Verlichting hadden oudheidkundigen "moderne wilden" gebruikt om hun vondsten te verklaren. Deze "moderne wilden" gebruikten stenen werktuigen en dat toonde aan dat de stenen werktuigen die b.v. in Nederland gevonden werden ook werktuigen waren. Door deze analogie door te trekken kwamen b.v. Van Lier en Westendorp op grond van de vondsten tot de overtuiging dat er in de prehistorie een tijd geweest was waarin de bewoners niet wisten hoe men metaal moest bewerken, een steentijd.

Nadat Darwin in 1859 in zijn *Origin of Species* duidelijk had gemaakt dat alle levensvormen zich via evolutie ontwikkeld hadden ontstond bij veel archeologen het idee dat culturen zich rechtlijnig van laag naar hoog ontwikkeld hadden. Een ontwikkeling die zijn hoogtepunt in de West-Europese maatschappij had gevonden. De archeologie hoefde alleen maar naar de etnologie te kijken om te weten hoe de eerste bewoners van Europa zich in het verleden gedragen hadden. Omdat de ontwikkeling van laag naar hoog ging kon dit ook vertaald worden als van slecht naar goed. Wanneer men ervan uitging dat de blanke Europeaan de top van de ladder vertegenwoordigde kon men dit systeem eenvoudig (kwaadwillig) gebruiken om b.v. slavernij en kolonisatie te verdedigen.

Een tweede methode om het verleden, anders dan door de spaarzame vondsten, te benaderen kwam vanuit de fysische- en culturele-antropologie. Door naar het fysiek en de gebruiken van de moderne bevolking te kijken kon men informatie over de oorspronkelijke bevolking vinden. Gedurende de Romantiek was, als reactie op het internationale denken van de Verlichting, het idee van eigen volk en eigen vaderland ontstaan. Hierbij kan de "historische antropologie" voor een onderbouwing zorgen van de nationale identiteit. Deze stroming vond in Gustaf

Kossinna (1858-1931) haar absolute vertegenwoordiger. Deze riep in zijn *Die Herkunft der Germanen*[317] uit 1911 de Duitse archeologie uit tot een bij uitstek nationale (Duitse) wetenschap.

In zijn *A History of Archaeological Thought* (1989) beschrijft Bruce Trigger deze periode onder het kopje "The imperial synthesis". De antropologische archeologie wordt volgens hem gekenmerkt door nationalistische en imperialistische tendensen. Het geeft de mogelijkheid om te bewijzen dat een bepaald gebied van een bepaald land is. Het versterkt het nationaal bewustzijn. Het laat tevens zien dat volkeren evolueren. Van steentijd naar de moderne wereld. Één en hetzelfde volk dat zich ontwikkeld heeft, dat geëvolueerd is.[318] Volkeren die primitiever zijn toonden met deze primitiviteit aan dat zij minder ver ontwikkeld waren, dat wil zeggen minder geëvolueerd. Aangezien men er toen over het algemeen van uit ging dat "the survival of the fittest" de kern van de evolutie was had de beste niet alleen het recht, maar zelfs de plicht om het minder ontwikkelde te overheersen. *The White Man's Burden* zoals Rudyard Kipling (1865-1936) het in 1899 in zijn beroemde gedicht noemde:

> *Take up the White Man's burden--*
> *Send forth the best ye breed--*
> *Go bind your sons to exile*
> *To serve your captives' need;*
> *To wait in heavy harness,*
> *On fluttered folk and wild--*
> *Your new-caught, sullen peoples,*
> *Half-devil and half-child.*[319]

Als invloedrijkste boek voor deze periode noemt Trigger John Lubbocks (1834-1913) *Pre-historic Times*[320] uit 1865. De Wilde kende dit boek,[321] maar het is de vraag of het op hem even veel invloed uitgeoefend heeft als het volgens Trigger op zijn Angelsaksische collega's deed.

Wanneer we oppervlakkig naar het werk van De Wilde kijken lijkt het alsof hij zich naadloos bij de geest van zijn tijd aansluit. Hij spreekt over een "Nederlandsch Steenvolk" en een "Nederlandsche Steentijd"[322] waardoor een nationalistisch beeld ontstaat. Wanneer we dit beeld echter nauwkeuriger bekijken is het de vraag of dit wel het nationalisme is waarover Trigger spreekt. Wanneer De Wilde de bouwers van de hunebedden een "Nederlands Steenvolk" noemt krijgt deze naam vanuit zijn eigen theorie een wat merkwaardige betekenis. Het ging hier namelijk volgens De Wilde niet om een oorspronkelijk Nederlands volk, maar om de nazaten van de Deense Kjökkenmöddinger-mensen die zich in het lege Drenthe geves-

---

317 Kossinna 1914. Voor Kossinna zie Eggers 1961.
318 Evolutie werd in dit model gezien als een ontwikkeling van laag naar hoog, niet als een aanpassing aan gewijzigde omstandigheden.
319 Kipling, Rudyard 1899 *The White Man's Burden*.
320 Lubbock 1865.
321 De Wilde 1909b.
322 De Wilde 1908, 139.

tigd hadden. Uit een, in een brief aan Kymmell gegeven, omschrijving van zijn "Nederlandsche Steentijd"[323] wordt duidelijk dat De Wilde dit begrip grensoverschrijdend gebruikte. Ook de aangrenzende gebieden vielen er onder. Het begrip "Nederlandsch" is bij De Wilde niet meer dan een geografische aanduiding.

De Wildes idee van een langzaame verspreiding waarin nog lege gebieden bevolkt werden is opvallend voor deze periode. Voor Lubbock en zijn volgelingen was het duidelijk dat de culturele vooruitgang, die zij in de vondsten zagen, tot stand gekomen was doordat verder ontwikkelde volkeren de plaats van de oorspronkelijke bewoners ingenomen hadden. Dit idee kwam niet voort uit een theoretische constructie, maar uit de realiteit van alle dag. Overal waar Europese immigranten zich vestigden werden de oorspronkelijke bewoners bedreigd en hun culturen verwoest. Het sterkste voorbeeld is waarschijnlijk Tasmanië waar de Engelse emigranten alle oorspronkelijke bewoners uitroeiden. In andere gebieden ging het misschien wat minder drastisch, maar over het algemeen was de komst van de Europeanen ook daar desastreus voor de oorspronkelijke cultuur. Naast boeren die het land in beslag namen en handelaren die de locale economie verstoorden, stuurde Europa missionarissen en zendelingen die hun uiterste best deden om de bestaande culturen te vernietigen en te vervangen door hun eigen geloofsovertuigingen, normen en gebruiken. De blanke Europeaan bracht "de beschaving" naar de rest van de wereld.[324] Dat deze overtuiging ook in De Wildes dagen nog volop heerste wordt ogenblikkelijk duidelijk aan Holwerda's idee dat zowel hunebedden als grafheuvels hun wortels in het zuiden van Europa hadden.[325] De verder ontwikkelde Zuid-Europeanen hadden zich naar het noorden uitgebreid en de plaats ingenomen van wat daar al woonde. De Wilde stond daarentegen met zijn idee van zelfontwikkeling in Nederland tamelijk alleen.

In het werk van De Wilde vinden we geen zoektocht naar de wortels van de Nederlandse natie en het Nederlandse volk. Hij verklaart zelfs uitdrukkelijk dat hij ervan overtuigd is dat de hunebedbouwers niet de voorouders van de moderne Nederlanders zijn.

Hoewel hij in een van zijn latere antropologische artikelen verklaart dat "de Nederlander" een duidelijke Germaan[326] is toont hij door zijn voorliefde voor de hunebedden aan dat hij niet de weg van Kossinna op gaat.

Met zijn aversie tegen de Kelten als eerste bewoners van Nederland sluit De Wilde in eerste instantie aan bij het nationalistische gedachtegoed van een aantal Engelse en Duitse intellectuelen. In de Romantiek was men zich gaan afzetten te-

---

323 De Wilde aan Kymmell Assen 13 Dec 1907.
324 Michell 1900, 23 geeft in zijn biografie van Thomas Henry Huxley de volgende prognose voor de volkeren die Huxley tussen 1846 en 1849 op zijn reis rond Australië ontmoette: "Before long the total extinction of these lower races is to be expected, and there will then be left an enormous gap between the lower animals and the dominant, aggressive, yellow and white races which are spreading over the earth and making the lower races perish before them …" Voor een discussie over blanke suprematie, mono- en polygenese en aanverwante thema's, zie Desmond & Moore 2009.
325 Holwerda 1918, 13.
326 De Wilde 1911.

gen het rationalisme en materialisme van de Verlichting. De intelectuelen gingen op zoek naar de wortels van hun cultuur. Nadat James Macpherson (1736-1796) in 1765 zijn *The works of Ossian* als een origineel Keltisch epos had gepubliceerd ontstond er onder de Keltisch sprekende volkeren een opleving van hun zelfbewustzijn. Dit hernieuwde zelfbewustzijn nam dusdanige vormen aan dat tegenstanders al snel over Keltomanie begonnen te spreken.[327] Rond 1900 kreeg deze Keltomanie in b.v. Ierland een politieke lading in het Ierse verlangen naar onafhankelijkheid. Dit zorgde er op zijn beurt voor dat er bij veel Engelse en Duitse intelectuelen een duidelijk anti-keltische stemming ontstond. Anti-Keltisch betekend in deze periode voor veel Engelse en Duitse intelectuelen in eerste instantie anti-Iers. De meest uitgesproken exponent van deze stroming in Duitsland was Heinrich Driesmanns (1863-1927). In zijn *Das Keltentum in der Europäischen Blutmischung* uit 1900 probeerde Driesmanns aan te tonen dat alle problemen, die hij in de toenmalige samenleving zag, veroorzaakt werden door het Keltisch bloed dat zich met het nobele Germaanse gemengd had. Wie met de kennis van nu Driesmanns beschrijving van het Keltisch Karakter leest voelt al snel een lichte huivering opkomen:

> *Man darf die Kelten mit gewissem Recht als die Juden der arischen Rasse bezeichnen. Als ein unproduktiver, stehengebliebener Menschenschlag besaßen sie gleich den letzteren die Fähigkeit sich der Eigentümlichkeit eines jeden Volkes anzupassen, unter welchen sie zu leben kamen, so daß Sie dabei wohl ihre Sprache und Sitte einbüßten, nicht aber mit ihrem angeborenen Charakter in dem Wirtsvolke aufgingen.*[328]

Bij De Wilde komt de weerstand tegen de Kelten als oer-Nederlanders echter helemaal niet uit een afkeer van Ieren voort. De Wilde is er van overtuigd dat de hunebedbouwers geen sporen in de geschiedenis nagelaten hebben en dus ook niet met een uit de geschiedenis bekend volk gelijkgesteld kunnen worden. Voor De Wilde is de Kelt als oer-Nederlander een ontkenning van de diepte van de tijd. De Wilde voldoet niet aan Triggers omschrijving voor deze periode, omdat zijn archeologie geen politieke ondertonen heeft.

Hij uitte zijn voor deze tijd zeer moderne kijk op de Drentse prehistorie in helder geschreven artikelen en evenaart daarmee Boeles en iets latere onderzoekers als Holwerda, Åberg en Van Giffen. Hij was de eerste Nederlandse archeoloog die vanuit een bèta-achtergrond naar de Nederlandse prehistorie keek. Hij was tevens de eerste die de hunebedden in hun hele context probeerde te benaderen door het landschap waarin ze liggen "te lezen". Hoewel zijn kennis van de geologie beperkt was begreep hij dat deze wetenschap bij het hunebeddenonderzoek betrokken moest worden. Zijn poging om het vroegere bestaan van dekheuvels door middel van waarnemingen aan de moderne vegetatie te bewijzen, was, hoewel niet theore-

---

327 Haywood 2005, 199-200.
328 Driesmanns 1900. 39-40.

tisch onderbouwd, een gedurfde poging om ook de biologie bij het archeologisch onderzoek te betrekken. Ook wat betreft gebruikssporen op artefacten liep hij in Nederland voor de troepen uit.

De Wildes sterkste kant was ongetwijfeld het analyseren van het werk van anderen en het ontmaskeren van de fouten die daar in zaten. Hierdoor raakten zijn eigen ideeën wat op de achtergrond, maar dat is onterecht. Hij was in zijn periode ongetwijfeld de grootste kenner van de uiterlijke verschijningsvorm van de hunebedden. Dit stelde hem is staat om een belangrijke doorbraak in het megalietenonderzoek tot stand te brengen. Op grond van hun constructie was De Wilde in staat om een onderscheid te maken tussen de hunebedden en de allées couvertes.

Helaas heeft hij nooit in detail uitgelegd hoe hij aan de datering 3000 v. Chr. gekomen is. Of De Wilde hier werkelijk steekhoudende argumenten voor had of dat hij per ongeluk de spijker op z'n kop sloeg is onduidelijk. Zeker is echter dat hij zijn datering op geologische gronden baseerde. Wanneer hij zich werkelijk op de chronologie van Blytt en Sernander baseerde moet hij ervan uitgegaan zijn dat de hunebedden aan het eind van het Subboreaal gebouwd zijn voordat de veengroei in het Subatlanticum opnieuw tot ontwikkeling kwam.

Hij is in Nederland de eerste die los van de klassieke bronnen met een datering voor de hunebedden komt.

De Wildes oproep voor een moderne, wetenschappelijke opgraving werd in 1912 door Holwerda beantwoord met de opgraving van de hunebedden van Drouwen (D19-D20). Omdat De Wilde onafhankelijk werkte en niet zelf kon opgraven raakte hij, wat het verzamelen van informatie betreft, hierdoor achterop bij Holwerda.

De Wilde ging ervan uit dat de hunebeddencultuur zoals die in Drenthe te zien is zich zelfstandig vanuit het noorden ontwikkeld had. Met deze overtuiging stond hij lijnrecht tegen over Holwerda's idee van een uit het zuiden afkomstige rotsgravencultuur. De Wilde heeft zijn idee nooit tegen dat van Holwerda verdedigd en Nils Frithof Åberg's (1888-1957) *Die Steinzeit in den Niederlanden*, waarin De Wilde de onderbouwing van zijn idee had kunnen vinden, verscheen pas in 1916, toen hij zich al uit de archeologie teruggetrokken had.

Dat De Wilde, nadat hij met publiceren gestopt was, zo snel in de vergetelheid raakte komt waarschijnlijk omdat hij geen van de eerste stappen opweg naar modern onderzoek, die hij gezet had, verder uitgewerkt heeft. Dit is ongetwijfeld ook de reden waarom hij weinig of geen invloed uitgeoefend heeft op zijn tijdgenoten en opvolgers.

Opsporing verzocht

Zoals ik in de inleiding van dit boek al vertelde ben ik aan mijn De Wilde onderzoek begonnen omdat Jan Albert Bakker (2004) zijn hoofdstukje over De Wilde de titel "Verzoek om opsporing ..."[329] had megegeven. Gedurende mijn onderzoek

---

329 Bakker 2004, 144-147.

is er een redelijk aantal nieuwe gegevens over het leven en werk van De Wilde gevonden, maar enkele van de belangrijkste stukken zijn nog steeds zoek.

Zoals al eerder gemeld begon De Wilde zijn werk met het kopiëren van de plattegronden en aanzichten van Dryden die in Assen bewaard worden. Hij deed dit op blocnoteformaat, zo mooi en precies geaquarelleerd dat men niet onmiddellijk door heeft dat het kopieën zijn. Deze kopieën controleerde en verbeterde hij ter plaatse. Zelf tekende hij plattegronden van de niet door Dryden opgemeten hunebedden.[330]

Bakker noteerde dat een negende deel van de op deze wijze door De Wilde vervaardigde documentatie, via een onbekend familielid, in het bezit was gekomen van de Drentse streektaalkundige J. Naarding (1903-1963) en zodoende in diens Nedersaksisch Instituut van de Groninger universiteit. Van daaruit werd het in 1982 door J. Wieringa (1923-1997) voor onderzoek aan Bakker gegeven. Deze droeg het op zijn beurt over aan de Drentse provinciearcheoloog W.A.B. van der Sanden met het verzoek om het uiteindelijk in het Drents Archief te deponeren. Dit gedeelte betreft de hunebedden 28 Gasteren-N [D10], 29 Gieten-ZW [D14], 30 Loon-N [D15], 31 Midlaren-W I [D3] en 32 Midlaren-W II [D4].[331] Ik heb dit deel van De Wildes documentatie in het voorgaande uitgebreid behandeld. Ik heb niet kunnen ontdekken of de acht nu ontbrekende delen van zijn hunebedden documentatie,[332] zijn omvangrijke fotoarchief,[333] zijn lichtbeelden en zijn voor lezingen gebruikte tekeningen en grafieken nog ergens zijn. Ook de verblijfplaats van de halve windroos met hunebedoriëntaties en de Neolithische Kaart van Drente die De Wilde vervaardigde zou hebben is onbekend. Het zelfde geldt voor de schervencollectie en eventueel daarbij behorende aantekeningen die De Wilde mogelijk gehad heeft.

Mochten er lezers zijn die informatie over deze ontbrekende items hebben dan houd ik mij aanbevolen.

---

330 D53, D43 en D13 in De Wilde 1910. Zie brief aan Holwerda 2 Dec. 1912. Zowel D43 als D13 waren al door Dryden opgenomen. Of D43 werkelijk een nieuwe tekening van De Wilde is en zo ja waarom hij deze gemaakt heeft is onduidelijk. Drydens tekening van D13 was naar Pleyte in Leiden gestuurd en is tot op heden niet in Assen teruggekeerd (RMO Archief Pleyte, Drenthe 2.). De Wilde was hierdoor gedwongen dit hunebed opnieuw op te nemen.

331 De Wilde noemde de hunebedden alfabetisch naar de dichtst bijzijnde plaats. Waar wij b.v. over de hunebedden van Havelte spreken sprak hij over de hunebedden van Darp [D53-D54].

332 Het idee dat er negen aantekenboekjes (20 x 26,5 cm) geweest zijn gaat ervan uit dat De Wilde alle hunebedden op dezelfde wijze behandeld heeft. Rekenend vanuit het enige nog bekende exemplaar komen Bakker zowel als ik dan op negen. In het nog bestaande deel liggen echter twee blaadjes, afkomstig uit een gelinieerd notitieboekje, van een afwijkend formaat (14 x 20 cm). Ook hierop staan aantekeningen die ter plaatse gemaakt zijn. Het is dus mogelijk dat hij b.v. in 1906 een ander of andere aantekenboekjes gebruikt heeft, zodat het aantal notitieboekjes groter dan de geschatte negen geweest is.

333 Volgens De Wilde 1910a ging het om 300 foto's, meerdere van elk hunebed en van de vondsten in het Asser museum.

Hoofdstuk 5

De bewaarde brieven

In de archieven van het Drents Museum en het Rijksmuseum voor Oudheden worden een aantal brieven van De Wilde bewaard.[334] Van de antwoorden die Kymmell van uit het Drents Museum aan hem schreef zijn samenvattingen bewaard gebleven in de brievenboeken van het Museum. De brieven die Holwerda aan de Wilde schreef zijn helaas nog niet teruggevonden. De bewaarde briefwisselingen zijn niet compleet maar geven toch een zo aardig beeld van De Wilde en het Museum in Assen dat ik ze hier in hun totaliteit weergeef.

De Wilde aan Kymmell

Assen 27 Juli 1904

Weled. Geb. Heer.

Door ons enigzins verhaast vertrek zyn wy buiten de mogelykheid gesteld U in persoon onzer dank te komen brengen voor Uw vriendelyke tegemoetkoming inzake ons museum bezoek. Houdt het ons dus ten goede dat wy by deze ons schriftelyk van dien aangename plicht kwyten. Ten zeerste houd ik my, voor een wel waarschynlyk volgend bezoek aan Assen, aanbevolen in Uwe welwillendheid.

Bovendien hoop ik U vanuit Utrecht nog te mogen herinneren aan Uwe toezegging tot zending van de Atlas Dryden-Lukis, waarvoor ik U myn nauwkeurig adres dan hoop op te geven.

In de eerste dagen houdt Drenthe ons nog binnen zyn grenzen, wy zyn n.l. van plan om zo mogelyk alle hunebedden te bezoeken.

Nogmaals U dankend en beleefde groet, ook namens myn reisgenoot de heer Middelveld Viersen.

Uw dw. dr.
W.J. de Wilde[335]

---

334 Toen Bakker hier indertijd naar informeerde scheen deze correspondentie van/met De Wilde in zowel Assen als Leiden te ontbreken. (mededeling Bakker).
335 Archief Drents Museum No. 137.

Kymmell aan De Wilde

Assen 30 Aug 1904

Antwoord op brief van 29 Aug.

Bij dezen heb ik door toezending van den atlas Dryden Lukis het genoegen te voldoen aan het verzoek in uw bovenaangehaald schrijven vervat.

Mag ik U vriendelijk verzoeken inliggend bewijs van ontvangst, naar eigen believen wat de tijd betreft, in te vullen en geteekend aan mij terug te zenden.

Het was mij hoogst aangenaam te vernemen dat uw tocht bevredigend succes opleverde.

De Secretaris etc.
J. A. R. Kymmell.[336]

De Wilde aan Kymmell

Utrecht 31 Aug 1904

Weld. Geb. Heer

Onder dankbetuiging voor de spoedige voldoening aan myn verzoek, haast ik my het ingevulde bewys van ontvangst terug te zenden. De platen zyn in goede staat gearriveerd.

Ik heb met opzet den termyn maar wat langer gesteld, hoewel ik hoop binnen dien tyd ruimschoots gereed te zullen komen.

Met beleefden groet, ook van mynen vriend Viersen.

Uw dw. dr.
W.J. de Wilde[337]

De Wilde aan Kymmell

Utrecht 20 Sep 1904

Weld. Geb. Heer

By deze zend ik U de atlas Dryden-Lukis terug, na er een ruim en nuttig gebruik van gemaakt te hebben.

Is het U ook bekend of er, nadat deze Atlas is samengesteld, nog iets aan opnamen van Hunebedden gedaan is? Zyn ooit die van Havelte, Diever, Noordlaren, Midlaren en Sleen in plan gebracht, behalve dan wat Janssen deed in dit opzicht? En heeft de een of andere auteur (misschien Dryden zelf) ooit in het byzonder geschreven <u>over</u> dezen Atlas, nadat die was samengesteld?[338]

My dunkt, er zyn reeds uit die plans zelve eenige conclusies te trekken! Is dat gedaan, of U weet?

---

336 Archief Drents Museum No. 20 ingekomen en uitgaande brieven, No. 756.
337 Archief Drents Museum No. 137.
338 Lukis (1879) gaf een lezing voor de Society of Antiquarians te London, waarin hij verslag uit bracht van de expeditie naar Drenthe. Hij toonde Drydens plattegronden, zijn eigen tekeningen en de scherven die hij bij de hunebedden gevonden had. Zie Bakker 1979a.

U zult my misschien onbescheiden veel-eischend vinden met al myn vragen, maar tot myne verontschuldiging diene dat het zo moeilyk is om over dit speciale onderwerp de degelyke literatuur te vinden.

Ik hoop dan ook binnenkort nog eens gebruik te mogen maken van de boekery van het museum zelf – waarvan ik de gedrukte catalogus uit Assen heb meegenomen. Onze universiteitsbibl. hier is op't punt, in het algemeen t.o.v. Archeologie zeer slecht voorzien.

Nogmaals dank
W.J. de Wilde[339]

Kymmell aan De Wilde

Assen 21 Sept 1904

Antw. op brief van 20 Sept 1904

In beleefd antwoord op uw schrijven van gisteren meen ik U te moeten mededeelen, dat aan de Museumcommissie nimmer bericht geworden is van opname van hunebedden, na de samenstelling van den Atlas Dryden-Lukis.

Nimmer kwam mij een geschrift ter hand, speciaal aan de behandeling van dien atlas gewijd.

Gij meldt binnen kort nog eens gebruik te willen maken van de bibliotheek van ons Museum; ten einde dat gebruik – want gij bezit natuurlijk slechts een <u>niet</u> bijgehouden exemplaar – doeltreffender te maken meen ik goed te doen met U het wel bijgehouden exemplaar van de catalogus over te maken.

Wees zoo goed daaruit over te nemen al hetgeen U dienstbaar voorkomt voor uwe studie. Natuurlijk mis ik het exp. niet gaarne al te lang; want het is het eenige dat nauwkeurig aangeeft welke op Drenthe betrekking hebbende werken onze instelling bezit.

Hoogst aangenaam was 't mij te vernemen dat de atlas goede diensten bewees; ik hoop hetzelfde later te mogen hooren omtrent onze boekerij.

Hebt gij geen lust eens een opstel te schrijven in de Nw. Dr. V. Alm.? Kent gij misschien anderen die daartoe door U of door mij zouden kunnen worden opgewekt?

Het voor den atlas op 31 Aug j.l. afgegeven reçu sluit ik hierbij in.

De Secretaris etc.
J. A. R. Kymmell.[340]

---

339 Archief Drents Museum No. 137.
340 Archief Drents Museum No. 20 ingekomen en uitgaande brieven, No. 779.

De Wilde aan Kymmell

Utrecht 24 September 1904.

Weled. Geb. Heer.

Onder verontschuldiging van U niet eer reeds den hier nevens gaande Catalogus te hebben teruggezonden – wat my evenwel niet mogelyk was – betuig ik U myn hartelyken dank voor de vriendelyke toezending er van. Ik heb er inderdaad een paar titels uit kunnen overnemen.

Uw voorstel, om een stuk in de N. Dr. Alm. te schryven, hoop ik dat U my nog een poosje in overweging wilt laten. Ik zou er met het meeste genoegen aan voldoen, maar voor de uitvoering er van moet ik eerst het materiaal, dat ik op reis verzameld heb en uit de litteratuur nog bezig ben byeen te zoeken, althans eenigermate onder de knie hebben. En juist de atlas van Dryden-Lukis heeft het my duidelyk gemaakt dat daaraan nog heel wat ontbreekt, ja! Zelfs dat onze reis langs de Hunebedden feitelyk nog eens zal moeten gedaan worden, wil ik bepaald zeker zyn van wat ik te zeggen heb en zelfs over enkele nieuwe vragen een oordeel kunnen vellen.

Evenwel, het is mogelyk dat ik een stukje van kleiner omvang schryf, over het vinden van archaeologische voorwerpen in Drenthe en elders, en over wat de vinder er by hoort in acht te nemen. Kan ik daarvoor eerstdaags den tyd vinden, dan zal ik gaarne van de gastvryheid der N. Dr. Alm. gebruik maken. Een ander, die door U of my tot aute[u]rschap zou kunnen gestimuleerd worden, is my op het ogenblik niet bekend. Met vriendelyken groet,

Hoogachtend, Uw Dw.
W.J. de Wilde[341]

Kymmell aan De Wilde

Assen 25 Sept 1904

Teruggezonden:

Reçu voor Cat V^A Boeken Onderafd. I, Drenthe

(Tevens een & ander medegedeeld omtrent de wyze van uitgifte etc. van de N.D.V.A.)[342]

De Wilde aan Kymmell

Utrecht 12 December 1904.

Geachte Heer Kymmell.

Met eenige gewetenswroeging was het, dat ik heden op myn tafel inliggende bestelkaart vond liggen, die ik hierby U ingevuld weder doe toekomen. U zult my wel moeten houden voor eenen, die zyn auteurs-woord lichter geeft dan houdt. Het is my echter inderdaad onmogelyk geweest aan myn halve belofte, een stuk

---

341 Archief Drents Museum No. 58. Correspondentie redactie Almanak.
342 Archief Drents Museum No. 20 ingekomen en uitgaande brieven, No. 780.

voor den Almanak in te zenden, te voldoen; en bezigheden van allerlei aard en familiezaken[343] hebben myn tyd zeer beperkt, maar bovendien is een stuk, dat ik feitelyk voor den Almanak bestemd en gereed had (een Kritiek op Pleyte's "Nederlandsche Oudheden") my by nader inzien ongeschikt gebleken ter uitgave, toen ik vernam dat de schryver reeds gestorven is, aangezien, tot myn spyt, die kritiek in de hoogste mate afbrekend is geworden. Inderdaad, ik heb wel nimmer een wetenschappelyk werk gelezen, dat zoo volkomen den naam "prul" verdient als Pleyte's kostbaar boek (f 160,-)

Ik hoop U binnenkort, uiterlyk in Januari a.s. persoonlyk te ontmoeten, daar ik dan, of misschien nog in deze maand, te Assen denk te komen.

Tot myn zeer groote teleurstelling ben ik met de fotografische opnamen, den zomer van dit jaar in Drente gemaakt, zoo ongelukkig geweest dat daarvan, behoudens een enkele serie afdrukken, voor my zoowat alles is verloren gegaan: Die behouden serie zelf is bovendien niet eens van superieure afwerking; sterk geel en vlekkig geworden. Dat is dubbel jammer, omdat de cliché's[344] zelve voor een groot deel zeer mooi gelukt mochten heeten. Ik troost my nu maar met het denkbeeld dat een herhaling, die ik stellig voornemens ben a.s. zomer te doen, niet anders dan een verbetering kan worden, met het oog op de meerdere ondervinding, waarmede het werk dan zal aangevangen worden.

Ik heb een heel lystje opgesteld van nummers, die ik gaarne uit de bibliotheek van uw museum zou willen aanvragen, maar ik acht het beter die aanvrage uit te stellen totdat ik zelf in Assen ben, daar er ettelyke zaken by zyn, waarvan een oppervlakkig doorbladeren my, zeer waarschynlyk, voldoende zal wezen ter kennisneming. Ook heb ik voor het oogenblik nog eer te veel dan te weinig litteratuur, hoewel er veel ontbreekt, wat my juist het meest noodig schynt. Zoo zou ik U willen vragen of er in de andere afdeeling van uw boekery, dan die waarvan ik den catalogus bezit, aanwezig zyn:

1. De Mortillet's "Préhistorique"[345]
2. Fergusson's "Rude Stone Monuments"

Vooral dit laatste werk is, schynt het, niet meer te krygen. Het is in geen enkele universiteitsbibliotheek hier te lande, noch in de Koninklyke in den Haag, en zelfs een bestelling in Engeland schynt zonder succes te zullen blyven. Gratama vermeldt het meermalen in zyn werkje "De Hunnebedden"[346]; hy heeft het zeker of in bezit gehad of geruimen tyd ter raadpleging – zie b.v. by hem bl. 41 noot 1), bl. 52, noot 1), en nog vele plaatsen. – Ik zou U zeer dankbaar zyn, als het U mogelyk was my hetzy het werk zelf, hetzy een spoor ter verkryging er van te bezorgen

---

343 Dit had vermoedelijk te maken met het overlijden op 01-01-1904 van zijn zuster Johanna Gezina Grijns De Wilde.
344 De Wilde noemt de fotografische platen clichés.
345 Mortillet, de G. & A. 19003 Le Prehistorique: Origine et Antiquité de l'Homme. Paris.
346 Oldenhuis Gratama, L. 1886 De hunnebedden in Drenthe en aanverwante onderwerpen. Assen.

Als voorloopig resultaat van myn onderzoek kan ik U weinig anders melden, dan dat ik wel zeer vele vraagpunten heb gevonden, en vele onderwerpen, in betrekking tot de hunebedden staande, die heel belangryk zyn ter oplossing, waarvoor ik zelfs van enkele geloof de richting te kunnen aangeven, maar dat overigens onze Nederlandsche Oudheidkunde voor de oudste tyden nog geheel en al, van meet af als het ware, is aan te vangen, dat weliswaar het buitenland ons verre vooruit is, maar – en ik geloof dat dit myn belangrykste resultaat is – dat het zeker aantoonbaar is dat de kennis omtrent de Hunebedden, zooals die bestaat buiten onze Nederlandsche grenzen, niet van toepassing is, zonder meer, op de Hunebedden in Drente. Die vormen een apart iets.

Intusschen, U niet langer uwen tyd willende ontrooven, met de meeste hoogachting,

Uw dw. dr.
W.J. de Wilde[347]

Kymmell aan De Wilde

Assen 13 Dec 1904

Uitleening van boeken etc.
Antw. Op schrijven van 12 dezer

By dezen heb ik het genoegen U uit de Museumbibliotheek te doen toekomen:
de Mortillet: Préhistorique
Fergusson: Rude Stone Monuments

Het zal mij zeer aangenaam zijn U eerlang hier te zien en U persoonlijk tot gids te dienen in Onze verzameling. Ik ben op Oudheidkundig gebied maar een leek, doch zal er mij zeer in verheugen nog iets meer omtrent de hunebedden van U te hooren dan gij in Uw schrijven laat merken.

Beleefd verzoek ik U inliggend reçu te onderteekenen en terug te zenden.

Ik dank U zeer voor de steun, door uw inteekening van de Almanak verleend; op een volgend jaar hoop ik ook eens eene bijdrage van U te mogen opnemen.

De Secretaris etc.
J.A.R. Kymmell.[348]

Kymmell aan De Wilde

Assen 16 Sept 1905

Uitgeleende boeken.

Mag ik U beleefd verzoeken van de geleende boeken, behoorende tot de Museumbibliotheek, wel te willen terugzenden de 5de Bijdrage tot de Geschiedenis

---

347 Archief Drents Museum No. 159.
348 Archief Drents Museum No. 20 ingekomen en uitgaande brieven, No. 17.

Het door De Wilde getekende ontvangstbewijs dat hem in de brief van 13 Dec. 1904 toegestuurd werd.

van Overijssel;³⁴⁹ deze boeken zijn ter leen gevraagd door een ander. De overige kunt gij natuurlijk zoo lang behouden als gij ze benodigt.

De Secretaris etc.
J.A.R. Kymmell.³⁵⁰

Kymmell aan De Wilde

Assen 25 Nov 1905

Ik heb de geleende boeken, C, 1, 3, 10, 24, 27, 40 in de beste orde terugontvangen.

Ik heb voor U vergunning aangevraagd om photographische opnemingen te mogen doen, weldra hoop ik U te kunnen berichten dat de vergunning verleend is; een weigering verwacht ik in het geheel <u>niet</u>.

Zeer dank ik U voor uw artikel: Legendarische Alomtegenwoordigheid. Mij dunkt de Commissie zal mijn voorstel tot plaatsing wel aannemen.

---

349 Doorninck, J.I. van, Nanninga Uitterdijk, J., en Hasselt, L. van 1874-1907 Bijdragen tot de geschiedenis van Overijssel. Zwolle. Eerste serie 1 (1874) – 10 (1896), Tweede serie 1 (1896) – 4 (1907).
350 Archief Drents Museum No. 20 ingekomen en uitgaande brieven, No. 274.

Mag ik een enkel woord, dat in het gebezigd dialect niet zuiver is, wel verbeteren?

De Secretaris etc.
J.A.R. Kymmell.[351]

De Wilde aan Kymmell

Utrecht 29 November 1905.

Weled. Geb. Heer.

Dat het dialectische deel van myn reisverhaal het zwakste punt er van is, begreep ik al à priori. Uw voorstel, ter correctie van enkele woorden, is dan ook zeker gemotiveerd, dat ik in vol vertrouwen en dankbaar accepteer.

Met vr. gr. hoogach.
de Wilde.[352]

Kymmell aan De Wilde

Assen 5 Dec 1905

Phot. opnem. in 't Museum
(vergl. Schrijven van 25 Nov. j.l. nr 3441)

Uw verzoek om in het Museum photographische opnemingen te mogen doen heb ik bij rondschrijven onderworpen aan het oordeel der leden.
Unaniem werd de vergunning verleend.[353]

De Wilde aan Kymmell

Utrecht 10 Dec. '05

Weled. Geb. Heer.

Natuurlyk onderwerp ik my gaarne aan de voorwaarden, die de Commissie heeft gemeend te moeten stellen. Echter moet ik U nog deze inlichting vragen, of myn opvatting de juiste is, dat met "cliché" hier bedoeld is de cliché, die by den boekdrukker dienen zal ter illustratie van het gedrukte stuk, de gravure dus. Ik voor my acht wel een andere opvatting niet recht mogelyk, maar ga toch liefst ook hier op volkomen vasten bodem, om alle teleurstelling, aan welke zyde ook, te voorkomen. Een myner kennissen namelyk vat uw schryven zoo op, alsof er bedoeld werd, dat de Commissie de beschikking wil houden over de fotografische clichés zelf, die ik, als direct resultaat van myne opnamen, zal ontwikkelen, de "platen" dus; en hoewel ik hem er op wees, dat zulk een voorwaarde vry kostbaar voor

---

351 Archief Drents Museum No. 20 ingekomen en uitgaande brieven, No. 345.
352 Archief Drents Museum No. 58. Correspondentie redactie Almanak.
353 Archief Drents Museum No. 20 ingekomen en uitgaande brieven, No. 365.

my zou worden en dus half zou neerkomen op een weigering, toch houdt hy zyn zienswyze vol. – Wilt U zoo goed zyn my in te lichten welke onzer opvatting de ware is?

Het is overigens nog geheel onzeker of ik al myne foto's laat drukken. Wenschelyk zou het zeker zyn, maar de kosten zouden enorm worden. Het is my met dat fotografeeren vooral te doen om alles, wat er over myn onderwerp hier te lande bestaat, by-een te brengen, zoodat het een zoo volledig mogelyk studie-materiaal vormt. Ik zal dan zelf daaruit die conclusies trekken, die het my mogelyk zal zyn, en hoop er een of meerdere publieke lezingen over te houden, waarby ik dan uit myn voorraad foto's enkele, of vele, als lichtbeelden hoop te demonstreeren. Maar voor het overige moet al myn werk in deze tot niet anders dienen, dan om met gedokumenteerde kracht te bewyzen dat onze Hunebedden een totaal veronachtzaamd deel zyn van onze archaeologie, dat wy er eigenlyk nog niet de eenvoudigste dingen van weten en dat het meer dan hoog tyd is, om eindelyk de handen, maar vooral de hoofden, eens aan het werk te zetten. Ik hoop, met andere woorden, den geest nog eens op te roepen, dien Gratama in 1869-'70 enz. deed verschynen, toen namelyk onze Hunebedden door hem zeer populair werden; maar ik hoop dit nu meer wetenschappelyk en dus duurzamer, of althans met meer resultaat voor onze Oudheidkunde, te doen.

U zult my die uitwyding wel vergeven.

Wat nu betreft, dat de Commissie een afdruk verlangt van iedere gemaakte opname, - niets is natuurlyker dan dat, en niets was ook meer zeker myn voornemen, ook zonder voorwaarde, dan om dat verlangen te voorkomen.[354]

Ten slotte echter nog een verzoek, al vrees ik haast misbruik te maken van uw geduld en uw goedheid. Zyn in de bibl. Van het Museum ook aanwezig:

Bericht 4, en 32-34 der Königl. Schlesw. - Holst. - Lauenb. Gesellsch. f. d. Samml. u. Erhalt. vaterländ. Alterthümer.[355]

Von Estorff; Heidnische Alterthümer i.d. Gegend von Uelzen.

Von Estorff; Archaeologische Charte (Karte?)?[356]

Zoo ja, dan zoudt U my ten zeerste verplichten door my er van ter leen te zenden wat er van is.

---

354 Er is in de Jaarverslagen van het Museum geen aanwyzing gevonden dat men ooit deze fotos van DE Wilde ontvangen heeft. Alleen de foto van de byl uit Odoorn wordt vermeld. Jaarverslag 1909, p. 16, nr. 47: Photographische afbeelding van een in 1900 onder Odoorn gevonden beitel, door W.J. de Wilde te Utrecht. Ik dank Vicent van Vilsteren voor deze informatie.

355 Zeitschrift der Gesellschaft für die Geschichte der Herzogthümer Schleswig, Holstein und Lauenburg. Kiel. Na 1873 voortgezet als: Archiv der Schleswig-Holstein-Lauenburgischen Gesellschaft für Vaterländische Geschichte. Kiel.

356 Estorff, G.O.C. von 1846 Heidnische Alterthümer der Gegend von Uelzen im ehemaligen Bardengaue (Königreich Hannover): mit einem Atlasse von 16 Tafeln und einer illuminirten archäologischen Karte. Hannover.

En is het, ten slotte, niet al te veel verlangd als ik verzoek om de portefeuille met teekeningen, die Janssen van de Hunebedden gemaakt heeft, een poosje te mogen ter leen hebben? Het zou my helpen aan de oplossing van een paar lastige vergissingen, zoowel by hem als by andere schryvers.

Intusschen, ik wil niet langer uwen tyd in beslag nemen. Met vriendelyken groet,

Hoogachtend, Uw Dw.
W.J. de Wilde

W.J. de Wilde.
Trans 17.[357]

Kymmell aan De Wilde

Assen 11 Dec 1905

Phot. opn. in 't museum
antw. Op brief van 10 Dec 1905

Met haare vraag om clichés bedoelde de Commissie niet "de platen", door U genoemd: de photografische clichés zelf, die als rechtstreeks resultaat van uwe opnamen zouden of zouden kunnen worden ontwikkeld, maar de clichés in Autotypie,[358] die bij den boekdrukker dienen zullen ter illustratie van het gedrukte stuk. Als een dergelyk cliché misschien paste bij een artikel in onze almanak ('t geen natuurlijk uiterst zelden, misschien nooit zal voorkomen), zou de Commissie op goedkope wijze illustraties kunnen geven bij latere almanakartikelen.

Morgen kom ik in 't Museum; ik zal dan Janssen's Hunebedden inpakken en afzenden; de gedrukte werken door U in uw brief genoemd, zyn in onze bibliotheek niet aanwezig.

Misschien kan ik U morgen ook proef zenden van uwe almanak-bijdrage.
De Secretaris etc.
J.A.R. Kymmell.[359]

Kymmell aan De Wilde

Assen 16 Dec 1905

Gezonden drukproef; copie van "En legend. Alomtegenwoordigheid"[360]

Kymmell aan De Wilde

Assen 20 Dec 1905

Aanmaning

Beleefd verzoek ik U mij, per keerende post, terug te zenden de U de 16 dezer overgemaakte drukproef.

---

357 Archief Drents Museum No. 160.
358 Cliché voor hoogdruk.
359 Archief Drents Museum No. 20 ingekomen en uitgaande brieven, No. 370.
360 Archief Drents Museum No. 20 ingekomen en uitgaande brieven, No. 379.

De correctie zal thans wel afgeloopen zijn en ter drukkerij wordt op U gewacht

Houd deze aanmaning ten goede van

De Secretaris etc.
J.A.R. Kymmell.[361]

De Wilde aan Kymmell

Utrecht 20 Juli 1906.

Weled. Geb. Heer.

Gaarne beloof ik U myn best te zullen doen om iets te vinden, geschikt voor den Dr. V. Alm. 1907. Ik hoop, - hoewel een onderwerp my eigenlyk nog in het geheel niet voor den geest staat.

Ik kom echter zelf nog bepaald dezen zomer voor eenigen tyd in Drenthe, daar ook myn lang verblyf van verleden jaar nog niet geheel heeft beantwoord aan myne plannen, en ik bovendien nog wensch gebruik te maken van het oorlof [verlof] om in het museum te Assen te fotografeeren. Ik wacht slechts op een paar kleinigheden, die elken dag nu tot regeling kunnen komen.

Tegelyk met dezen zend ik ook eindelyk, met hartelyken dank, de teekeningen van Janssen terug, die reeds lang ingepakt gereed liggen, maar die ik steeds hoopte persoonlyk te kunnen terugbrengen. Daar ik nu echter niet precies weet welken dag ik U te spreken zal krygen en ik een artikel voor den druk heb gereed liggen, waaraan ik nog een paar trekjes te "vylen" heb, neem ik deze gelegenheid maar meteen te baat U te verzoeken om toezending van:
1. dat gedeelte van den "Alouden staat" van Acker Stratinghh, dat over Drente handelt.
2. De drie Podagristen – laatste uitgaaf.
3. Piccardt's "Antiquiteiten" – Eerste uitgaaf.
4. Gratama's "De Hunnebedden en aanverwante onderwerpen".

Daar bedenk ik plotseling dat ik nog een zeer uitvoerig schema – het is byna reeds een artikel – heb gereed liggen, zynde een kritiek op Pleyte's "Nederl. Oudheden, Afd. Drenthe". Zou dat misschien, na afwerking, bruikbaar zyn voor den Alm? Twee jaar geleden heb ik het laten rusten uit scrupules: ik wilde n.l. den dooden auteur niet aan een zoo scherpe keuring onderwerpen als die kritiek vanzelf geworden was. Maar sindsdien heeft Dr. Holwerda te Leiden dat werk in zyn stuk van Mei 1906 (Onze Eeuw) ons "Standaardwerk" genoemd, terwyl reeds vroeger Mr. Boeles te Leeuwarden er een wel afkeurende maar blykbaar toch nietr zeer diepgaande kritiek over heeft geschreven. Daar ik echter het boek van byna geen, of althans van uiterst geringe wetenschappelyke, oudheidkundige waarde acht, is myn kritiek lang niet malsch geworden, - zelfs van een ietwat humoristische, gekscherende kleur. Herinnert Gy U misschien ook ergens een wederwoord op Pleyte's zinsnede: ..., de Drent staat in een slechten reuk by den Hollander, den Zeeuw,

---

361 Archief Drents Museum No. 20 ingekomen en uitgaande brieven, No. 385.

den Fries, den Geldersman, den Brabander en den Limburger"? Ze staat op bl.1 van zyn Afdeeling "Drente". Niet onvermakelyk, dat Groningen en Utrecht niet genoemd zyn by die Drent-verachters des heeren Pleyte! En dan dat gezelschap van Brabanders en Limburgers!! Lauter schöne Seelen!

De vraag is maar, of zoo'n "kritiek" iets is voor uwen Alm. Indien U dat mogelyk acht, dan zou ik gaarne ook van U ter leen ontvangen het Bulletin v.d. Oudheidkundigen Bond III. Natuurlyk behoudt later toch de Redactie het recht om bezwaar te maken als het afgewerkte stuk haar ongewenscht voorkomt.

Intusschen by voorbaat reeds myn dank; met vriendelyken groet, hoogachtend:

W.J. de Wilde[362]

Kymmell aan De Wilde

Assen 22 Juli 1906

Uitgeleende werken

Naar aanleiding van uw schrijven van 20 dezer bericht ik U bij dezen, dat de teekeningen van Janssen in de beste orde overkwamen.

Het destijds afgegeven reçu sluit ik hierbij in.

De Secretaris etc.
J.A.R. Kymmell.[363]

De Wilde aan Kymmell

Utrecht 24 Juli 1906

Weled. Heer,

De warmte moet my een part gespeeld hebben, want juist die fout, die ik herhaaldelyk heb geconstateerd by verschillende schryvers - n.l. van den Alouden Staat - toe te schryven aan Acker Stratinghh[364] - heb ik nu zelf begaan. De bedoeling is inderdaad Engelberts Aloude Staat.[365]

"Tegenwoord. St." bezit ik zelf en zoals uit Uw zending blykt, vollediger dan het exemplaar uwer bibliotheek, waaraan n.l. ontbreekt de later geschreven "Inleiding" met Printverbeeldingen en een niet on-interessante kaart. Deze inleiding is van 1795, de twee stukken, die U my toezendt, zyn van 1792. Ik zend die U by dezen terug, hopend van Uw goedheid te mogen gebruik maken door Uw persoonlyk eigendom, den "Aloude St." enige tyd ter leen te ontvangen.

---

362 Archief Drents Museum No. 153.
363 Archief Drents Museum No. 20 ingekomen en uitgaande brieven, No. 590.
364 Acker Stratingh, G. 1849 Aloude Staat en Geschiedenis des Vaderlands. Groningen.
365 Engelberts, E.M. 1790 De Aloude Staat en Geschiedenissen der Vereenigde Nederlanden. Amsterdam.

Nog een andere warmte-fout heb ik gemaakt. De kritiek op dr Pleytes "Nederl. Oudh", die ik bedoelde, is niet van Mr. Boeles, zoals ik U schreef, maar van de heer Seerp Gratama en komt voor in het Bulletin[366] dat U my hebt gestuurd.

Wat betreft myn eigen kritiek in embryo, - myn dank voor Uw waarschuwing. Ik hoop de klip te omzeilen en geen teedere snaren te ontstemmen. Trouwens, ik blyf natuurlyk by feiten, zoals ik meen dat iedere criticus, die zich respecteert, behoort te doen. Niettemin hebben Pleytes stokpaardjes, als door zyn "Verdoolde reizigers" en "doortrekkende volken" en vooral zyne alomtegenwoordige "Kelten" die door de heele wereld Hunebedden gestrooid schynen te hebben, onweerstaanbaar op myn lachspieren gewerkt, en een klein weerschyntje dáárvan zal ik moeilyk geheel en al buiten myn betoog kunnen houden. We zullen echter er maar het beste van hopen.

Myn gang naar Drenthe is nu voorlopig bepaald op 1 Aug. a.s. Met groot genoegen zie ik dat die maand ook U gelegen komt. Ik stel my voor van Uwe hulp degelyk te profiteren.

Met de meeste hoogachting, Uw Dr.
W.J. de Wilde.[367]

De Wilde aan Kymmell

Utrecht 30 Oct. '06

Geachte Heer Kymmell.

Hiernevens het beloofde stuk voor den Almanak.

Het heeft my toch meer arbeid gekost dan ik had gedacht, en wel door het lastige vergelyken van al die kleinigheden; wat natuurlyk heel zorgvuldig moest gebeuren voor een "kritiek".

U zult dit wel willen aannemen als verontschuldiging voor myn wat langer wachten dan U misschien had verwacht en gewenscht.

Ik denk dit stuk nu, wegens het vele werk dat er aan geweest is, ook (een weinig omgewerkt) te laten opnemen in het Bulletin v.d. Oudheidk. Bond; maar pas na het uitkomen van den Almanak.[368]

Het is nu echter zoo zorgvuldig herzien en verbeterd, dat een correctie door my zeker niet meer noodig is. Correctie der drukproef kan dan ook ieder, die het typogram maar precies volgt.

Met vriendelyke groet, ook aan uwe gëeerde huisgenooten, achtend:

W.J. de Wilde
Trans 17[369]

---

366 Gratama, Seerp 1901/02 Urnenvondsten in Drenthe, Bulletin van den Nederlandsche Oudheidkundige Bond III Amsterdam. 234.
367 Archief Drents Museum No. 137.
368 In de jaargangen 1908, 1909, 1910 en 1911 van het Bulletin van den Nederlanschen Oudheidkundigen Bond komt geen artikel van De Wilde voor.
369 Archief Drents Museum No. 159.

bijdrage

Utrecht 30 Oct. '06

Geachte Heer Kymmell.

Hiernevens het beloofde stuk voor den Almanak.

Het heeft my toch meer arbeid gekost dan ik had gedacht, en wel door het lastige vergelyken van al die kleinigheden; wat natuurlyk heel zorgvuldig moest gebeuren voor een „kritiek".

U zult dit wel willen aannemen als verontschuldiging voor myn wat langer wachten dan U misschien had verwacht en gewenscht.

Ik denk dit stuk nu, wegens het vele werk dat er aan geweest is, ook (een weinig omgewerkt) te laten opnemen in het Bulletin v.d. Oudheidk. bond; maar pas na het uitkomen van den Almanak.

Het is nu echter zoo zorgvuldig herzien en verbeterd, dat een correctie door my zeker niet meer noodig is. Correctie der drukproef kan dan ook ieder, die het typogram maar precies volgt.

Met vriendelyke groet, ook aan uwe geëerde huisgenooten, achtend:

W.J. de Wilde.
Trans 17.

De brief van 30 october 1906 van De Wilde aan Kymmell.

Kymmell aan De Wilde
Assen 11 Dec 1906

Aanmaning

Briefkaart met de gebruikelijke vraag omtrent de overdrukjes etc van drukproef zijner bijdrage "Een Standaardwerk".[370]

Kymmell aan De Wilde
Assen 14 Dec 1906

Aanmaning

Briefkaart met verzoek van terugzending der op 11 Dec j.l. overgemaakte drukproef.[371]

Kymmell aan De Wilde
Assen 2 Maart 1907

Terugzending van bericht gevraagd over uitgeleende boeken.[372]

De Wilde aan Kymmell
Utrecht 3 Maart 1907

Zeer geachte heer Kymmell,

Onder myn berusting zyn nog, behalve de boeken die ik U tegelyk met dit schryven toezend, de volgende van het Museum:
1 en 2 Bulletin vd Oudheidk-Bond I en III
3 Gratama - De Hunebedden enz.
4 Wächter - Statistiek der im Konigr. Hannover vorh. heidn Denkmaler.[373]
5 Reuvens-Leemans-Janssen - Alphabet.naaml. v Rom., Germ. of Gall. Oudheden.[374]
6 Calkar - Diluviales a. d. Gegend v.N. Amsterdam[375]

Ook heb ik nog, eveneens van het museum:
7 v Houten - Kaart van de gemeente Emmen 1862

en is, door een vergissing van my of van den knecht, die by myn vertrek uit Assen de boeken in myn kamer heeft gebracht, meegegaan een

---

370 Archief Drents Museum No. 20 ingekomen en uitgaande brieven, No. 700.
371 Archief Drents Museum No. 20 ingekomen en uitgaande brieven, No. 702.
372 Archief Drents Museum No. 20 ingekomen en uitgaande brieven, No. 807/508.
373 Wächter, Johann Karl 1841 Statistik der im Königreiche Hannover vorhandenen heidnischen Denkmäler. Hannover
374 Reuvens, C.J.C., Leemans, C. en Janssen, L.J.F. 1845. Alphabetische naamlijst, behoorende bij de kaart van de in Nederland, Belgie en een gedeelte der aangrenzende landen gevonden Romeinsche, Germaansche of Gallische oudheden; benevens de Romeinsche en andere oude wegen, enz. Leyden.
375 Van Calker 1885.

8 Plantekening v.e. Cromlech by Kerlescant, blykbaar getekend door Dryden of Lukis dat ik echter achteraf gezien nog zeer goed kan raadplegen.

Eindelyk heb ik nog van U persoonlyk ter leen
9 Engelberts - Aloude Staat enz.

Dat is volstrekt alles wat ik uit Assen heb, waarby alle vergissing bepaald is uitgesloten, omdat het myn onveranderlyke gewoonte is om altyd alles wat, van boeken of platen, niet myn eigendom is, afgezonderd te houden op een alleen daarvoor bestemde plaats. Van die negen nummers zend ik U No. 9 nog in de eerste 14 dagen terug en voeg daarby No. 6.

Zoudt U my willen berichten of van No. 5 de bybehorende kaart aanwezig is ten Uwent? Zo ja, is het dan onbescheiden als ik die aanvraag? Is die kaart er echter niet, dan krygt U ook No. 5 in de eerste helft van deze maand terug.

De rest zou ik gaarne nog wat willen houden. Ik zit tot over de oren in het werk en kan slechts langzaam vorderen omdat ik byna alles moet controleren wat onze schryvers over dit onderwerp gezegd hebben. Niet Pleyte alleen heeft verwarring gesticht!

Zelfs zou ik deze gelegenheid gaarne willen te baat nemen om nog het een en ander aan te vragen van het vele dat ik daarvoor genoteerd heb. Evenwel, liever eerst het volgende: zoudt U voor een week of drie kunnen missen het hele, groote werk van Pleyte-waarover myn kritiek in de Almanak? Juist dezer dagen nu ik het broodnodig heb ter verdere uitwerking van die kritiek, om deze te laten opnemen in het Bulletin, is het exemplaar van onze universiteitsbibliotheek opgevraagd door een van de lectoren der Academie, die het voor een paar colleges nodig heeft. Ik heb het natuurlyk nu afgestaan, maar zit daardoor dringend verlegen, omdat m.i. het bepaald nodig is die inzending in het Bulletin zeer spoedig te doen, wil zy succes hebben. Maar daarvoor heb ik niet genoeg aan de afdeling Drenthe alleen; ik moet bepaald het hele boek van Pleyte, dus ook de afdelingen Friesland, enz. daarvoor hebben.

En in hetzelfde geval verkeer ik t.o.v. Janssens "Drentsche Oudheden". Zou het mogelyk zyn dat U my die twee toezond?

Zeer dankbaar zal ik U zyn als U my doet toekomen wat er naar Uw weten mocht gepubliceerd worden voor of tegen myn kritiek. Ik heb aan verschillende personen, die daarvoor in de termen vielen, een afdrukje doen toekomen, en tot myn verrassing een zeer groote instemming gezien met myn "philippica" tegen Pleytes boek. Dat was enigszins een verrassing, omdat ik min of meer het gevoel had van een beetje als de poes in de porceleinkast op te treden, of althans als een archaeologisch enfant terrible. Nu, de verrassing is my zeer zeker ten hoogste aangenaam,want al vrees ik zo'n rol van een wetenschappelyken blaag niet zo erg--als het nu eenmaal niet anders kan--toch is het ook geen genoegen hem te spelen.

Ook de heer Holwerda zelf heeft my per brief zyn instemming betuigd, en verdedigt zyn door my weersproken qualificatie van Pleytes boek alleen hiermee, dat hy het beter acht van een gestorven voorganger het beste te zeggen. Nu, daarin zyn we dan in de beste harmonie; en U ziet dus dat myn stuk gelukkig geen brand heeft gesticht.

Of ik deze zomer nog in Drenthe kom? ... als ik tot zekeren graad klaar kom met myn werk en in de loop ervan nog punten ter opheldering vind, die alleen ter plaatse uitgemaakt kunnen worden, dan kom ik. Dat is echter geheel onzeker. Toch is er enige kans dat ik vanuit Hannover nog even Drenthe binnendring en in dat geval hoop ik U nog te zien.

Om U reeds nu voor vast te beloven dat ik een bydrage voor de Almanak van 1908 zal inzenden, acht ik een beetje voorbarig; niettemin doe ik die belofte gaarne althans voorloopig. Er zal nog wel het een of ander vraagstuk opduiken in den loop van myn onderzoek, dat voor de Drentsche Almanak geschikt is er in besproken te worden.

Intusschen, na vriendelyken groet,
Hoogachtend, uw dw.
W.J. de Wilde
Trans 17.[376]

Kymmell aan De Wilde

Assen 10 Maart 1907

Voor eenige dagen zond ik U, op uw verzoek, de Kaart van Reuvens, Leemans & Janssen & sloot een reçu in ter onderteekening

Ik maak mij ongerust & verzoek daarom bericht of de kaart al dan niet aan uw adres bezorgd werd.

De Secretaris etc.
J.A.R. Kymmell.[377]

De Wilde aan Kymmell

Utrecht 25 Maart 1907

Zeer geachte heer Kymmell,

By deze zend ik U een deel der geleende boeken terug. De kaart zult U wel reeds in orde ontvangen hebben? Myn dank voor het gebruik van Uw Engelberts. Ik heb er toch meer mee kunnen doen dan ik dacht vandaar dat ik het langer heb gehouden, in de hoop dat U er niet verlegen om waart.

---

376 Archief Drents Museum No. 137.
377 Archief Drents Museum No. 20 ingekomen en uitgaande brieven, No. 815.

Ook de rest werk ik nu achtereen maar af – zo mogelyk – en zend het gebruikte dadelyk op. Nogmaals dankend.

De meeste hoogachting
W.J. de Wilde[378]

Kymmell aan De Wilde

Assen 16 Sept 1907

Pleyte Nederl. Oudheden:

De uitgevers maatschappij Vivat Prinsengracht 544 naby Leidschestraat te Amsterdam, zou gaarne, voor eenige dagen, 't werk van dr. Pleyte Nederl. Oudheden ten gebruike ontvangen.

Kunt gij 't eenige dagen missen? Wees dan zoo vriendelijk 't werk met een briefje, dat het namens mij gezonden wordt, bij die Maatschappy te doen toekomen & te vragen om terugzending aan U.

Kunt gij 't werk <u>niet</u> missen, meld mij zulks dan even, opdat ik aan de Maatschappy de reden kan opgeven, waarom ik voorloopig niet aan haar verzoek voldoe.

De Secretaris etc.
J.A.R. Kymmell.[379]

Kymmell aan De Wilde

Assen 19 Sept 1907

Pleyte Nederl. Oudheden:

Uw voorstel in zake de toezending van Pleyte's werk aan "Vivat" / Prinsengracht 544 nabij Leidschestraat te Amsterdam keur ik goed; ik zal de Maatschappy berichten dat zij in 't begin van October 't bedoelde werk tot harer beschikking krijgt.

De Secretaris etc.
J.A.R. Kymmell.[380]

Kymmell aan De Wilde

Assen 20 Sept 1907

(Brief Vivat dd 20 Sept 1907)
Pleyte Nederl. Oudheden

De Uitgeversmaatschappy "Vivat" Prinsengracht 544 nabij Leidschestraat te Amsterdam wil voor de tijd van 14 dagen, zoo schrijft zij mij heden, liefst dadelijk het werk van dr. Pleyte ten gebruike ontvangen.

---

378 Archief Drents Museum No. 137.
379 Archief Drents Museum No. 20 ingekomen en uitgaande brieven, No. 19.
380 Archief Drents Museum No. 20 ingekomen en uitgaande brieven, No. 20.

Kunt gij het zoolang missen? Of houdt U 't boek liever tot gij geheel gereed zijt? 't Spreekt vanzelf dat gij de zending naar Amsterdam doet wanneer U zulks het beste uitkomt; maar indien gij de zending niet dadelijk doet meldt dat dan aan "Vivat" & houdt mij in dat geval op de hoogte van de plaats waar 't werk vertoeft.

De Secretaris etc.
J.A.R. Kymmell.[381]

Kymmell aan De Wilde

Assen 1 Oct 1907

Antw. opschrijven dd 30 Sept 1907

"Vivat" vroeg 24 Aug j.l. voor een bij die Maatschappy in voorbereiding zijnde uitgaaf eenige gegevens aangaande prehistorisch aardewerk (Urnen etc) & verwijzingen naar werken, waaruit zulke gegevens zijn te putten.

Ik heb daarop onze Catalogus & Verslagen gezonden & werken genoemd, waarop de vraag volgde om Pleyte's werk te mogen lenen. Nu schijnt "Vivat" ook nog in 't museum te willen photograferen.

't Komt mij voor dat 't gaat om een populair wetenschappelijke onderneming zonder de minste invloed op uwe studie & geschriften.

De Secretaris etc.
J.A.R. Kymmell.[382]

Vivat aan Kymmel

Amsterdam, den 17 October 1907

Weledelgeboren Heer,

Onder vriendelijken dank voor uw welwillende bemoeingen in deze, hebben wij de eer UWEGeb. te berichten, dat wij van den Heer W.J. de Wilde de platen "Drente" uit het werk van Pleyte gedurende een veertiental dagen ter inzage ontvingen, welke platen wij heden weder aan den Heer de Wilde hebben teruggezonden.

Ons beleefd aanbevelende, teekenen wij met gevoelens van erkentelijkheid en ware hoogachting,

Weledelgeboren Heer,
Uw Dw.
A. Kleine
Uitgevers Maatschappy "VIVAT"[383]

---

381 Archief Drents Museum No. 20 ingekomen en uitgaande brieven, No. 26.
382 Archief Drents Museum No. 20 ingekomen en uitgaande brieven, No. 24. Het ging hier vermoedelijk om materiaal voor Vivat's kleine encyclopedie in twee delen uit 1908.
383 Archief Drents Museum No. 153.

Kymmell aan De Wilde

Assen 13 Dec 1907

Uwe bijdrage wordt geplaatst; geen der leden van de MuseumCommissie maakte ernstige bezwaren, terwijl ik meen, onder dankbetuiging voor uwe door mij op hoogen prijs gestelde medewerking, goed te doen U de opmerkingen van den heer Landweer te laten weten, met verzoek ze te overwegen en mij uw meening, onder terug zending kenbaar te maken.

Uw stuk gaat heden naar de drukkerij en, zoo gij mij spoedig antwoordt, zal ik de noodige wijzigingen aanbrengen, voor de zetter bl. 22 genaderd is.

De aangevallen slotzin luidt: "Maar laat ons Nederlanders, in de hoop later wat meer te weten te komen van deze vage algemeenheid, die twee alvast in zooverre iets nader bepalen of beperken: dat wij liever spreken van het Nederlandsche Steenvolk en den Nederlandschen Steentijd"

De Secretaris etc.
J.A.R. Kymmell.[384]

De Wilde aan Kymmell

Utrecht 29 Dec. 1907.

Geachte Heer Kymmell,

Het is my tot heden niet mogelyk geweest U à tête reposée te antwoorden, deels door herhaaldelyk uitstedigheid, deels door urgente schryveryen en andere bezigheden, samenhangend met een nieuwe verhuizing, die ik te gemoet ga (1 Febr.).

Wat de heer Landweer voorstelt t.o.v. de Noorsche benamingen kan ik niet anders dan dankbaar accepteeren, te meer daar ik toch reeds het plan had om, by de correctie, de door my geschreven namen aan een revisie te onderwerpen. Wilt U dus zoo goed zyn en er voor schryven "Houge" en "Stendysser" en "Jaettestuer"?

Een andere zaak echter is het met dien slotzin van myn opstel.

De heer L. meent dat het betoog verzwakt zou worden, als men de redeneering verder doorvoerde en sprak van een "Havelter Steenvolk" en een "Havelter Steentyd". Ik verschil echter daarin ten eenenmale met Z. Ed. Ik zou er nog eerder een versterking in zien, een consequentie, die, nu zy geenszins ad absurdum leidt, feitelyk het betoog nog min of meer bekrachtigt. Immers daarin kom ik onder meer, op tegen de eenheid van de menschen, als natie, die in den Europeeschen steentyd Europa bewoonden; en ik ben ook inderdaad ten volle overtuigd dat er zelfs in het zoo veel kleinere Nederland reeds geen eenheid is geweest, zoodat het "Drentsche steenvolk" noch t.o.v. jaartal, noch van zeden en gewoonten overeengekomen is met b.v. het Zuid-Hollandsche, of neem het Noord-Brabandsche hoewel dit laatste met het Drentsche op grondsoorten heeft gehuisd, die door de geologen zelfs tot dezelfde periode worden gerekend.

---

384 Archief Drents Museum No. 20 ingekomen en uitgaande brieven, No. 113.

Maar U meent misschien dat dit een particuliere meening is van my, die ik maar niet zoo het recht kan hebben om zonder zelfstandig bewys maar in een opstel te schuiven?

Laat ons dit dan daarlaten. Ik vermoed echter dat de heer L. – dien ik overigens zeer dankbaar ben voor de opmerking, want hy gaf my aanleiding tot nadere preciseering van myn eigen denkbeeld over de zaak – zich in de war heeft laten brengen door de vervaging van begrippen, die in onzen tyd ontstaan is by de woorden "volk", "stam" en "natie".

Van een "Havelter natie" kan men zeer zeker niet spreken, en als men "Havelter steenvolk" wilde opvatten als zulk een natie in den Havelter steentyd, dan zou men zondigen, vooreerst tegen het begrip "natie" zelf, dat te ruim is voor zoo'n klein plekje, maar bovendien ook tegen den historischen zin, daar een "natie", naar onze begrippen, bezwaarlyk kan bestaan hebben in het neolithische Drente, hoe nauw men ook het verband wil onderstellen tusschen de verschillende byeen wonende huisgezinnen in de nederzettingen. Nu vermoed ik dat de heer L. by dat woord "volk" te zeer hecht aan die nationale beteekenis van dat woord. Maar het beteekent immers ook nog steeds – en zelfs in de laatste halve eeuw in verdubbelde mate van betooning – zooveel als iedere ophooping of iedere samenstrooming van menschen? De sociaaldemokraat ziet zelfs in "volk" iets dat zoo totaal van dan "natie" verschilt, dat hy ze soms zelfs met elkaar strydig acht. In dien zin van "natie" is er dan ook zeker nooit een "Nederlandsch steenvolk" geweest, zelfs ook nooit een "Drentsch steenvolk", hoewel er beslist menschen hebben geleefd in de streek, die nu "Drente" heet, in een steentyd, en men dus gerust zou mogen spreken van "Drentsche steentydmenschen", of, by afkorting, van "Drentsche steenmenschen", dat is: "Drentsch steenvolk". En zoo is er ook niet de minste zwarigheid om te spreken van een "Havelter steenvolk", waarmee zelfs een begrip zou aangegeven worden dat in wezen méér nog een eenheid vertegenwoordigt dan het reeds veel ruimere en vagere "Nederlandsche steenvolk" en het nog vagere "Skandinaafsche steenvolk" – die toch alle slechts deze eenige beteekenis kunnen hebben, zooals myn opstel juist wil betoogen, van "menschen die in den steentyd in die verschillende landen woonden".

Misschien zou de heer L. liever het woord "stam" in myn slotzin gebruikt zien? Ik geloof niet dat het ons zou helpen, vooral omdat men by dat "stam" zoo licht denkt aan stamverwantschap, aan oorsprong, en dus allicht het "Havelter stam" de beteekenis zou krygen van de "voorvaderen der tegenwoordige inwoners van Havelte" – iets dat ik bepaald zou willen uitsluiten, want myn meening is positief dat het "Nederlandsche steenvolk" niet de voorouders heeft geleverd voor den "Nederlandschen stam". Toch zou, in den grond, anders dit "stam" in deze samenvoeging niet zoo heel veel van "volk" verschillen; maar het zou om den foei-leelyken klank van "steenstam" toch zeker geen aanbeveling verdienen boven "steenvolk".

Ik geloof echter dat ook de heer L. wel alle zwarigheden zal verdwenen voelen, zoodra Z. Ed maar by dat "Steenvolk" het begrip "natie" vergeet en aan niets méér bepaalds denkt dan aan een complex van menschen – wat n.l. ook ik steeds by gebruik van dien term deed en doe, maar wat myself eigenlyk eerst recht is duidelyk geworden door de opmerking zelve van myn geachten criticus.

Over het denkbeeld "Havelter Steentyd" kan ik korter zyn. Ik geloof dat de afkeuring van dezen term, in één adem met dien van "Havelter steenvolk", meer een gewoonte-fout is dan een overdacht argument. Men is er zoo aan gewend die begrippen "steentyd" en "steenvolk" met elkaar te verwarren, dat ze met elkaar schynen te moeten staan en vallen. En toch is dat niet zoo, of althans het moet niet zoo zyn.

Maar over deze finesse heb ik het een-en-ander opgesteld, dat ik later wil uitgeven, en verzoek U dus hier alleen er den heer L. op te willen wyzen dat men algemeen spreekt van "Egyptischen-", Skandinaafschen-", "Noord-Duitschen-", "Braziliaanschen-", "Belgischen-" enz. steentyd. Waarom dan niet van een Nederlandschen?

Myn overtuiging is ook dat werkelyk al die zoo genoemde "steentyden" verschillende tyden zyn geweest en wel verschillend zoowel t.o.v. onze jaartelling als verschillend t.o.v. de beschavingstoestanden, die in die tydvakken bestonden in de landen waarnaar zy genoemd zyn. Maar daarom verdienen zy dan ook inderdaad verschillende epitheta – afgezien, natuurlyk van de fynste détails der tegenwoordige natieën-grenzen, zoo dat b.v. menig stukje Belgische steentyd, met zyn Belgische steentyd-beschaving op gebied afspeelde dat <u>nu</u> tot het Noorden van Frankryk of tot de Rynstreken van Duitschland wordt gerekend, en andersom.

U ziet dus dat ik den heer L. bezwaarlyk kan toegeven dat myn opstel verzwakken zou door de, overigens zeer juiste, consequenties, die Z. Ed. uit den slotzin trekt. Niettemin hoop ik dat U hem myn dank voor de my zeer nuttige aanmerking niet zult onthouden.

Uzelf een gelukkig nieuwjaar toewenschend, met
De meeste hoogachting:
W.J. de Wilde[385]

Kymmell aan De Wilde

Assen 4 Jan 1908

Toezending van drukproef & copy der bijdrage:
"Een populaire dwaling"

Tevens een briefkaart met mededeeling omtrent de door Mr. Pelinck voorgestelde wijzigingen[386]

---

385 Archief Drents Museum No. 159.
386 Archief Drents Museum No. 20 ingekomen en uitgaande brieven, No. 144.

Kymmell aan De Wilde

Assen 7/23 Jan 1908

Brieven met & over de bijdragen & drukproeven
  (Houwink [R.] 3, Hertog [R.H. ?] 1, De Wilde 2 zendingen)[387]

De Wilde aan Kymmell

Utrecht 17 Maart 1908

  Zeer geachte heer Kymmell,

Heden doe ik aan Uw adres terug Pleyte's Ned. Oudheden, voor zoverre ik dat werk ten gebruike heb gehad. Er ligt by een plattegrond van een megalitisch monument die by vergissing is meegegeven.
  Met vriendelyke dank voor het gebruik en tevens voor het my toegezondene.

De meeste hoogachting:
W.J. de Wilde[388]

Kymmell aan De Wilde

Assen 21 Sept 1908

  Ontvangst bericht van de bijdrage
  "Een oude huisvriend"[389]

Kymmell aan De Wilde

Assen 5 Oct 1908

  Antw op Schrijven van 3 Oct 1908

Ik dank U zeer voor het bericht omtrent de Hatéciaux[390] zending & omtrent uwe woonplaatsverandering naar Voorstraat 96bis door mij in de lijsten aangeteekend.
  De Secretaris etc.
  J.A.R. Kymmell.[391]

Kymmell aan De Wilde

Assen 6 Oct 1908

Hierbij uwe bijdrage: "Een oude huisvriend" met de opmerkingen door mijn medelid, de heer Landweer, gemaakt.[392]

---

387 Archief Drents Museum No. 20 ingekomen en uitgaande brieven, No. 1471 163.
388 Archief Drents Museum No 137.
389 Archief Drents Museum No. 20 ingekomen en uitgaande brieven, No. 708.
390 Hâtes spéciaux, bijzondere haast ?
391 Archief Drents Museum No. 20 ingekomen en uitgaande brieven, No. 113.
392 Wat de opmerkingen van Landweer waren bleek nu niet meer te achterhalen.

Wil zoo goed zijn die opmerkingen te overwegen en uwe bijdrage <u>al</u> dan <u>niet</u> gewijzigd ter opneming in de Nw. Dr. V. A. voor 1909 terug te zenden.

De Secretaris etc.
J.A.R. Kymmell.[393]

De Wilde aan Kymmell

Utrecht 20 April 1909

Hooggeachte Heer Kymmell

In het museum komt voor, onder registratienummer 4137 – en onder Katal.-Nummer IIb Odoorn N.150? – een "Steenen beitel", waarover ik U trouwens al meermalen gesproken heb. Ik ben nu bezig daarover een monografie samen te stellen, maar mis nog eenige gegevens, die my voor een <u>wetenschappelyke</u> behandeling van de zaak onontbeerlyk toeschynen.

Zou het geheel onmogelyk zyn, dat my het voorwerp zelf voor eenigen tyd – hoogstens een maand, of anders naar uwe tydsbepaling – ter bestudeering werd afgestaan? Ik zou namelyk gaarne met de middelen, die de nabyheid onzer Universiteit toegankelyk maakt, een paar onderzoekingen er op willen doen, waaronder naar de steensoort, enz. Daarby zyn voor een uitgave ook betere foto's dan ik er in 1906 in uw museum van gemaakt heb, wel gewenscht!

De Voorstraat ca. 1900.

---

393 Archief Drents Museum No. 20 ingekomen en uitgaande brieven, No. 724.

Een en ander kan en zal natuurlyk gebeuren by strikt intakt blyven van het voorwerp zelf. Ik meen echter dat een studie, als hier bedoeld, ook eenig belang kan hebben voor het Drentsche Museum zelf, hetgeen dan ook de reden is, waarom ik U dit verzoek zoo vrymoedig durf te doen, hoewel het my zeer wel bewust is daarmede een appel te doen op zeker meer dan gewone welwillendheid van het museumbestuur.

Ik sta echter ten volle in voor de volstrekte onbeschadigdheid van het voorwerp, van af het oogenblik dat het in myne handen is totdat het weer ten uwent is gearriveerd.

Gaarne zou ik een eventueel gunstig antwoord op dit myn verzoek zoo spoedig U doenlyk is van U ontvangen, daar ik met myn geschrift in ieder geval zal wachten tot daarna,

Na beleefden groet, met de meeste hoogaching,

Uw dw.
W.J. de Wilde
Voorstraat 96bis.[394]

Kymmell aan zijn medebestuursleden

Assen, den 21 April 1909

Uitleening van een steenenbeitel. Bij ... [vraag] van de heer W.J. de Wilde te Utrecht van 20/4, '09

Ik stel voor mij te machtigen om uitvoering te geven aan den inhoud van bovenaangehaald, hierbij ingesloten schrijven van de heer de Wilde; men zou als voorwaarde kunnen stellen dat de heer de Wilde bij vermissing een schadevergoeding betaalt; doch Dr. Rutten te Utrecht heeft den mammouthkies zonder dergelijke conditie te voorigen jare onder zich gehad – Men zegge, liefst spoedig, wat men van mij verlangt.

De Secretaris
J.A.R. Kymmel[395]

De Wilde aan Kymmell

Utrecht 27 Apr. '09

Geachte Heer Kymmell,

U dankend voor de toezending van het aangevraagde – dat my nog eer heeft bereikt, dan ik verwacht had – haast ik my U het reçu te doen toekomen. De ont-

---

394 Archief Drents Museum No. 153.
395 Archief Drents Museum No. 153.

vangst van het voorwerp had hier gisteren plaats, terwyl ik in Amsterdam was; vandaar dit uitstellen der opzending van het ontvangsbewys.

Na beleefden groet:

Hoogachtend, Uw dw.
W.J. de Wilde[396]

De Wilde aan Kymmell

Utrecht 9 Mei 1909

Hooggeachte Heer,

Nog eens moet ik U lastig vallen, hoe onbescheiden dat ook schynt. De zaak is n.l. deze: <u>De byl</u>, die die ik ten onderzoek heb (N. 4137 van uw museum-register) is, voor zoover ik er nu reeds over kan oordeelen, een der merkwaardigste artefacten, die in eenig praehistorisch museum te vinden zyn. Bepaald raadselachtigs is er niet aan te zien en tegenstrydigheden, die op onechtheid zouden wyzen, zyn er ook in het minst niet, zoodat ik persoonlyk niet twyfel of het is inderdaad een praehistorisch voorwerp – maar dan van hooge waarde!

Zeer te betreuren is het nu, dat wy zoo weinig nauwkeurigs weten van de vindplaats, want meerdere kennis daarvan zou vooreerst hier zeer veel tot de erkenning der authenticiteit bydragen, maar ook zyn er aan den steen zelf gegevens, die een nadere opgave van bizonderheden door den verkooper, controleerbaar maken, en dan tevens ons den weg zouden wyzen voor een mogelyke bepaling van den ouderdom van het voorwerp.

Dat het een modern produkt zou kunnen zyn, is m.i. totaal buitengesloten.

Om nu echter nog zooveel mogelyk aan de onvolledigheid van onze kennis te gemoet te komen, verzoek ik U my, voor zoover mogelyk, wel te willen antwoorden op de volgende vragen:

1. Is de verkooper, W. Egberts te Odoornerveen (?) ook de vinder ? (Is dat "Odoornerveen" goed? Ik kan het in myn notities niet goed lezen.)
2. Is de vondst gedaan by graven, ploegen, of onder andere bekende omstandigheden?
3. Is de opgave in uw register "gevonden in heidegrond onder Odoorn" letterlyk op te vatten, of kan er bedoeld zyn "eschgrond" of "bouwgrond", enz.? Is daarom met "Odoorn" bedoeld het dorp of de gemeente? Mocht hier ook maar de minste nadere inlichting te geven zyn, dan houd ik my dringend aanbevolen, want de localiteit wordt om bizondere redenen voor my van ongewoon belang.
4. Heeft de verkooper (vinder) den steen lang onder zich gehouden, of is hy er spoedig mee ten uwent gekomen?

---

396 Archief Drents Museum No. 153.

5. Welken prys is er voor betaald? (Dit natuurlyk onder strikt vertouwen! Gepubliceerd wordt uw antwoord niet; maar het liefst zou ik daarby van U vernemen of de betaalde prys ook in uw oog normaal was, of wel bizonder hoog of laag t.o.v. de gewoonlyk ten uwent voor dergelyke vondsten betaalde.)
6. Heeft de verkooper (vinder) geweten dat de steen vinger-indrukken vertoont? Is er met hem over gesproken? Was het aan de museum-directie bekend, by de aankoop, dat die vingergroeven er aan te zien zyn?
7. Zou het voor my mogelyk zyn, alsnog met den vinder in connectie te treden, of anders met een voldoend ontwikkeld persoon daar in de buurt, die den vinder zou kunnen uithooren volgens vragen, die ik hem zou voorleggen?

U moet niet al te zeer schrikken van het erg positieve van die vragen. Ik stel ze zoo scherp om er nog zooveel uit te halen als mogelyk is, want de steen is zoo merkwaardig dat een juist antwoord op dat alles voor de kennis der praehistorische (neolithische) werktuigen van veel meer dan gewoon en toevallig belang is.

Gelyk gezegd, ben ik zelf positief overtuigd, na een zorgvuldig onderzoek van het voorwerp zelf, dat wy hier te doen hebben met een ontwyfelbaar echt praehistoricum of althans met een zeer oud en reeds sedert eeuwen niet meer gebruikt werktuig, - maar om daarvan ook anderen te overtuigen en dus ook de gevolgtrekkingen, die er uit te maken zyn, evenzoo overtuigend te maken, zouden nadere inlichtingen hoogst gewenscht zyn. Was het dan ook niet bepaald een unicum, dan zou het belang natuurlyk niet bizonder groot zyn, maar nu is het voor een archaeoloog ruim de moeite waard van een zoo minutieus mogelyk onderzoek.

Wilt dus zoo vriendelyk zyn my op de vragen, die U persoonlyk beantwoorden kunt, de mogelyke inlichting te verschaffen.

Ik voeg hierby twee foto's, door my genomen, allicht kunnende dienen ter versterking uwer herinneringen, maar waarmede het U overigens geheel vrystaat te handelen naar welbehagen: zelf behouden, in het museum-archief leggen, of …weggooien. Het zyn niet dezelfde, die ik zal uitgeven, maar ze zyn van niet midere qualiteit dan die ik vor myn artikel bestemd heb, waarvan de publikatie te wachten is in het Bulletin van den Oudheidk. Bond.

Met de hoop dat U my niet al te veeleischend zult vinden

hoogachtend, uw dw,
J.W. de Wilde[397]

Kymmell aan De Wilde

Assen 19 Augustus 1909

In beleefd antwoord op uw schrijven van 9 Mei j.l. dat eerst thans door mij wordt gereciproceerd om verschillende redenen, o.a. afwezigheid en ziekte, deel ik U alsnog gaarne mede, dat het bewuste voorwerp (Steen no: 4137) Odoorn afd IIb

---

397 Archief Drents Museum No. 153.

no 150 op den 27 September 1900 voor het Museum werd aangekocht, tegelijk met 89 andere beitels & urnen, alles aan geboden door de arbeider Egberts te Odoornerhout.

In die dagen werden uit Odoorn honderden & honderden urnen & beitels voor 't Museum door koop verkregen, waarvan er vele later bleken namaaksels te zijn; met U beschouw ik. & naar ik meen ook de geheele Commissie den bewuste beitel als een prehistorisch voorwerp; als vindplaats staat aangeteekend "heidegrond onder Odoorn". Nadere opgaven omtrent die vindplaats zijn thans niet meer, althans zeer moeilijk te verstrekken; Egberts is een te weinig ontwikkeld individu om zich heden nog alles goed te herinneren, want ook hij leverde honderden voorwerpen, zowel verdachte als voor onze verzamelingen hoogst gewenste.

Wat uwe bijzondere vragen betreft
1. De verkooper Egberts te Odoornerhout is ook de vinder, althans de medevinder
2. De vondst is gedaan bij graven; Egberts e.a. zetten in 1900 in de geheele gemeente Odoorn de grond ondersteboven, om maar aan potten & beitels te komen
3. De opgave "heidegrond onder Odoorn" uit mijn register moet zóó worden opgevat, dat met "Odoorn" wordt bedoeld de gemeente, niet het dorp; men zocht natuurlijk in de heide, niet in de bebouwde kom; nadere aanduiding van de locatie zal thans wel niet meer te bekomen zijn
4. Zonder twijfel heeft Egberts het voorwerp onmiddellijk na het te hebben gevonden te gelde gemaakt bij onze Commissie
5. De prijs voor de steen betaald is niet op te geven. De Commissie toch verkreeg op 27 Sept 1900, in één koop, de nummers 4116 tot 4197 daaronder dus no 4137 (zie boven), m.i. is de prijs laag geweest een gevolg van het feit dat in partij gekocht werd; in normale omstandigheden zullen wij misschien f1 a f1,50 voor dit voorwerp hebben besteed.
6. Met Egberts is niet gesproken over vingerdrukken in de steen; ik herinner mij volstrekt niet, dat hij ons op die indrukken attent heeft gemaakt
7. Gij kunt wel met Egberts zelven of met den Burgemeester van Odoorn in correspondentie treden; doch in uw geval deed ik zulks niet, want beide zullen U na een tijdsverloop van bijna 10 jaren geen duidelijk, geen enigszins bevredigend antwoord kunnen doen geworden; de eerste kan niet eens schrijven

Nog rest mij de aangenamen taak U beleefd dank te zeggen voor de beide keurige foto's van de steen, waarvan ik één stel na afloop dezer maand tezamen in de verzameling hoop te deponeren

De Secretaris etc.
J.A.R. Kymmell.[398]

---

398 Archief Drents Museum No. 20 ingekomen en uitgaande brieven, No. 1043.

Kymmell aan De Wilde

Assen 13 Oct 1909

Onlangs verzocht ik U terugzending zoo insgelijks van den steen nr 4137 Odoorn Afd. IIb nr 150, doch ik ontving geen steen en geen bericht

Is mijn schrijven misschien door verhuizing U niet ter hand gekomen?

De photo van den steen, waaromtrent ik U uitvoerig inlichtte bij brief van 19 Augustus j.l. nr. 1043, vind ik zeer goed geslaagd. Ik denk er over voor te stellen er een plaatje van te maken in de almanak voor 1910 & U te vragen om een kort bijschrift. Zijt gij casu quo daartoe bereid?

Hoe staat het met uwe grooten reeds lang geleden toegezegde bijdrage?[399]

De Wilde aan Kymmell

Utrecht 17 Nov. 1909

Weled. Geb. Heer,

Zoo even thuis komend uit Brussel, vind ik uw briefkaart, die my een verzuim herinnert, dat my leed doet. Ik heb echter na een tyd van aanhoudend sukkelen en onwel zyn het zoo druk gehad met zaken van allerlei anderen en hoogst onaangenamen aard, dat ik niet de helft heb kunnen afdoen van het werk dat ik voor de pers onder handen heb eb veloofd had klaar te hebben voor het einde van deze maand.

Ik kan daarom onmogelyk gevolg geven aan uw verzoek om aan den Almanak van dit jaar mede te werken door een grootere bydrage. Wel laat ik U gaarne de vryheid myn foto uit te geven daarin, als titelplaat b.v., en beloof U – als die uitgave vaststaat, waarvan U my nog wel bericht zult doen toekomen – er een kort byschrift by te zullen geven, b.v. van drie of vier bladzyden.

Het voorwerp zelf zal ik U nog deze maand terugsturen. Ook daarmee ben ik buiten alle verhouding in myn werk opgehouden. Echter geheel buiten eigen toedoen! Ik had er eigenlyk in hoogstens een week of drie mee klaar willen zyn!

Intusschen, met vriendelyken groet, hoogachtend:

W.J. de Wilde
Voorstraat 96bis.[400]

---

399 Archief Drents Museum No. 20 ingekomen en uitgaande brieven, No. 1077.
400 Archief Drents Museum No. 153.

Kymmell aan zijn mederedacteuren

Assen, den 18 Nov. 1909

Alm[anak] Aang[aande] – Plaat met bijschrift

De heer de Wilde te Utrecht schrijft mij, dat hij, door allerlei omstandigheden, niet in staat is aan de Almanak voor 1910 medetewerken door eene grootere bijdrage; hij laat ons evenwel de vrijheid daarin bijgaande foto uit te geven als titelplaat, onder belofte wanneer die uitgave vaststaat een bijschrift te leveren van hoogstens 3 à 4 bladzijden druks.

Ik zou van dit aanbod gaarne gebruik maken, hoe denken de heeren "mede gecommitteerden tot de zaken van den almanak" daarover?

De steen, op de lijst voorkomende onder nr 4137, Odoorn afdIIb no 150, is een der grootste uit de verzameling.

De secretaris
J.A.R. Kummell

Hieronder in potlood geschreven:

Van de Heeren

Slechts als het plaatje weinig zal kosten b.v. f4,- zooals de Heer Kymmell denkt, is het mij goed. Maar moet het f10 à 15 kosten zooals volgen mij de prijs was, dan kunnen wij wat beters als plaat geven.

E.P[elinck][401]

Pelinck aan Kymmell

De opmerking van den Heer van Kuyt geeft mij aanleiding om den wensch uit te spreken dat de behandelde steenen bijl mij even moge worden bezorgd om mij te overtuigen, of ik dat voorwerp voor echt kan houden. Is het voorwerp nog bij den Heer de Wilde dan dient het ook afgescheiden hiervan, thans teruggestuurd te worden,

Blijkt U en mij voldoende van de echtheid, dan kunnen wij het plaatje laten maken.

Ik voeg hierbij, dat, waar het een voorwerp uit ons Museum betreft, wij de verantwoordelijkheid voor de publicatie mee dragen

Pelinck 7/12, 09[402]

De Wilde aan Kymmell

Utrecht 9 Jan. 1910
Voorstraat 96bis

Weled. Geb. Heer Kymmell.

---

401 Archief Drents Museum No. 153.
402 Archief Drents Museum No. 153.

Ongetwyfeld hebt U de "byl" uit uw museum, registernummer 4137 Afd.IIb. Odoorn No.150, in goede orde terugontvangen, anders had ik zeker wel een en ander van U gehoord. Vergun my nu echter een paar woorden over deze zaak.

Volgens uw laatste en voorlaatste schryven schynt de museum-commissie <u>niet</u> reeds zeker of overtuigd te zyn van de archaeologische echtheid van het voorwerp, daar zy zich nader wenscht te overtuigen daaromtrent, vóórdat zy de door my gemaakte foto ervan in den Dr. Almanak wenscht opgenomen te zien.

Met voordacht heb ik niet dadelyk na uwe mededeeling, dat de commissie zich alzoo wenscht te houden, U de hier te maken opmerkingen doen toekomen, willende niet gaarne den schyn op my laden van lichtgeraaktheid; nu er echter reeds <u>méér dan een maand</u> is voorby gegaan, geloof ik goed te doen het volgende onder uw aandacht te brengen, U daarby geheel de vryheid latend om, al naar het Uzelf gewenscht voorkomt, die opmerkingen ook aan de commissie qua talis voor te leggen of wel ze te behouden voor eigen partikulier gebruik waar en wanneer dat U nuttig mocht voorkomen. Met andere woorden: <u>niet</u> wil ik U <u>verzoeken</u> dit schryven te beschouwen als confidentieel, maar laat het aan U over het als het als zoodanig te behandelen.

De zaak nu is deze:
Ik geloof, ook naar aanleiding van onze correspondentie zelve, de "ontdekking" – om het een zoo wydschen naam te geven – van het merkwaardige aan onzen steen, te mogen toeschryven als "primeur" aan myzelf, en heb dus, naar myn meening, eenig recht, om zoo te zeggen, op de eerste publikatie ervan, eenig "auteursrecht", om het maar weer zoo te noemen. Maar by iedere publikatie blyft de verantwoordelykheid voor den inhoud aan den onderteekenaar, in dit geval ook tevens den schryver (ontdekker) <u>uitsluitend</u>, en kan hoogstens nog gedeeld worden door hen, die door den ontdekker zelf worden uitgenoodigd om mede die verantwoordelykheid te dragen of wel door hem daarover in eenig opzicht worden geraadpleegd. Het is echter tegen alle wetenschappelyke usance om een vondst, die nog <u>niet gepubliceerd</u> is en waarvoor door den ontdekker nog geen argumenten zyn geopenbaard en geen advies nog is gevraagd, reeds vooraf en buiten hem om te doen keuren als "echt" of "onecht". Uit den aard der zaak toch kan een nog niet gepubliceerde ontdekking aan tweeden of derden alleen bekend geworden zyn "in vertrouwen" en moet dus zulk een ontdekt feit, strikt genomen, ook als vertrouwelyke mededeeling behandeld worden, <u>tot aan zyn publikatie</u>.

Ik wil geenszins betwyfelen, dat de redactie van den Dr. Almanak het volle recht heeft om een eigen oordeel te vellen over de waarde of de waarheid van de voor haar tydschrift ingezonden artikelen, zelfs ontken ik niet haar recht om slechts die artikelen te aanvaarden, waarvan behalve de vorm ook de conclusies haar welgevallig zyn, hoewel zy in vroegere jaargangen reeds een breeder standpunt heeft ingenomen, door artikelen van zelfs tegengestelden inhoud, die met elkaar strydig waren, tegelykertyd op te nemen (zie b.v. den jaargang 1907, waarin myn kritiek, inhoudend o.m. een ontkenning van het Keltendom in Nederland byna dadelyk werd gevolgd door een stuk vol orthodox Keltengeloof). Maar al erken ik gaarne alle rechten der redactie tegenover welken auteur ook, zóó ver gaat myns inziens het recht van geen enkele redactie, dat zy een nog niet beschreven ontdekking vooraf tot waarheid of onwaarheid stempelt eer zy des ontdekkers argumenten kent, en vooral: zonder dat zy die argumenten zelfs tracht aan te hooren. Daarmee toch zou zulk een redactie zich stellen op een meerledig standpunt, dat zyn groote bedenkelykheid heeft.

Vooreerst toch neemt zy daarmede feitelyk zelf de verantwoordelykheid op zich voor die "echtheid" en het kan daarna eenen schryver weinig meer voegen, zoowel tegenover die redactie als uit "self-respect", om na háár uitspraak er nu nog in háár tydschrift onder eigen naam over te argumenteeren.

Bovendien geeft zulk een redactie daarmede den schryver het tegendeel van een blyk van vertrouwen hetzy in den ernst van zyn onderzoek, hetzy in zyn algemeene "bevoegdheid". Een voorafgaand onderzoek toch van de redactie geeft niet onduidelyk te kennen dat zy aan des schryvers en ontdekkers onderzoek en uitspraak hoogstens een tweede-rangs waarde a priori wil toekennen. En hoewel ook in myn oog bescheidenheid een deugd is, toch meen ik het recht te hebben tot de opmerking, dat in ons geheele land niemand in de laatste dertig jaren iets gepubliceerd heeft, waarom hy zou kunnen geacht worden beter op de hoogte te zyn van de studie, die in dit geval ter sprake komt: de archaeologie der alleroudste voorhistorische tyden in Nederland, en wel in het bizonder wat aangaat de steenen voorwerpen uit de Hunebed-periode, een onderwerp dat in Nederland door niemand ooit is beschreven, inkluis de allernieuwste publicaties over oudheidkunde. Evenwel, de commissie heeft natuurlyk het recht meer vertrouwen te stellen in de autoriteit en bevoegdheid van anderen. Uit enkele gegevens, ook in uw schryven, maak ik n.l. op dat waarschynlyk niet de commissie geheel op haar eigen gezag haar praesumptie wil uitspreken over de al- of niet-echtheid van ons archaeologikon (en daarin bestaat het heele "onderzoek" voor het grootste deel), maar dat zy zich wil laten voorlichten door de een of andere my onbekende "autoriteit" en voorlichten ook buiten my om.

Doch U, geachte Heer Kymmell, kunt dan wel begrypen, dat het voor my dan dubbel moeielyk wordt er daarna nog in den Almanak over te schryven. Dat zou n.l. heel wat meer dan alleen den schyn hebben, dat men my eigenlyk geen betrouwbare meening noch een betrouwbaar onderzoek, zelfs met argumentatie, toekent en het zou onmiskenbaar bewyzen dat men my, althans tot die publicatie toe, geen eigenlyk recht van meespreken toeschryft doch eerst dan ook myn duit wel in den zak wil dulden, wanneer een ander die duit vooraf heeft gekeurd.

In dat "vooraf" zit natuurlyk het groote bezwaar, want na ontvangst heeft ieder, zonder uitzondering, het recht en zelfs den plicht een geldstuk te keuren of een publicatie te kritiseeren, voordat hy een van beide tot verder gebruik laat dienen.

Ik begryp zeer wel, dat de commissie niet al deze overwegingen heeft gehouden, en zelfs meen ik niet anders te mogen gelooven, of zy heeft er zelfs niet aan gedacht, maar Uzelf zult ongetwyfeld inzien dat van myn kant ze gehouden moesten worden, vooral omdat my wel gemeld is dat de commissie zich nader wilde overtuigen van die "echtheid" – d.w.z. dus vooraf een onderzoek wilde instellen – maar niet door wie en op welke wyze!

Zelf heb ik U reeds geruimen tyd geleden, een tamelyk uitgebreide reeks vragen voorgelegd, die U zoo goed is geweest althans voor een deel te beantwoorden. Maar daarom juist is het ondenkbaar dat de commissie zelf in de gelegenheid zou zyn meer en andere gronden voor de "echtheid" of het tegendeel te verwerken, dan die af te leiden zyn of uit het voorwerp zelf – en dat vormt juist het onderzoek, waarvoor ik het voorwerp uit uw museum aanvroeg en ontving – of uit de berichten en bizonderheden omtrent den vinder en den aankoop, kortom de historische partikulariteiten van de verkryging; maar deze zyn my reeds allen door U medegedeeld, en weet ik dus even nauwkeurig en uit dezelfde bron als welk ander onderzoeker ook!

Laat nu echter inderdaad de commissie de "echtheid" van ons object door een ander beslissen buiten haarzelf en buiten my, dan geef ik haar in overweging om – aangezien daarmede feitelyk reeds het onderzoek uit myne handen is weggenomen en aan dien ander is opgedragen – ook dien ander by myn foto een passend byschrift te verzoeken, wanneer n.l. de commissie, na <u>zyn</u> advies, tot de publicatie wenscht over te gaan, waartoe ik dan desondanks de foto toch gaarne disponibel laat. Ikzelf behoud my natuurlyk voor om aan myn eerste voornemen gevolg te geven en myn uitvoerige monografie over onzen "byl" in een wetenschappelyk tydschrift eerstdaags te publiceeren, met foto's en teekeningen.

Wenscht evenwel de commissie by die foto nog een byschrift van myn hand, dan zie ik my verplicht, zooals U ook wel zult begrypen en billyken, het standpunt in te nemen van dit alleen te kunnen leveren na volledige mededeeling van de gronden die de commissie zelf heeft voor haar inzicht der echtheid en de gronden ook van den eventueelen adviseur en diens naam. Ik meen dat van myn kant ik dan nog zoover tegemoet kom als mogelyk, voor een <u>wetenschappelyk</u> man, die niet zyn onderzoek en uitspraak <u>vooraf</u> wil onderwerpen aan een hoogste beslissing zonder motiveering, maar zich vry voelt tot zelf oordeelen en zelf onderzoeken.

Intusschen met de meest vriendschappelyke gevoelens, en overminderd myn dank voor het my toegestane verlof om het bewuste voorwerp aan dat eigen oordeel en eigen onderzoek te onderwerpen, teeken ik my

Hoogachtend, uw dw.
W.J. de Wilde.[403]

Men had in Assen aan de Odoorner vervalsingsaffaire, heel begrypelijk, een zware kater overgehouden en was daardoor uiterst sceptisch over alles wat via Egberts het museum binnen gekomen was. Men wilde als redactie van de *Nieuwe Drentsche Volksalmanak* en als Museumcommissie niet opnieuw een flater slaan. Aangezien De Wilde deze vervalsingsaffaire niet meegemaakt had zal hij de angst van de heren uit Assen niet hebben kunnen navoelen.

---

403 Archief Drents Museum No. 153.

Wat de uitslag van Pelincks onderzoek was en of dit aan De Wilde meegedeeld is heb ik niet kunnen achterhalen. De foto werd niet afgedrukt in de *Almanak*. Bovenstaande is de laatste brief van De Wilde die in het archief van het Drents museum bewaard wordt. In de brievenboeken bevinden zich na 13 oktober 1909 geen samenvattingen meer van brieven van Kymmell aan De Wilde.

Ondertussen was er een briefwisseling tussen De Wilde en Holwerda opgang gekomen. Wanneer deze gestart is en van wie het initiatief uitging is onbekend.

De Wilde aan Holwerda

Utrecht 24 Nov. 1912
Den Weled. Z. Gel. Heer Dr. J.H. Holwerda te Leiden

Hooggeachte Heer,

By deze zend ik U de foto's alvast voor myn beloofd artikel over den hamer te Assen, zoodat U zelf kunt keuren over de al- of niet geschiktheid ervan voor de reproductie. Mochten de cliché's verlangd worden, dan staan die evenzeer ten dienste. Het artikel krygt U over een of twee dagen.

Voor behoorlyke afsnyding van het overtollige aan myn plaatjes zal natuurlyk door den technicus, met de reproductie belast, wel gezorgd worden; ik wilde ze echter U laten zien in hun oorspronkelyken ongepolysten staat.

Er is niet het minste aan geretoucheerd, wat ik van eenig belang acht omdat ik in myn beschouwing op de constructie-finesses en de materie van den steen eenigszins inga.

Mocht U niettemin aanvrage van het objekt te Assen noodig achten, om nieuwe cliché's te laten maken, dan verzoek ik U daartoe niet over te gaan voordat ik U persoonlyk gesproken heb. Er is nl. over dien hamer een eigenaardige kwestie tusschen Assen en my, die ik U in geval van aanvraag niet mag verzwygen. Niet dat ik ook maar de geringste verplichting heb tegenover Assen t.o.v. dien hamer! En aan een publikatie als de afgesprokene staat dus opzichzelf niets in den weg. Maar de kwestie hangt samen met een Assensche vrees om belachelyk gemaakt te worden door de publikatie van een falsaat.

Na den grooten falsaten-aankoop aldaar voor een paar jaren, vreest men er in alles, wat maar eenigzins uniek of bizonder is, een bedriegery te zien en wenscht er geen publikatie van! Myn artikel is dan ook bepaald geschreven met de bedoeling de echtheid te demonstreren.

Wanneer het U niet ongelegen valt, kom ik Vrydag 29 Nov. a.s. in den morgen te Leiden in uw Museum. Ik ben n.l. Donderdag daar vóór in Den Haag.

Myn verzoek is nu, om dan een ietwat uitvoerig overzicht te krygen van de aldaar aanwezige steenen werktuigen. Een werkelyk onderzoek, waarnaar ik reeds lang heb gewenscht, is natuurlyk te veel omvattend voor een enkelen dag. Dit is dus ook niet de bedoeling, maar toch zoudt U my zeer verplichten door my dan voorloopig ook de eventueel in depot zynde objekten van die soort te laten zien.

Het verheugde my uwe nieuwsgierigheid gewekt te hebben over myn aanstaande lezing te Amsterdam. U begrypt dat ik de "Keltenvraag" niet au fond kan behandelen. Ik zal die dan ook slechts in zooverre ter sprake brengen, als noodig is om alle gronden te ontnemen aan het ingeroeste fabeltje dat het mogelyk zou zyn om de megalithische graven in Nederland aan die Kelten toe te schryven, een fictie, die, zooals U natuurlyk wel weet, door onze historici (b.v. Blok[404]), onze medische anthropologen (b.v. Bolk) en ook door sommige onzer litteratoren wordt geloofd en geleerd.

Van myn kant heb ik ook met zeer groote belangstelling het verslag gelezen in de Nieuwe Rotterd. Cour. (nummer van heden) over uw voordracht te Arnhem. Er zal in myn vertoog menig punt zyn, dat over dezelfde feiten gaat!

Intusschen, na beleefden groet.
met de meeste hoogachting,
uw dw.
W.J. de Wilde[405]

De Wilde aan Holwerda

Utrecht 2 Dec. 1912
Den Weled. Z. Gel. Heer
Dr. J.H. Holwerda te Utrecht

Hooggeachte Heer

Weinig nog heb ik uitgegeven over de Hunebedden zelve. Meer echter over enkele vraagstukken der voorhistorie, die ook de megalithische graven, zy het ook zydelings, raakten. Het meest volledig ben ik daarover nog geweest in de lezingen, die ik te Assen, Leeuwarden en Amsterdam in 1908 en 1910 heb gehouden, alle drie met zoo goed als gelykluidende inhoud.

Een vry goed, door myzelf gerevideerd en ietwat aangevuld verslag daarvan staat in het Jaarverslag 23 Mei 1910 van het Koninkl. Oudheidk. Genootsch. bl. 9 e.v.

---

404 Petrus Johannes Blok (1885-1929) "Vooral de hoogleraar vaderlandse geschiedenis P.J. Blok heeft een impuls gegeven aan de verbreiding van het idee dat de vaderlandse geschiedenis begon met de Franken, Friezen en Saksen ...Blok sprak ook van de voorhistorische bewoners van de Nederlandse gebieden en omschreef deze als een kortschedelig en half-mongools menstype, dat in holen woonde en op rendieren jaagde. Deze voorhistorische mens was zijns inziens later verjaagd door de Kelten. De Kelten werden op hun beurt verdrongen door nomadische Germanen die, afkomstig van de kusten van de Oostzee, naar Midden-Europa waren getrokken ... De reconstructie van het vroegste verleden, waarbij de pre- en protohistorische bewoners van Nederland als barbaren werden afgeschilderd en waarbij tegelijkertijd de continuïteit van de christelijke vroeghistorische Franken, Friezen en Saksen werd benadrukt, maakte het voor Blok mogelijk de recente tegenstellingen in de Nederlandse samenleving het karakter geven van meer tijdelijke verschijnselen. Dit lijkt goed gepast te hebben bij zijn streven naar een 'sociale geschiedenis' van en voor het gehele Nederlandse volk." Eickhoff 2003, 149-150.

405 Archief RMO Ingekomen brieven 1906-1914, W.

Als gevolg van de lezing te Amsterdam heeft de Redactie v.h. Wielrydersblad "De Kampioen" my verzocht om een populaire samenvatting van het onderwerp in haar tydschrift te geven. Aan dat verzoek heb ik voldaan en de meer wetenschappelyke beschouwing der Amsterdamsche lezing op populaire wyze teruggegeven – met weglating van enkele theoretische opvattingen van my, die ik voor het groote publiek nog niet ryp achtte – in de drie Kampioennummers 12, 13 en 14 van 25 Mrt, 1 en 8 April 1910, onder den titel "De Hunebedden van Nederland".

Tot myn spyt kan ik U geen afdrukken bezorgen, daar ik van het verslag der lezing er zelf geen ontving en van de Kampioen slechts drie exemplaren (van elke aflevering) die nu op een na vergeven zyn.

Mocht U echter in die Kampioennummers belang stellen (er zyn origineele plattegronden en foto's van my in afgedrukt), dan zal ik natuurlyk U ze met genoegen opzenden, maar moet dan helaas verzoeken om terugzending na gebruik.

Na vriendelyken groet,
hoogachtend, uw dw.
W.J. de Wilde[406]

De Wilde aan Holwerda

Utrecht 26 Januari 1913

Hooggeachte Heer Holwerda,

Vergeef my het oponthoud, maar ik ben de laatste week van Maandagavond tot Vrydagavond uitstedig geweest, woonde Maandag een boedelscheiding[407] by en werd ten gevolge van dien Zaterdag den ganschen dag in beslag genomen door zaken-menschen. Ook uw laatste briefkaart ontving ik gisteren avond juist tydens zulk een bezoek.

Met uwe voorstellen tot schrapping ga ik gaarne mede. Die slyting acht ik zelf ook onmogelyk, maar men ontmoet soms zulke wonderlyke aanmerkers en ten hunnen behoeve had ik die hypo-hypothese althans meenen te moeten noemen.

En in het slot geef ik die leemen hamers[408] gaarne prys, indien U meent dat in hun vermelding iets kwetsends kan liggen voor Assen, - wat er natuurlyk niet mee bedoeld was.

Met beleefden groet
uw dw.
W. J. de Wilde[409]

---

406 Archief RMO Ingekomen brieven 1906-1914, W.
407 Het betreft hier vermoedelijk de nalatenschap van De Wildes moeder, Janna De Wilde-Olland, die een jaar eerder op 26-01-1912 overleden was.
408 Deze waren ongetwijfeld ook vals.
409 Archief RMO Ingekomen brieven 1906-1914, W.

De Wilde aan Holwerda

Utrecht 19 Februari 1913
Den Weled. Zeergel. Heer Dr. J.H. Holwerda, Leiden

Hooggeachte Heer,

Waarschynlyk zyn de eenige, U niet bekende bronnen, waaraan ik voor een deel myn materiaal, voor myn voordracht enz., heb ontleend, behalve myn persoonlyk onderzoek, slechts de volgende twee publicaties:

J. FERGUSSON, RUDE STONE MONUMENTS. 1872 en Adr. De Mortillet,[410] LES MONUMENTS MÉGALITHIQUES DE LA LOZÈRE. 1905.

Slechts het tweede, kleine boekje heb ik zelf opgediept uit de dagelyksche litteratuur, en is reeds sedert het jaar van uitgifte in myn bezit. Het eerste vond ik vermeld in meerdere oudere geschriften, vooral in die omstreeks 1870-1880. Ook Pleyte noemt het boek en citeert er uit ... op zyn manier. Toch komt het ook nog voor by Montelius, S. Müller, Déchelette. Indertyd schynt het heel wat beweging gemaakt te hebben, maar het is nu zoo goed als geheel opzy geschoven. Onverdiend, naar ik geloof, al zyn des schryvers conclusies ook radikaal invers aan de myne.

Uit dit laatste boek zyn myn Syrische, byna alle Afrikaansche en de meeste Engelsche plaatjes. Verder waren nog myn bronnen: De verschillende jaargangen van Archiv für Anthropologie en van Matériaux pour l'histoire primitive et naturelle de l' homme.

Ik kan U echter op het oogenblik niet precies opgeven welke jaargangen my juist de bewuste plaatjes verschaft hebben. Ik ben namelyk reeds sedert 1904 met dat onderzoek bezig en was in het eerst geenszins van plan om zoo diep op het onderwerp in te gaan. Dat is langzamerhand zoo gegroeid, totdat ik inzag dat myn studie inderdaad een wetenschap was geworden, die verdiende als wetenschap behandeld te worden, en eene, die in ons land zeer schaars werd beoefend, waardoor het moeielyk was er hier de noodige elementen voor te vinden, zoodat ik pas omstreeks 1908 de zaak zoo breed begon op te vatten, als nu voor een deel heeft kunnen blyken, naar ik hoop althans, uit myn voordracht.

Een laatste bron, door my gebruikt, is TEWES (voor Hannover),[411] maar dien moet U zeker kennen, want ik heb zyn geschrift stellig uit een publicatie van Uzelf genoteerd en het daarna my aangeschaft.

Wat nu die water-kwestie betreft, ik zal daarover natuurlyk het noodige publiceeren, en wel zoo spoedig mogelyk, daar ikzelf de zaak niet minder belangryk acht – hoewel het feit opzichzelf U en my waarschynlyk toch nog tot niet geheel overeenkomstige gevolgtrekkingen zal leiden. Van uwe gastvryheid in de Mededeelingen hoop ik niettemin zeker nog daarvoor gebruik te maken. Onder myn argumenten bekleeden inderdaad de door U genoemde veenbruggen een be-

---

410 Adrien de Mortillet (1853-1931).
411 Friedrich Tewes (1859-1931). Tewes, Friedrich 1898 Die Syringräber der Provinz Hannover: eine Einführung in ihre Kunde und in die hauptsächlichsten Arten und Formen. Hannover.

langryke plaats. Ik heb er zelfs reeds Gallée,[412] die in myn werk veel belang stelde, mee bepraat om aan dat water-artikel zyn medegeloof te hechten, hoewel hy er eerst zeer afwyzend tegenover stond. Maar die bruggen zyn niet de eenige en zelfs niet bepaald de sterkste argumenten, afgezien nog van die hunebedden-positie! Aan het eind van myn voordracht lag het woord "veenbruggen" my nog op de lippen, maar bedenkende dat ik voor dat publiek er toch eerst een beschryving van moest geven, begreep ik dat het te lang zou duren en brak daarom min of meer abrupt en onparlementair, om zoo te zeggen, af.

Ik wist ook wel, dat U het met my oneens zoudt zyn over de incoherentie der megalith-gebieden onderling. Zelfs erken ik, dat ik juist om dit, tusschen ons bestaande, verschil van opvatting myn eigen meening te dien opzichte een graadje sterker en nadrukkelyker heb betoogd. Natuurlyk met geen andere bedoeling, dan om den belangstellenden duidelyk te maken, dat er naast het uwe ook nog een ander inzicht bestaat, waaruit evenwel noch U noch ieder ander verstandig man zal afleiden dat ik uw inzicht zou willen terzyde stellen als "onbevoegd". Men heeft my eenmaal, in Leeuwarden, in dit opzicht geheel verkeerd verstaan en my in het verslag over de daar gehouden voordracht woorden in den mond gelegd, die maar al te zeer strookten met dat misverstand, doch niet met wat ik inderdaad had gezegd en bedoeld, hoewel ik werkelyk uw naam daar genoemd had, als dien van den vertegenwoordiger, in ons land, van die andere opvatting.[413]

Het doet my genoegen, hier een aanleiding gevonden te hebben om dit alles eens even te zeggen. Het heeft my reeds lang op het hart gelegen.

Dat Stonehenge en anderen in Engeland jonger zyn, leidt ik uit meerdere gegevens af, die ik later nog hoop te ontwikkelen, maar het sluit overigens geheel aan by Fergusson, die evenwel <u>alles</u> veel moderner maakt en sterk gelooft aan den algemeenen samenhang der megalithische graven, pyramiden, enz. over de heele aarde.

Van de Grieksche tempels is, meen ik zeker te weten, niet alleen door Dörpfeld maar reeds vóór hem in oudere Duitsche "Kunstgeschichten" voldoende bewezen, dat hun marmerbouw oorspronkelyk een imitatie van houtbouw is geweest, die ten laatste tot de heerlykheid van den Helleenschen bloeityd heeft gevoerd. Vast staat in ieder geval dat ik die meening al een dertig jaren geleden kende en ...deelde, voor zoover een twee-en-twintig-jarige het recht dan heeft om zulk een meening te deelen. Daar ik langen tyd (10 jaren) kunstbeoordeelaar ben geweest van een onzer dagbladen, heb ik my met zulke kunst-historie-vragen dikwyls moeten inlaten. Maar al is het prototype van den Dorischen tempel ook een houtconstructie geweest, ik acht het onaanneembaar, dat die houtconstructie juist den vorm van een paalwoning heeft gehad. En dat slechts was het, wat ik met zachten humor wilde aangeven in myn voordracht. Iets pedants zie ik natuurlyk niet in uw opmerking. Integendeel, ik ben U dankbaar voor uw kritiek, ook al ben ik het

---

412 Het is opmerkelyk dat De Wilde niets zegt over het feit dat Gallée al vijf jaar dood was.
413 Volgens de Leeuwarder Courant van 16 januari 1909 had De Wilde gezegd dat "Holwerda in zijn boekje het buitenland napraat".

er niet mee eens. Gewoonlyk toch leert my een kritiek om myn eigen gedachten zuiverder te bepalen of minstens zuiverder uit te spreken in woorden. En zoo nu ook de uwe in dit geval.

Eindelyk die Eexter grafkelder! Het trapje is een moderne constructie, aangebracht in 1906 of 1907. Ik kan het jaar preciseren wanneer U het verlangt, maar moet dan in myn brouillons van dien tyd napluizen. Myn plattegrond van den kelder is trouwens opgemeten en geteekend <u>zonder</u> dat trapje, in een jaar voorafgaande aan het restauratie-jaar. Toen ik evenwel met myn geteekend plan ter plaatse kwam heb ik het, toen nog geen week oude, ding ingevoegd. U kunt dus absoluut overtuigd zyn van het bestaan of bestaan hebben van die treden. Ik heb er zelf op gestaan en hun aantal (3) en hun aantal steenen geteld, TERWYL NOG DE WERKLIEDEN BEZIG WAREN ON DEN KELDER VERDER TE RESTAUREEREN, -- o.a. waren die leden juist bezig met het bevloeren van den bodem van den kelder en het aanstampen van die vloer met een straatstamper. Die vloer zal er nu nog wel zyn, onder het zand. Dat het trapje verdwenen was, heb ik nog tydens ons zomerbezoek aan eenigen onzer tochtgenooten gezegd. En ik herinner my zeer goed, dat, toen ik het ding voor het eerst zag, ik een neiging voelde om my te ergeren, welke ongezonde toestand niet geheel verbeterde ook al bedacht ik, dat die malligheid na een half jaar wel zou weggetrapt zyn, daar ik by ondervinding wist, dat dit hunebed sterk bezocht wordt door de jeugd, die ik er "vesting" in heb zien spelen, en door anderen, die er minder romantisch-aesthetische dingen in deden en achterlieten.

Die kelder is een ongelukkig ding. Herhaaldelyk "gerestaureerd" en "schoongemaakt" enz. Ik geloof, dat U het beste doet door U aan Van Lier (1760) te houden voor alle bizonderheden erover. Westendorp is hier niets en Pleyte nog minder.

My persoonlyk interesseert echter in uw vraag nog iets anders, en wel dat U aan een steen schynt te denken, die daar zou zyn weggenomen. Ik moet dat op meerdere gronden bepaald ontkennen! Het lykt my onmogelyk toe! M.i. is daar zeker altyd een ingangsopening geweest en was de Eexter kelder gewis geen gesloten kist! Dat er een tydelyke, verplaatsbare sluitsteen voor die opening kan geweest zyn, is natuurlyk daar te laten; maar een vaste wandsteen zult U daar niet mogen aannemen zonder positieve bewyzen ervoor! En die zou ik wel zeer gaarne willen vernemen! Zou ik wellicht ook hier den vinger leggen op een nieuw verschil van opvatting tusschen U en my? Nu, fiat! Du choc des sentiments et des opinions
La vérité s'élance et jaillit en rayons!

De drukproef van het hamer-artikel ontving ik gisteravond juist een post voor uw schryven. Hy gaat nog heden avond of anders morgen ochtend terug.

Met vriendelyken groet
Uw dw.
W.J. de Wilde[414]

---

414 Archief RMO Ingekomen brieven 1906-1914, W.

De Wilde aan Holwerda (Briefkaart)

Utrecht 22 Febr. 1913

Hooggeachte Heer Holwerda,

Natuurlyk is my de plaatsing tamelyk onverschillig. Myn indicaties waren dan ook slechts gedaan omdat ik meende dat men my die stilzwygend verzocht.

Ook de tweede revisie laat ik gaarne aan U over

Met vriendel. gr.
Hoogachten uw dw
W.J. de Wilde[415]

Dit is de laatste teruggevonden kaart van De Wilde aan Holwerda. Hoe de correspondentie tussen deze twee verder verlopen is en wanneer hij precies aan zijn eind gekomen is heb ik niet kunnen ontdekken.

In dit zelfde jaar, 1913, had de *Nieuwe Drentsche Volksalmanak* gebrek aan kopy. Kymmell stuurde aan dertig mensen, waaronder De Wilde, een verzoek om een bijdrage. De Wilde schijnt op deze brief niet geantwoord te hebben.

---

415 Archief RMO Ingekomen brieven 1906-1914, W.

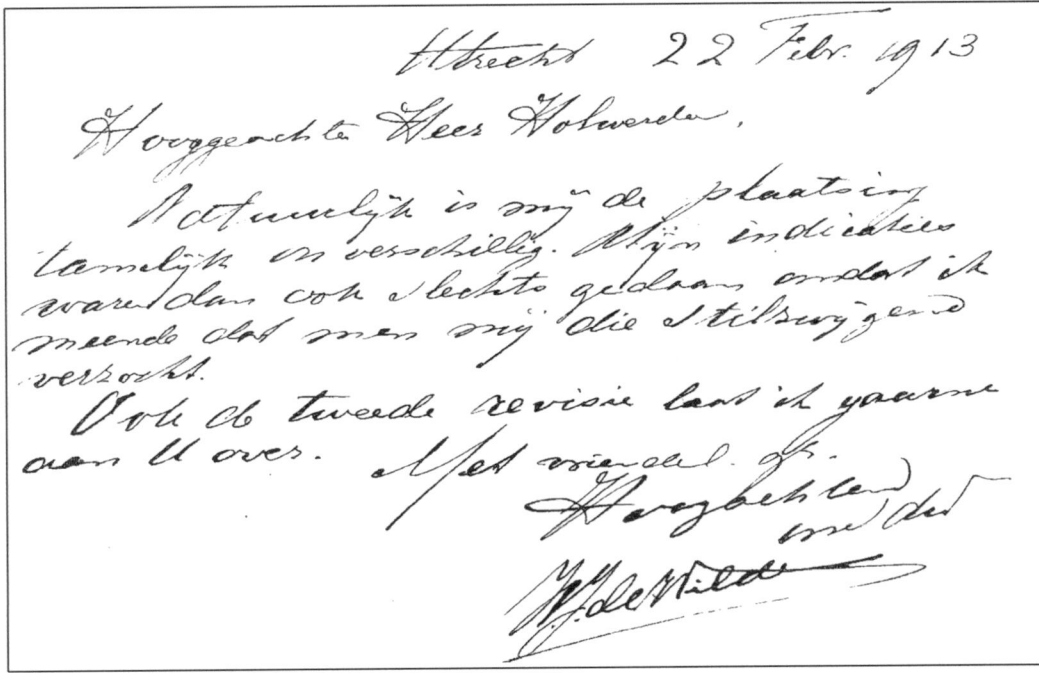

De laatste bekende kaart van De Wilde aan Holwerda.

Hoofdstuk 6

Fragmenten van een Roman

Veel van De Wildes papieren zijn zoals al eerder gezegd na zijn dood verdwenen, maar tussen dat wat er nog is bevindt zich een mapje met fragmenten van een roman. Het is het verhaal van drie vrienden die een fietstocht door Drenthe maken. Al meteen na hun vertrek uit Utrecht komen ze in contact met de vierde hoofdpersoon. Een excentriek uitgedoste oude archeoloog, die sterk aan een van de helden uit Richard Wagners (1813–1883) *Der Ring des Nibelungen* doet denken.

Doordat er alleen maar wat fragmenten bestaan en het onduidelijk is wat de rol van deze vierde persoon in de uiteindelijke roman had moeten worden, verschijnt hij nu als een uiterst raadselachtige figuur, die schijnbaar over bovennatuurlijke mogelijkheden beschikt.

De drie vrienden maken de indruk niet erkende, aanstormende of zelfs gemankeerde kunstenaars te zijn. Frits, een literator die schildert, maar wiens schilderijen slecht door de kritiek ontvangen zijn. Stok, een poëet, die eeuwig ontevreden met zijn eigen werk is en 's ochtends weer verscheurt wat hij 's avonds geschreven heeft. En de schrijver, een verteller "die nog nooit iets anders schreef dan kritieken over muziek".

Uit deze laatste opmerking ontstaat de indruk dat veel in deze fragmenten autobiografisch is, maar men moet niet vergeten dat de wereld van een roman alleen binnen de band van het boek bestaat. Er zullen ongetwijfeld autobiografische elementen in deze fragmenten zitten, maar we kunnen alleen dan zien wat waarheid en wat fictie is wanneer we externe bronnen voor een gebeurtenis hebben. De hierboven aangehaalde opmerking over muziekkritiek doet denken aan De Wildes artikelen in het *Weekblad voor Muziek,* maar die handelen niet over muziek, maar over kunst in het algemeen.

Doordat De Wilde alleen naar deze artikelen verwijst en niet naar de iets latere uit de *Nieuwe Drentsche Volksalmanak* ontstaat het vermoeden dat deze tekst eind 1905, begin 1906 geschreven is. Dit idee wordt versterkt door het feit dat er in deze fragmenten nauwelijks over hunebedden gesproken word. Hiertegen pleit echter één opmerking. De verteller is door akeligheden met zijn familie overspannen geraakt en reist met zijn vrienden naar Drente om weer tot rust te komen:

> *Je zit zoo lustig op je kar [fiets], dat je nou toch wel vanzelf moet inzien, dat die middelen by miljoenen te tellen zyn. De een neemt broomkali, de andere wat cremetaart, een derde gaat Hunebedden bestudeeren…*

De basis van deze fragmenten zal ongetwijfeld gezocht moeten worden in de reizen door Drenthe die De Wilde in 1904 en 1905 gemaakt heeft. De natuurbeschrijvingen zijn dan ook het interessantste gedeelte. Ze tonen het Drenthe uit het begin van de twintigste eeuw door de ogen van drie gevoelige jongens uit Utrecht die het zich kunnen veroorloven om er voor hun plezier rond te reizen.

In deze natuurbeschrijvingen toont De Wilde zich een waar naturalist in de voetsporen van Émile Zola (1840-1902). Hierdoor lijkt zijn werk, zoals al eerder gezegd, ook sterk op dat van de door hem zo verfoeide Lodewijk van Deyssel, die zijn inspiratie ook bij Zola gevonden had. Het is uiteraard ook mogelijk dat Van Deyssel zelf in eerste instantie de inspirator was en dat dit de reden is dat de Wilde en met hem de verteller, zich bij voortduren tegen hem afzet:

Haal een enkelen gezonden zin uit Van Deyssel's brochure over het Rembrandtfeest en je krygt van my een rembrandt cadeau.

Wanneer de drie vrienden in een van hun vele discussies over kunst verwikkeld zijn, die ze in deze fragmenten voeren, noemt de verteller Van Deyssel een "kritische hunebed", oftewel een achterhaalde grootheid, een fossiel.

Hoewel veel fragmenten naturalistisch zijn is De Wilde niet stijlvast. Een aantal stukken vallen qua stijl duidelijk uit de boot. In de beschrijving van Frits' tocht van Fredriksoord naar Diever is het alsof we een eerste aanzet zien tot wat later de nieuwe zakelijkheid genoemd zal worden. De beschrijving die Stok van het kerkhof van Odoorn geeft doet daarentegen echter denken aan de Gothic novel. De Wilde wekt hier de indruk schatplichtig te zijn aan Edgar Allan Poe (1809–1849). Omdat beide stukken aan een andere verteller worden toegekend is het mogelijk dat De Wilde ieder lid van de vrienden club een eigen stijl heeft willen geven. Wanneer dit werkelijk zijn opzet was is het mislukt. Een tweede aan Frits toegeschreven verhaal heeft qua stijl niets met het eerste te maken.

Naast deze drie stijlelementen maakte De Wilde ook gebruik van spot en ironie. Hij loopt daarmee vooruit op het werk van Nescio (1882-1961).[416] De Wilde heeft echter duidelijk minder talent dan Nescio en zijn hoofdfiguren zijn geen Titaantjes,[417] hoe graag ze dat ook zouden willen. Het zijn kleine burgerheertjes die proberen hun studententijd nog wat te rekken:

Na lang uitstel, vooral door het voortdurend slechte weer, was het er eindelyk toe gekomen en trokken wy met ons drieen op weg, Frits van der Pas, Willem of "Bill" Stok en ik. Ons vertrek was ietwat vertraagd, zoodat we niet voor tienen onze karretjes konden bestygen, maar we hoopten toch met een flink gangetje nog dien zelfden dag Meppel te bereiken, al was de afstand, van Utrecht uit, een goede 120 Kilometer, en eigenlyk te groot om dien tot maatstaf voor elken dag van onzen tocht te nemen.

---

416 De Uitvreter, 1911.
417 Titaantjes, 1915.

Het is de bedoeling om de reis uiteindelijk te betalen met de opbrengst van een boek dat de vrienden er na afloop over willen schrijven. Zoals al eerder opgemerkt wordt er in deze fragmenten heel wat over kunst gesproken. Voor het grootste gedeelte zijn deze fragmenten qua inhoud herhalingen van wat De Wilde ook al in het *Weekblad voor Muziek* geschreven had. Al deze kunstfilosofische bespiegelingen vertragen het verhaal en zijn voor de moderne lezer, die zich niet specifiek voor dit thema interesseert, moeilijk te volgen. Ik laat ze hier verder voor wat ze zijn. Ook aan het verhaal zelf besteed ik geen aandacht, omdat het uit de bestaande fragmenten niet behoorlijk te reconstrueren valt.

Naast het landschap beschrijft De Wilde ook tenminste een keer een Drent, een stenenzoeker. Deze verschijnt als een nobele wilde met grote krachten, maar het model dat Jean-Jacques Rousseau (1712-1778) voor dit type mensen had ontwikkeld wordt door De Wilde onderuit gehaald. Hij houdt het voor mogelijk dat deze Drent niet geheel eerlijk is en in staat zou zijn om op een nacht, voor eigen gewin, een hunebed te stelen.

Hoewel ook Drenthe aansluiting bij de moderne wereld gekregen heeft waart de schaduw van Johan Picardt's (1600-1670) witte wijven toch nog door een van de fragmenten. Frits slaapt in een kuil in de top van een grafheuvel. Wanneer hij wakker wordt schrikt hij van een gil en ziet hij een vrouw in het wit. Waar normaal de witte wijven de hoofdpersoon van het verhaal achter volgen, maar hem net niet kunnen krijgen, wordt het hier omgekeerd. De hoofdpersoon achtervolgt de vrouw, maar kan haar niet inhalen. Al lopende begint hij zich te realiseren dat het vermoedelijk een boerendochter is die ergens in de buurt woont. Hij besluit zijn achtervolging op te geven, omdat hij begrijpt dat het niet onmogelijk is dat hij, als hij met zijn achtervolging doorgaat, wel eens op een deel van een boerderij terecht zou kunnen komen waar het slecht met hem zou kunnen aflopen. Ook hier is het verhaal weer omgedraaid. Waar de deel in de meeste oorspronkelijke versies de redding van de hoofdpersoon is zou het nu de ondergang van deze kunnen worden. De hoofdpersoon realiseert zich het gevaar waarin hij zich dreigt te begeven en staakt zijn achtervolging. Op dat moment blijkt hij echter totaal verdwaald te zijn. Met moeite vindt hij zijn fiets terug, maar ook dan zijn de problemen nog niet voorbij. Hij besluit door te fietsen naar Gasteren, maar als hij uiteindelijk weer in de bewoonde wereld aankomt blijkt hij terug in Rolde te zijn:

Geen oogenblik droog. Ik was steenkoud: Als ik toch ooit die heks tegenkom, die me dat gebakken heeft!

Het lijkt als of het verhaal over een gewone boerendochter gaat, maar vooral door deze laatste zin wordt dat onduidelijk. De lezer mag vervolgens zelf bepalen of de vrouw een mens van vlees en bloed was of wat anders.

Uiteindelijk ligt het magische van Drenthe echter niet in witte wijven, maar in de hei zelf. Deze wordt keer op keer in gloedvolle bewoordingen beschreven. De Wilde is zich echter welbewust dat deze schoonheid op z'n eind loopt. Het gaat langzaam, maar Drenthe wordt ontgonnen en de hei moet voor de vooruitgang wijken. Hij is daar ambivalent over en komt niet tot een werkelijk oordeel.

Zoals al eerder vermeld spreken de vrienden tijdens deze tocht bij voorkeur over kunst en daarbij komt ook de literatuur ter sprake. Wanneer we de gevoelens van de dichter uit dit gezelschap over dit onderwerp lezen ontstaat meteen de vraag waarom hij aan dit project meewerkt:

Moderne literatuur, Moderne romans, vooral. Wat is het anders dan de spiegel van al het karakterlooze dat de wereld opbrengt? Dat is onzin! De wereld is nu niet karakterloozer dan vroeger, of ben jy ook zoo'n idealist van de kouwe grond die wel idealen ziet in de verte, maar dichtby er blind voor is?

Nee! Ik heb ook niet gezegd dat onze tyd karakterloozer is, zei Stok, op een toon zoo geergerd als hy zelden aanam. Nee, ik ben geen mystieker, die aan gouden of gulden eeuwen gelooft, dicht by in het heden of veraf in het verleden of de toe-komst. Alle tyden zyn in hun soort even karakterloos, de een zoo de ander zoo. Het plebs heeft nooit karakter!

Hoe goed moet dit boek niet worden om boven de karakterloosheid van het heden uit te komen en wat moet het plebs, de kopers, er dan vervolgens mee. Nu is het niet noodzakelijk dat De Wilde zelf zo over de moderne literatuur dacht, maar een dergelijke opmerking van een van zijn hoofdfiguren zou hem in dat geval wel verplichten om met zijn boek aan te tonen dat deze ongelijk had en dat het wel degelijk de moeite waard kon zijn om een moderne roman te lezen. Toch schijnt de twijfel aan de eigen mogelijkheden toegeslagen te hebben:

Zola was ondanks zyn armzalige styl een groot dichter. Ibsen ondanks zyn pri-mitieve inkleeding toch een groot dramaticus, en allebei zeker belangryk voor de ontwikkeling van het denken en dus van de kunst tot verre nageslachten, maar de nadoeners hebben nog geen van alle iets gedaan zoo mooi als het hunne in betere of in meer moderne vormen. En dat is het nu juist. Zoo'n figuur als die oude Van Bergen, die zou Zola misschien en Ibsen zeker aangedurfd hebben en ook aange-kund hebben, maar voor een modern romanschryver is hy onmogelyk.

Het is niet met zekerheid te zeggen, maar in dit citaat zou wel eens de reden kunnen liggen dat deze roman nooit voltooid is. De Wilde stelde al schrijvend vast dat hij het talent miste en hield op.

Uit de roman-fragmenten en de andere aantekeningen uit deze map wordt duidelijk dat De Wilde in eerste instantie voor Drenthe gevallen was en dat zijn liefde voor het hunebed, zeker in 1904 en 1905, op de tweede plaats, achter het landschap, gestaan moet hebben.

Tussen de fragmenten in deze map bevindt zich een kort schema met betrek-king tot de opbouw van de geplande roman. Dit heb ik als basis gebruikt en aan de hand daarvan heb ik, voor zover dat mogelijk was, de fragmenten op hun juiste plaats gezet. Voor een aantal fragmenten waarvan het onmogelijk was om te bepa-len waar De Wilde ze gedacht had heb ik zelf een logische positie in het schema gekozen.

Van de eerste twee hoofdstukken bestaan in onderdelen twee versies waarvan er één twee keer gecorigeerd is. Ik heb de dubbel gecorrigeerde versie als basis genomen en deze aangevuld met details uit de tweede versie die in de eerste ontbreken.

Ik heb alleen die kunstfilosofische bespiegelingen opgenomen die direct gekoppeld zijn aan de reisbeschrijving en heb andere waarin hetzelfde thema opnieuw behandeld wordt weggelaten.

Van het geplande laatste hoofdstuk ontbreekt elk spoor in de fragmenten. Ik heb op deze plaats de verhandeling geplaatst waarin volgens mij de ondergang van deze roman besproken wordt. Grote delen van deze tekst draaien rond een thema. Door de vele herhalingen die er op die manier ontstaan wordt deze tekst langdradig en moeilijk te lezen. Ik geef hier een ingekorte versie waarin de essentie duidelijk wordt.

De vele tikfouten die deze ontwerpteksten ontsieren heb ik verbeterd, maar de voor De Wilde karakteristieke y voor ij heb ik gehandhaafd.

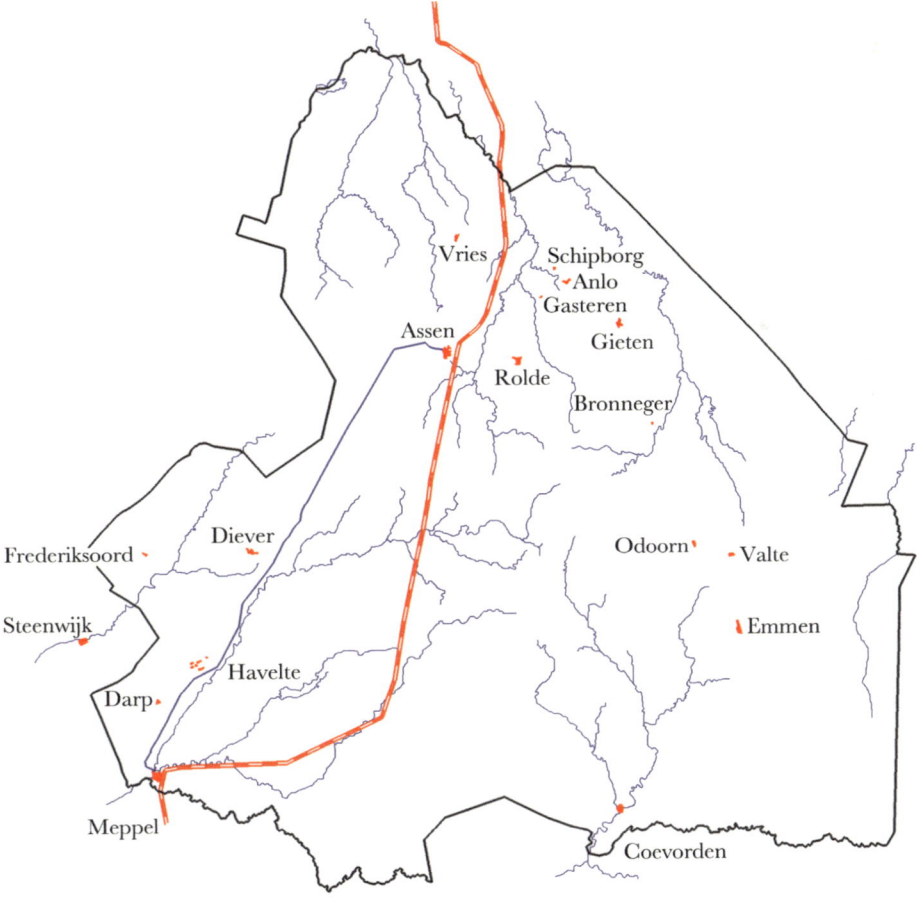

Kaart van Drenthe met alle relevante plaatsnamen bij de romanfragmenten van De Wilde.

I.
Het plan.

Ach wat! zei ik, laten we nou niet zoo grootsch doen. Laten we toch niet zoo verwaand zyn. Een fietsreis door Drente! Wat heeft daar de wereld nou mee te maken?

De wereld, alsof het daarom was. Neen, we willen hem beschryven en laten drukken voor ons eigen plezier.

Als jy er die kosten voor over hebt …

Dat is juist het mooie, Barretje: We doen het voor ONS plezier, maar we laten het door de wereld betalen. Als wy dan later onze eigen lotgevallen lezen, dan is dat niet alleen helemaal gratis, maar nog een plezier achterna ook.

Maar man, dat zou immers goed zyn, en uitvoerbaar als we in het buitenland toerden, maar …

Dat is nou juist, waar ik zoo het land aan heb. Zet "Zwitserland" op een boek, en de lui verslikken zich van gulzigheid om het te lezen. Maar zet er "Nederland" op … en de eenige kans die er is om het te verkoopen is als je 't in een vreemde taal schryft en zelf een pseudoniem aanneemt, die op zyn minst Italiaansch moet klinken en nog [beter] Afghaans of Japansch of weet ik het. Nee, dat is nou verduveld juist eens een reden om onze reis te vereeuwigen. Maar dan kiezen we een titel, die zelfs de leepste erin laat vliegen. Laten we er zoo eens een bedenken. Zoo iets als "De Verbazende avonturen van" … Of nee, dat wordt te lang. Kom, help maar eens mee.

Verbazende lotgevallen, lachte ik. Waar halen we die vandaan?

O, die komen wel. Wees maar gerust.

Mag 't lyen! Maar Drente heeft geen struikroovers, geen Apachen, geen …

Loop! Drente heeft net zoo min saletjonkers, net zoo min verlezen boekenwurmen … zoolang jy er niet bent ten minste.

Dankje! Maar juist als Drente geen uitersten heeft, dan is er in onzen tyd toch niets over te schryven.

Dat is ook niet noodig. Dacht je dat ik een van ons of ons alle drie samen voor geleerd genoeg hou om een boek over Drente, de wereld in te sturen? Poeh! Onze reis of onze tocht moet je beschryven. Geen verhandeling! God beware! Laat als eerste reisregel toch je geleerdheid thuis! Nee, een verhaal moet het zyn …

Een verhaal! Jawel: Van Utrecht reden we de Bilt langs, tot over Amersfoort naar Harderwyk, waar we zoo en zoo laat aankwamen. Daar aten we … volgt menu, en we dronken …

Er champagne by! Waarachtig, zet maar champagne! Want die heb jy noodig, hoog noodig om een klein beetje beweging in je denkmechaniek te krygen. Nee. Ik bedoel ook niet om een reisgids te schryven voor lui die te nuchter zyn om zelf een tour te verzinnen. Ik wil dat je onze lotgevallen, onze avonturen op papier zet.

Maar wie kan nou in de hei, die volmaakt veilig is, avonturen verwachten?

Ik, jy, gy, hy, wy, gylieden, ulieden, en zy. Die kunnen allemaal avonturen verwachten. Is het genoeg? Maar ik voor my verwacht ze zeker. Ik heb er een voorgevoel van, dat we nog wel interessante dingen beleven.

Ik zeg nog eens: mag't lyen. Maar om voorgevoelens ... Wat kon ik anders doen dan myn schouders optrekken.

En ik geef er wel om!

Jy?

Ja, en in ernst. Wat is voorgevoel anders dan stemming? Als je een voorgevoel hebt, dan ben je altyd in een zekere stemming, die je dingen zus of zoo doet zien. En wat is de oorzaak van al je doen en laten? Ook stemming. Wie dus in een bepaalde stemming ergens is, zal altyd de dingen zien en voelen en hooren, en voor myn part ook ruiken, zooals zyn stemming dat maakt. Ben je dus in een, laat ik nou es zeggen, in een rooverstemming, of in een uitbundige, of een romantische, dan komen er zeker ook wel dingen over je die uitbundig of al naar je stemming zyn. Nou, dat is dus je voorgevoel, dat dan uitkomt.

Als je't zoo opvat. En in welke stemming wil je dan onze tocht maken?

In alle stemmingen. En hou jy dan voor myn part de droogkomiek, die je op het oogenblik hebt. Dan zorgen Will en ik wel voor wat beters. Wie weet, misschien krygen we hem nog tot een vers, dat ten minste stemming heeft.

Hy lachte, en ik deed het hem na. Dat was de oude kritiek, die hy altyd op de poetische vruchten van Will uitspeelde: er was te veel nadenken, te veel overwegen in Will's poezie. Of het billyk was? Ik durf het niet goed te beoordeelen, want inderdaad we hebben er Will toe gekregen om een vers in dit boek op te nemen.[418] Zyn eerste! Zyn eenig gedrukte althans tot nu toe. En de lezer moet het zelf maar uitmaken of er "stemming" genoeg in is voor onze moderne litteratuur-verlangens. Maar ik was toch nog niet van plan om zoo grif toe te geven dat er een boek moest groeien uit onze reis.

Nou goed, zei ik, aangenomen de stemming is er, aangenomen de lotgevallen, avonturen zyn er ook: want je mag zeggen wat je wilt, als er niets gebeurt dan is de mooiste stemming na een halve of na een paar pagina's een mislukte stemming.

Als je stemming hebt gebeurt er altyd wat, zeg ik je ...

Nou ook goed, dat alles is er. Laat er een materiaal zyn voor een dik deel. Maar wie moet het schryven?

Hy keek me met een verbazing aan alsof ik de grootste domheid had gezegd.

Wie? Wel, jy natuurlyk! Wie anders?

Ik? Dankje! Ik heb me nog nooit aan een boek bezondigd!

---

418 Dit vers bevindt zich niet tussen de fragmenten in deze map.

Wat doet dat er toe? De handigste dief moet eenmaal voor het eerst stelen.
Een mooie vergelyking!
Die heb je zelf uitgelokt! Jy noemt het een zonde om een boek te schryven.
Dat is het ook als je er geen talent ...
Loop rond! Talent! Weet je dan nog niet dat het heele geheim van een boek zit in DE WAARHEID!
Hy had het zoo uitgegalmd dat ik het hier wel in hoofdletters moet schryven.
Goed! Laat dat zoo zyn. Dan moet je nog het talent hebben om die WAARHEID te observeeren en vast te houden. En jy als teekenaar en schilder, Stok als dichter hebben dat beter in hun macht dan ik, die nog nooit iets anders schreef dan kritieken over muziek.
Dat is heelemaal van geen belang. Wat je nog nooit deed, kun je nou doen. En ik zou geen kans zien om drie blaadjes vol te krygen of ut moest zyn met myn eigen gerei. Maar met een pen? En met zinnen, die fatsoenlyk te verdeelen zyn in onderwerp, gezegde en voorwerp, of hoe die schoolwysheid in onze kleeren mag hangen?[419] Nooit! En onze poeet? O jeetje! Dan kwamen we in geen honderd jaar een pagina verder, want jy weet zoo goed als ik, dat die iederen morgen weer doorhaalt wat ie 's avonds te voren heeft geschreven. Nee, jy bent de eenige, en juist die krantenschryvery heeft je ervoor geschikt gemaakt. Gauw bedacht en gauw neergegooid in een paar mooie tierlantynfrazen. Klaar is Kees!
En ik zeg je toch, Dankje! Voor een boek komt wat anders kyken dan klaar is Kees. Daar moet verband in zyn van begin tot einde, en er moeten beschrywingen in staan, van natuur of van menschen en andere dingen ...
Malligheid! Je schryft doodgewoon wat we zien en voelen en doen enzoovoort. Ik wil geen logica in Drente, maar lol, of ...
Een humoristische reisbeschryving! BRRR!
Ja, Brrr! Als je daarmee begint! Maar als de humor nou vanzelf komt? Ik zou wel es willen weten waarom geen humor, als de goeie God ons die nou eenmaal op het lyf zendt, zoo goed als regen en donder en avond en nacht, en krentensoep en zuurkool.
Krentensoep en zuurkool! Dat waren zyn etens-antipatieen.
Ook goed! Er komt krentensoep en zuurkool, en champagne, en jenever ...
Waarachtig! Vergeet de bitter niet! Man, nou ben je op den goeden weg.
Maar dat alles kan jy ook.
Hoor es Barretje. Je komt er toch niet af. Al was het alleen maar omdat jy stenografie kent. En jy hebt een geheugen als graniet. Wat je dus op de fiets niet dadelyk kunt noteeren ...
Ik kan best schryven als ik op myn karretje zit.

---

419 En dat terwijl hij in een tweede versie geïntroduceerd wordt als iemand "die van studie litterator" was.

Des te beter. Dan zul je zelf nou wel inzien dat alleen jy onze reis kunt beschryven: zoo warm en wel, zonder logica of geleerdheid, en alleen als een vlug verslag van onze avonturen ... Maar naar WAARHEID, want dat is heelemaal de eenige eisch tegenwoordig voor een boek als het verkoopbaar wil zyn. En dat zeg ik je: onze onkosten van de tocht moeten we er uit slaan.

Onze? Als ik het boek schryf.

Dat denk je maar. Jy schryft het wel op, maar maken doen wy het eigenlyk. En ik ben een boon als ik alleen niet meer avonturen beleef dan jullie samen! Nou dan is het eigenlyk billyk dat ik het grootste deel van de centen opsteek. Maar wees gerust, ik ben geen Shylock.[420] En heelemaal alleen maak jy het toch ook niet eens als boek, want Stok moet nou maar eens over de brug komen en er een poeem in zetten en van my kryg je nog wel een paar schetsjes of zoo icts om er wat figuur in te hebben ook.

Neem je de schildersdoos mee?

Nee, alleen wat pypjes kryt of pastel, misschien ... Maar voor die hei misschien beter myn aquarium.

Dat? Maar als je fietst kun je toch niet aquarelleeren?

Nee, maar wel als ik van de fiets af ben. En voor zoo'n hei is kleur noodig.

Maar je kunt toch geen waterreservoir aan je frame hangen?

Ook niet noodig. Ik heb er wat op bedacht. Maar dat zul je wel zien, als we zoover zyn. Zorg jy maar voor een flink notitieboekje, ik zorg wel voor myn rommeltje. En je zult eens kyken hoe de wereld verstomd zal staan over zooveel genie als wy met ons drieen door de hei gaan dragen.

II
Naar Meppel

Ik werd wakker door een aardbeving, ten minste zoo droomde ik, maar toen ik myn oogen uitwreef was het alleen myn bed dat heen en weer schommelde. Het waren de stevige vuisten van Frits, die my deden heen en weer rollen met deken en al. Deruit, riep hy met een stem om de heele buurt te doen opvliegen. Deruit, kerel. Het is een weer om de zon te stelen! We moeten weg, slaapkop! Vooruit!

Ik sprong half overeind. Het was waar, we hadden afgesproken dat we vanochtend onze fietsreis zouden beginnen, als het weer bruikbaar was.

Half zeven! Jy slaapt als een os! Maak nou voort!

Ik greep myn kousen, en Will?

Die komt direct. Ik ben by 'm geweest. Hy moest alleen nog maar z'n das knoopen en z'n handschoenen aandoen, en z'n ... ja God weet wat nog meer. Ik denk dattie met verlakte schoenen opdaagt. Ik wou niet wachten! En maar goed ook, want anders hadden we jou nog langer laten ronken.

---

420 De inhalige joodse geldlener uit The Merchant of Venice van William Shakespeare.

Door een kier van myn gordyn keek ik naar buiten. De zon tintelde helder op de gevellysten aan den overkant. Maar een rookwimpel uit een schoorsteen, vloog in wilde flarden weg voor den wind.

Drommels, het waait hoor!

Zuid man. Dat is mee! Zanik nou niet. We waaien van zelf naar Meppel

Vooruit dan maar, maar ga es even kyken of het ontbyt klaar is. Zet maar thee en wat er nog nodig is.

Laat maar, ik zal je trakteren, dat je des noods tot Groningen toe genoeg hebt.

Ik liet hem zyn gang gaan en maakte verder myn toilet.

Na lang uitstel, vooral door het voortdurend slechte weer, was het er eindelyk toe gekomen en trokken wy met ons drieen op weg, Frits van der Pas, Willem of "Bill" Stok[421] en ik. Ons vertrek was ietwat vertraagd, zoodat we niet voor tienen onze karretjes konden bestygen,[422] maar we hoopten toch met een flink gangetje nog dien zelfden dag Meppel te bereiken, al was de afstand, van Utrecht uit, een goede 120 Kilometer, en eigenlyk te groot om dien tot maatstaf voor elken dag van onzen tocht te nemen. Maar wy hadden ieder onze sporen ruim verdiend op de lange baan en toen wy in een lekker Septemberzonnetje de Maliebaan uitzwaaiden, waren wy vast overtuigd dat onze reis onder de beste vooruitzichten begon.

Bill Stok is een neef van my, advocaat en poeet, maar in beide qualiteiten nog in het begin van zyn praktyk. [Met hem heb ik] een paar zeer vertrouwelyke familiezaken afgedaan, wat ons tot vrienden heeft gemaakt.[Hij] ontkent ten stelligste zyn recht op dien tweeden titel, maar Frits is het daarmede zoo totaal oneens, dat hy hem zelden anders noemt dan juist daarmede en wel in alle nuances van het woord, in alle diminutiva en superlativa van "Jan de Rymer" [423]of "versifex"[424] tot "Homeros" en "Tasso"[425] toe. Hy is tenger maar taai, vlug in alles wat lichaamsoefenig heet en onverschillig voor al wat ons grillig klimaat aan luimen vertoont. Maar over het geheel is hy stil, zelden uitgelaten vroolyk en keurig op kleeding en taal.

Frits en ik zyn vrienden al van de schoolbanken af. We hebben samen geblokt op al onze "eerste beginselen", samen gestoeid en gevochten, samen geleerd dat je een tafel in het Latyn aanspreekt met "O mensa" en samen ook onze klassieke geleerdheid weer voor het grootste deel vergeten; we hebben met elkaar geleden en ook soms door elkaar, kortom we hebben volkomen terecht onzen akademischen bynaam van "Kastor en Pollux" verdiend. Familie-verhoudingen bestaan er tusschen ons niet – "gelukkig niet", zegt hy wel eens met een zucht, en er is reden zoowel voor den uitroep als voor de zucht. Frits [is] een robuste reus, van ruim

---

421 In een tweede versie heet hij Will Korner.
422 Er schijnt wat tijd verloren geraakt te zijn tussen de eerste en tweede versie van dit fragment.
423 Pseudoniem voor Jan Jacob Antonie Goeverneur (1809-1889). Deze is nu vooral nog bekend door zijn Reizen en avonturen van mijnheer Prikkebeen.
424 Latijn voor verzenmaker.
425 Torquato Tasso (1544–1595). Italiaans dichter uit de zestiende eeuw.

anderhalve meter, met een paar schouders om een Atlas jaloersch te maken, en een paar kuiten als heipalen. Hy is van studie literator maar van vocatie schilder. Hy heeft wel eens een paar werkjes geexposeerd, maar de kritiek was hem niet goed gezind, hy had geen goede pers gekregen. Of het aan hem lag durf ik niet te beslissen, maar hyzelf schryft het toe aan de "kladmanie" van onzen tyd

Het is Frits van wien het plan van onze reis uitging, en wel al jaren geleden. Drente had in zyn voorstelling iets zoo mysterieus-aantrekkelyks, dat hy er telkens op terugkwam om daar eens te gaan ronddoolen. Maar ik heb immer zoo weinig gelegenheid om op reis te gaan, dat ik er tegen opzag om tyd en geld te besteden in een streek waar zoo weinig meer te zien was dan hei en steenen. Dit jaar echter had ik my, onder persoonlyke en maatschappelyke zorgen, den medischen raad op den hals gehaald om er eens een tydlang uit te gaan en flinke lichaamsbeweging te nemen;[426] en zoo kreeg myn Pollux zyn zin, die toen ook Stok, trouwens een hartstochtelyk peddelaar, wist mee te troonen.

Het was den dag van ons vertrek niet overmatig warm. Al scheen de zon helder, er woei een flink briesje Zuid-West, tamelyk krachtig, wat overigens tot de goede voorteekenen van de reis behoorde, want zoo werden wy vanzelf naar ons doel geblazen. Edoch, de mensch wikt maar de punctuur-duivel beschikt nog al te vaak op fietsreizen, en zoo gebeurde het dat wy geen Kilometer voorby het eerste dorp, De Bilt, waren of ik voelde myn voorvelg op de steenen stooten en kreeg daarmee het besef van onzen eersten tegenspoed. Afspringen, alle drie, den band nakyken, de oorzaak vinden, een punaise!, een aluminium knoop inzetten,[427] al ging alles gauw genoeg, onder bewonderend toekyken van een paar pasagiers van de tram, die by den wissel stonden te wachten.[428] Maar nauwelyks begon ik den genezene den adem te hergeven, of er klonk een knal als een pistoolschot, en Stoks achterband was mors. Ergernis en lachen, het eerste by ons het tweede by een deel van ons publiek! By onderzoek bleek er een fiksche scheur in beide banden te zyn, maar behalve dat was er nog een dreigende uitpuiling, een aneurysma, zooals Frits het noemde, op een andere plaats van den buitenband.

Poeet! Die band ziet er Goddoome uit als een vers van je in een redactie-mand! Maar, wat Duivel, wie gaat er nou met zoo'n vellegien van een race-band op toer naar Drente! Wou je altemet een hei-record maken?

Die kracht-termen, in de ergernis van het oogenblik wat luidruchtig uitgesproken, dachten wy niet juist voor damesooren. Ik keek eens hoe ons publiek, dat intusschen was aangegroeid tot een zestal menschen, het opnam. Het bleef passief, de dames deden alsof ze niets hadden vernomen, en ik betrapte er zelfs twee, die elkaar opmerkzaam maakten op Frits krachtige kuiten, die als twee robuste zuilen zyn forsch en groot lichaam dragen.

---

426 In een tweede versie van het begin geeft de schrijver de volgende reden voor zijn reis: Allerlei beslommeringen en zorgen hadden my in een staat van depressie gebracht, die myn medicus den raad had geinspireerd om er eens een tydje uit te gaan.
427 Hoe deze manier van repareren in z'n werk gaat is mij onbekend.
428 Wanneer men de aanwijzingen uit deze tekst op een kaart opzoekt blijkt dat deze tramwissel ter hoogte van de Biltsche Hoek was.

Na een korte beraadslaging werd er besloten dat Frits naar de Bilt zou terugryden, met de invalide als "bypaard" en Bill te voet zou volgen, het was zoo dicht by dat de tyd om den band af te nemen wel voldoende was om loopend het dorp te bereiken. Zoo gebeurde, en daar ik nu alle tyd had, besloot ik de punctuur in myn eigen band meer duurzaam te herstellen. Daartoe nam ik ongegeneerd plaats in het gras en ging aan het werk. Daarmede druk bezig merkte ik dat een oude heer, die eerst aan de overkant van den weg was blyven staan, zonder notitie te nemen van ons en ons noodlot, nu met blykbare belangstelling myn handelingen volgde. Zelfs toen het overige publiek zich verspreidde en drentelend langs den wissel heen en weer ging, bleef hy alleen staan, vlak aan den rand van het grasveld, waarop ik bezig was.

Hy zag er uit als een gedistingeerd vreemdeling, maar toch min of meer opvallend door zijn ongewoon lange, golvende en volkomen witte baard, en door zyn donkerblauwe wyde mantel zonder mouwen, van een lichte stof gemaakt, die fladderde en wapperde als een vlag in de wind. De man was lang en slank, maar niet schraal, en zoo recht als een kaars, myn eerste indruk was dat hy een militair moest zyn, maar by nader inzien miste hy de eigenaardige beknoptheid van kleeding, die altyd den officier in politiek [?] verraadt. Van zyn gezicht kon ik niet veel zien onder de breede rand van zyn bruin-vilten hoed, die bovendien, helder verlicht door den zon, alleen den top van zyn neus onbeschaduwd liet. In zyn rechterhand had hy een dikke wandelstok, langer dan my noodig scheen en dien hy niet aan den knop, een blank-metalen wolfskop, vast hield maar een eind daaronder.

Hy bleef zwygend wachten en toekyken. Het eenige wat er aan hem bewoog was zyn in de wind wuivende baard en zyn uitwaaiende mantel. Maar toen ik even pauzeerde om de geplakte pleister tyd tot droogen te laten, en dus opsprong uit myn zittende houding, deed hy een stap naar my toe en sprak my aan met een krachtige welluidende basstem maar met een vreemd accent.[429]

U gaat naar Drente?

Ja, maar als het zoo voortgaat bestaat er niet veel kans er te komen.

Och! Wat in den aanvang het meest tegenloopt gaat dikwyls ten slotte het best. Is U al meer in Drente geweest?

Nooit. Ik heb er ook niet veel idee van; hei, zand, steenen en schapen.

Ik zag de plaats, waar den mond van myn ondervrager onder de sneeuwharen begraven lag, even trillen, alsof hy lachte, of misschien zyn lip minachtend krulde. Hy trok zyn mantel dicht om zich en het viel my op dat zyn hand evenals zyn heele verschyning buitengewoon forsch was. Zou het een kunstenaar, een pianist zyn? dacht ik. Maar nu gaf hy, met den knop van zyn stok, zyn hoed een tik en er kwam plotseling een prachtige profeten-kop te voorschyn. Ook zyn wenkbrouwen geheel wit, en zwaar gefronst. Zonder my aan te kyken, half voor zich zelf en kykend naar den tram die juist in het dorp zichtbaar werd, gaf hy op myn laatste gezegde ten antwoord:

---

429 Er is een tweede versie waarin deze beschryving tot twee pagina's uitgesponnen wordt.

Ja, dat alles is er, maar … toch ook nog wel wat meer. Ik had gehoopt een en ander van die streek te hooren, ik ben er lang niet geweest. Zyn ook uw vrinden er nooit geweest?

Neen, zoover ik weet. Maar het plan van onze reis is uitgegaan van dien eene die de fiets heeft meegenomen. Hy heeft er blykbaar het een en ander over gelezen; althans hy zegt evenals U dat het een interessant land is.

Ongetwyfeld is het dat. U reist voor uw genoegen?

Gedeeltelyk! Ook een weinig voor de gezondheid.

Weer dat lachje. Toch geen ernstige kwaal?

Ik schudde van neen – Een beetje overspanning.

De ziekte der eeuw dus. Nu, daarvoor is de Drentsche hei niet kwaad. Het is niet onmogelyk dat wy er elkaar terug zien, ik ben ook opweg er heen. U logeert van nacht in Meppel?

Dat was ons plan, maar ik denk dat het wel niet verder dan Zwolle zal worden.

Toch een onbetrouwbaar ding eigenlyk zoo'n machine, met een onmiskenbaar minachtend oog op myn karretje.

Dat moet u niet zeggen. Een fiets is het meest lydzame, meest gewillige ding dat er is. Snelheid naar wensch, diensttyd onbeperkt zonder moe te worden, kosten aan onderhoud en voeding nul of minimaal, nooit luimen. Ik heb er al kolossale einden op afgelegd, en dat er zoo iets gebeurt als nu is hoogst zelden.

De tram was in dien tyd tot staan gekomen, de wachtenden stapten in en ook myn man wendde zich af om er naar toe te gaan. Nu, riep hy half achterom kykend, ik wensch u goede reis. Misschien tot ziens, en hy stapte in den wagen. Wy groetten elkaar, beide door aan te slaan,[430] en het rytuig zette zich in beweging. Maar nauwelyks kwam er gang in, of er renden uit de laan van Beerschoten een paar enorme Noorsche doggen, de een vokomen wit, de andere zwart, en volgden den wagen. Behoorden zy by den vreemde? Het was niet onmogelyk, en nu viel my te binnen dat de wolfskop op zyn wandelstok wel iets van een fluitje had, maar hy scheen niet de minste aandacht aan de twee zeldzaam mooie dieren te wyden en staarde, blykbaar in eens verstrooid, voor zich uit diep in zyn mantel en onder zyn hoed als vermomd.

Ik wist niet hoe het kwam, maar ik had het bepaalde bewustzyn een interessant man gesproken te hebben. Al wat wy gezegd hadden was eigenlyk heel banaal, maar ik betrapte er my zelf een oogenblik later toch op dat ik het heele gesprek in stilte herhaalde, en het vizioen van dien profetenkop, in felle licht en schaduwlynen gegrift en gekleurd door de zon, met die zilvervonkende baard en die donkere diepten waar zyn oogen moesten zitten. Ik kon het niet van my afzetten.

Myn reparatie verder voortzettend zat ik my vergeefs af te vragen welken tongval er uit zyn spreken was op te maken. Zyn Nederlandsch was volkomen correct geweest, maar met een harde uitspraak van de g en de r. Ik kon het niet bepalen, en het scheen my nog het meest toe een Engelsman te zyn, of misschien een

---

430 Door te salueren.

Transvaler, of een Hollander die lang in Engeland geleefd had. Myn band was ten slotte klaar, opgepompd en wel, ik had het wiel niet uit de vork behoeven te nemen, maar nu scheen het wel alsof er aan de reeks ongelukken nog geen einde zou komen, want by het wegbergen van myn reparatie doosje, merkte ik dat een van myn sleutels uit de zadeltasch moest gevallen zyn. Dien liet ik ongaarne liggen, want daar ik een Humber beryd en de sleutels ook van dat merk zyn had ik niet graag andere sleutels op de moeren die niet precies passen. Zoeken dus maar, dacht ik, en ver weg kan hy niet liggen, want van dit grasperk ben ik niet af geweest met de open tasch. Er kwam een kleine boerenjongen voorby, die my zoeken zag, en niets schynt aanstekelyker, darby dan ook dadelyk begon te helpen. Maar ik dacht hem niet noodig te zullen hebben en liet hem zyn gang gaan toen hy zich niet beperkte tot het grasveld, maar langzamerhand afzakte naar den weg en eindelyk aan den overkant zocht. Wel had ik hem, toen hy begon, toegeroepen dat het een sleutel was en hem de grootte van het ding met de vingers voorgemeten, maar verder deden wy ieder zwygend onze nasporing. Het duurde dan ook maar een paar minuten of ik vond myn sleutel, vlak by de plek waar wy de eerstemaal den band hadden hersteld, en zonder my op dat oogenbik om den jongen te bekommeren, liep ik terug naar myn fiets, toen hy ineens uit de verte riep: ik heb 'm meneer, en een blinkend voorwerp in de hoogte houdend, op my afkwam.

Toen ik het aannam wist ik niet wat het zyn kon. Het was van geel metaal, ik dacht aan goud,[431] maar dan moest het een ongehoord kostbaar voorwerp zyn, en een sieraad kon het ook moeilyk zyn, want het woog minstens een half Kilo schatte ik. In ieder geval was het een metalen half ronde band, aan de beide uiteinden in een vlakke spiraal, die volkomen aaneengesloten lag, gewonden, en tusschen die twee was de band eenvoudig gebogen zoodat daar een soort beugel of ring gevormd werd. Ik kon er niet uit wys worden, maar het vermoeden kwam oogenblikkelyk by my op dat het van den vreemde kon zyn, en ik vroeg dus nauwkeuriger waar het gevonden was. Het kind wees my de plaats waar ik ongeveer den vreemde had zien staan voordat hy zich met ons bemoeide.

Natuurlyk was myn plan direct gemaakt, den vinder gaf ik eerst een kleinigheid, toen steeg ik op en met een flinke gang zou ik de tram nog binnen de vyf minuten wel inhalen. Door het dorp gaande zag ik myn reismakkers zitten, die my al aanriepen, maar verwonderd opkeken toen ik hen zonder vaart te minderen voorby vloog. Alleen haalde ik het onbekende ding uit myn zak, hield het hen voor en riep, er mee vooruit wyzend: Verloren, uit de tram. Maar voortrydend bedacht ik dat het toch eigenlyk geheel onzeker was dat het van den ouden heer zou zyn, omdat het geen enkele bestemming kon hebben, die het aan hem kon doen toeschryven. Een sieraad misschien van een van de dames? Hoewel, het kon moeilyk een byouterie zyn, zowel om zyn gewicht als om het feit dat er geen enkel oogje of

---

[431] Er ligt een losse notitie op een smal strookje in deze map waarop staat dat dit voorwerp van brons was.

ander bevestigings of ophangingsmiddel aan te vinden was. Alleen aan de vlakke binnenzyde van den middenbeugel scheenen een paar letters of figuren te staan, die echter niet te ontcyferen waren, Arabisch scheen het wel, of Hebreewsch.

Naar een paar minuten had ik den tram in het oog en nog wat aanzettend stoof ik met myn maximum gangetje den kast opzy. Ik hield in, haalde het vreemde ding weer te voorschyn en riep naast de treeplank rydend: Heeft een van de dames of heeren dit verloren, by den wissel?

Een verwonderd opkyken van allen, maar geen antwoord. Myn kennis zat op de voorste bank, ik reed dus tot naast hem door en vroeg daar nogeens, maar voordat ik uitgesproken had greep hy plotseling eerst naar zyn bovenarm, als iemand die schrikt, en riep toen, van my. Ik reikte het hem onmiddelyk over, al rydende, want hy had een hoekplaats. Toen hy het aanam, was hy duidclyk dankbaar, en stak my de hand toe, een forschen druk voelde ik, als een solide bezegeling scheen het, van zyn gevoelens.

Ik dank u, riep hy nog eens. Ik hoop de dienst te vergelden. Wy zien elkaar stellig terug en zoover mogelyk naar buiten buigend, Hoe is uw naam?

Ik nam een visitekaartje, en reikte het hem over. Hy las het dadelyk, keek my, met eenige verwondering naar het scheen, doordringend aan, en zei een paar woorden, die ik door het ratelen van den wagen niet verstond, maar die my toeschenen zoo iets als "een mooie naam" te zyn. Ik sloeg even aan, kreeg een gelyke groet terug, en, den tram latende varen, wendde ik en reed naar het dorp terug. Had hy me voor den gek gehouden? Een mooie naam? Wat voor zot compliment was dat nu? Als er één naam algemeen is in de wereld … Maar waarschynlyk had ik niet goed gehoord, en in ieder geval deed het me genoegen dat ik hem zyn eigendom had terugbezorgd, waarvan ik echter nog in het geheel niet begreep wat het eigenlyk was.

Frits en Bill vond ik terug by den reparateur, juist klaar. Er was een heel nieuw stel banden om het achterwiel gelegd. Voordat ik echter een antwoord kreeg op myn vraag wat er aan gebeurd was, vroeg my Stok, met een drift, als ik zelden van hem had gezien, hoe kwam jy aan die armband?

Armband? Was dat … Maar hy was van een heer. Ik heb hem gevonden daar, by den wissel.

Het was een armband, en een van antieken vorm. Was het goud?

Dat weet ik waarachtig niet. Maar als het een armband is …

Zeker, hy was van goud.

Maar dan moet hy een kolossale kostbaarheid zyn, want het ding woog minstens een kwart Kilo,[432] en, plotseling bedenkend, vond ik het onwaarschynlyk, hoewel Stok een en ander aan antiquiteiten had gedaan. Nee, riep ik, het kan geen armband zyn, want de ring van binnen was zeker wel zoo dik dat jy, Frits, er je kuit in had kunnen steken.

---

432 In eerste instantie is er sprake van "minstens een half Kilo". Deze zware armband was van de arm gevallen zonder dat de eigenaar het gemerkt had.

Geen onparlementarisme over myn kuiten hoor, bromde Frits. Vertel liever van wie die was.

Van een vreemdeling. Zyn naam weet ik natuurlyk niet, maar een gentleman was het zeker. Het viel my nu pas in dat hy wel naar de myne gevraagd had, maar de zyne niet genoemd had. Ik dacht een Engelsman.

Onzin, zei Frits, als het een gentleman was dan was het geen Engelsman, en als het een Engelsman was dan kan het geen gentleman zyn. Sinds de Transvaalsche oorlog[433] is er voor hem aan geen Brit iets goeds meer.

Maar sprak hy dan Engels, vroeg Bill.

Nee, Hollandsch, maar met een accent dat ik niet kan thuis brengen.

Frits haalde zyn schouders op. Een Engelsman die Hollandsch spreekt was voor hem zooveel als een "pimpelpaarsche kanarie met een groen randje", zei hij.

Hoe zag hy er uit?

Ik gaf de beschryving, en noemde ook de twee honden, die zy gezien moesten hebben, als waarschynlyk van hem.

Dan ben ik zeker dat het geen Engelsman was. Zulke honden zouden geen Engelschen baas dulden, besliste Frits. Bovendien ik heb den man zelf ook gezien. Hy viel me op door zyn baard. Ik houd hem voor een Duitsche professor.

Het waren een paar mooie beesten, stemde Stok toe, Ik zag ze zelden zoo groot. Maar een armband was het stellig, hoor. Maar niet een voor de pols, maar een voor de bovenarm. Het was een Noordsche antiquiteit, of een imitatie en precies de vorm die je op alle schilderyen van Vikingen of zulke onderwerpen kunt vinden.

Die verklaring gaf my een flits. De oude heer had naar zyn bovenarm gegrepen! en toen ik vertelde dat ik aan de binnenzyde figuren of letters had gezien, waren wy overtuigd dat Stok's denkbeeld juist was.

Wy stegen op, ons oponthoud had meer dan een uur geduurd. Onder het ryden werd nu echter geconfereerd of wy onze achttien Kilometer per uur op twintig zouden brengen of in tegendeel ons tempo matigen, want zelfs met twintig konden we niet voor donker in Meppel zyn. Ik zag er wel wat tegen op om zes uren lang een twintig-myls[434] vaart vol te houden met een zwaar bepakte fiets, vooral nu ik in de laatste maanden zoo weinig had gereden. Frits viel my dadelyk by, maar Stok vond in ons oponthoud in het geheel geen reden om ons eerste plan te laten varen. Het duurde een heelen tyd voor wy het eens werden, maar ten slotte besliste v.d. Pas het krakeel op de manier die hem meestal gelukt om zyn zin door te dryven.

Petrarca! Zei hy met groote statigheid en de hand plechtig op Stok's schouder leggend. Petrarca! Geloof me nu maar, het is beter voor onzen patient, dat was ik natuurlyk, om zich niet te vermoeien. Laten we nou maar kalmpjes onze pegasussen[435] wat intoomen, en als je zoet doet wat oome zegt dan mag je van avond in

---

433 De Boerenoorlog in Zuid Afrika, 1899-1902.
434 Het begrip "twintig-myls vaart" moet hier vermoedelyk gezien worden als een analogie voor Klein Duimpjes zeven mijls laarzen.
435 Pegasus is de Latijnse vorm van het Griekse Pegasos, het vliegende paard dat ontstaan was uit de liefde van Medusa en Poseidon.

Harderwyk een ode dichten op de Zuiderzee. En toen Stok nog wilde tegenspreken, of een ballade, ook goed. En by een nieuwe poging van den ander om het woord te nemen, of een sonnet.

Loop naar de ...

Of een cantate!

Hou nou je bek maar.

Of een epos!

Stok trok half onwillig half lachend zyn schouders op, maar zelfs dat was de onverbiddelyke Frits te veel, want als laatste plaagschot blafte hy, Of een epigram, en als je het niet alleen afkunt zullen wy je helpen.

Maar nu was het Stoks beurt om te avanceeren. Hy keek den ander spotachtig ter zyde aan en vroeg Misschien wel een hele anthologie?

He? Wat?

Zie je, nu komt al je geuren uit, Hy weet niet eens war een anthologie is. Ben jy op het gymnasium geweest? En je weet dat niet?

Maar Frits liet zich zoo niet uit het veld slaan. Wacht even! Riep hy, myn hooggeachte Apulejus[436] weet jy het zelf wel?

Jawel, vloog Stok in de val, natuurlyk! Anthologie is bloemlezing, en dus in dit geval een verzameling van Epigrammen.

Zoo, nu dan weet ik het ook, en zyn we dus even wys, zei Frits, lachend zyn snor opdraaiend met overdreven gebaar.

Ik had plezier in het gekibbel, maar wilde Stok te hulp komen, beter dan hy bekend met Frits taktiek om soms met halve kennis te pronken. Maar weet jy vroeg ik aan Frits wat eigenlyk een epigram is?

Natuurlyk, was het antwoord, byvoorbeeld zoo, en hy wees op Stok:

Iedere zot

Zyn marot.[437]

Mis, riep Stok. Dat is maar een gewoon distichon, een klassiek epigram is byvoorbeeld zoo:

Vaak, wien de kennis ontbreekt maar de schyn van geleerdheid gewenscht is

Struikelt de tong over veel wat in het brein wordt gemist.

Een oogenblik zweeg Frits, het vers stil herhalend. Toen, met hoog opgetrokken wenkbrauwen en met een gewicht op elken lettergreep als van een rechter in een hoog crimineele zaak: Ik geloof, myn kleine Juvenalis,[438] dat dat een hatelykheid moet voorstellen?

Zoo als je wilt, waarde Stok.

Wel verdoemd! Oude jongen! De buitenlucht schynt je het brein te spitsen!

Zoo? Wel mogelyk! Vreemd, dat hetzelfde middel op twee menschen zoo heelemaal verschillend werkt.

---

436 Apuleius van Madaura (ca. 120-180), Romeinse schrijver die nu hoofdzakelijk nog bekend is door zijn Metamorohoses.
437 manie, stokpaardje.
438 Decimus Iunius Iuvenalis (ca. 60- ca.133/140), Romeins dichter.

Ik schoot in een lach. Het was gegaan als altyd tusschen die twee, althans wanneer Bill wou aanbyten, zooals nu wat niet dikwyls gebeurde. Werkelyk ruzie kregen zy nooit, maar zonder speldeprikken kon v.d. Pas nu eenmaal den ander geen half uur gezelschap houden, en Stok op zyn beurt pareerde het altyd met een vernuft, dat soms meer trof dan bedoeld werd, en dat door zyn tegenstander voor een advocaten-geniepigheid werd uitgemaakt.

Frits echter liet het nu niet langs de koude kleeren gaan. Hy hief langzaam de linker arm omhoog en zocht met zyn groote hand juist een geschikt plaatsje voor een vriendschappelyken kneep in den nek van Juvenalis, toen deze, het merkend aan de schaduw vóór hem op den grond, plotseling op het stuur bukte en met een geweldige spurt vooruit vloog. Dat was natuurlyk een invitatie, die Frits niet onbeantwoord liet, en daar ging het als dollen over den weg. Ik twyfelde geen oogenblik wie van de twee de race moest winnen. Stok was een excellent trapper, licht als een veer en sterk in de beenen. Hy reed zonder dat men zyn bovenlyf zag bewegen, alle kracht dus concentreerende op de pedalen, en zyn heele ranke figuur, met niets onnoodig uitstekend er aan, vloog dan ook als een luchtverheveling [luchtwerveling] langs den weg. Zyn zware achtervolger daarentegen, hoewel onvermoeid als tourist, ging by iedere sterkere krachtsinspanning met zyn grootte corpus zwaaien als een dansende beer, en ving hy een ontzaggelyke massa wind door zyn openhangende jas, die by elke overhelling uitwapperde.

Zoolang ik hem nog zag, ik had geen lust mee te doen, bleef de beer den wezel vlak op het lyf, geen wiellengte achter, zooals bleek toen zy beiden haast op hetzelfde oogenblik verdwenen in de kromming van den weg by De Pan. Maar daaruit begreep ik dat het Stok's toeleg was ons mee te slepen en zoo toch nog het eerste plan doorgezet te krygen. En het scheen my ook in 't geheel niet onmogelyk dat dat dolle vaartje zou voortgezet worden tot Amersfoort toe. Ik besloot dus zoo wys te zyn hen alleen hun krygertjes spel te laten spelen en verhaastte myn gang maar heel weinig.

Het was doodstil op den weg, geen geluid te hooren dan het suizen van den zuid-ooster in de dennen en de lage eiken die den weg omzoomden en het regelmatige tikken van myn cyclometer.[439] Ik had de wind nu vlak mee, en de zon achter, zoodat ik in de gunstigste condities reed. Het duurde dan ook geen vyf minuten of myn aandacht was afgeleid en teruggegaan naar den ouden heer wiens armband ik had gevonden.

Een zonderling, om zoo'n armband te dragen, want dat hy 'm droeg begreep ik nu, nu ik my zyn tasten naar den linker bovenarm herinnerde. Dom dat ik hem niet evenzoo zyn naam had gevraagd als hy my. Maar ik zou hem nog terugzien in Drente! Was dat waarschynlyk? Hoe kon hy weten waar wy zouden zyn, Drente was groot genoeg om elkaar een week lang mis te loopen. En als hy naar Drente ging hoe kwam hy dan daar op den weg naar Zeist om dezen tyd van den dag en nog wel wachtende op de tram om terug te ryden naar Utrecht. Had hy gelogeerd

---

439 Snelheidsmeter voor een fiets.

op een van de buitens in den omtrek? Maar dan zou er toch wel een equipage geweest zyn om hem te brengen of althans een gastheer om hem uitgeleide te doen by de tram. En bagage had hy niet by zich, zelfs geen valies.

Toen ik door de bochten was gereden, waarin ik de anderen had zien verdwynen, nam ik myn binocle en keek eens uit. Jawel! als een zwarte stip, nu en dan een flikkerend met een vonkje was ver vooruit een fietser, of het er twee waren kon ik niet onderscheiden. Wat zotterny om je zoo af te beulen.

Het alleen-ryden verveelt my nooit, er is geen beter gelegenheid om van de natuur wezenlyk te genieten dan met een goed karretje in de eenzaamheid rond te zwerven, kalm, met open oog voor wat er te zien is, en dat is veel voor iemand die ook maar een beetje weet van planten en dieren. En nu geurde het bosch zoo heerlyk en ruischte zoo statig, en de hoogstaande zon gleed met gouden schichten tusschen de kaneelkleurige toppen der dennen, zoo fantastisch den bodem teekenend met grillige lichtvlekken, die door het zwaaien der kruinen heen en weer gleden als dansten er duizenden vlinders over den grond, dat ik geen spyt had dat ze my alleen gelaten hadden. Toch zette ik wat aan toen ik het meer open terrein bereikte en berekende aan het tikken van myn cyclo dat ik een snelheid moest hebben van een zeventien of achtien Kilometer in het uur.

Van de anderen zag ik niets meer. Huis ter Heide voorby, niets, op den weg verder, niets. Een oogenblik dacht ik een paar fietsers te zien toen ik Rotslust naderde, maar ook daar niets, zoodat ik begon te gelooven dat de heeren het werkelyk tot Amersfoort hadden volgehouden, dat ontstemde me toch een weinig! Maar dat duurde niet lang, want als my iets hindert is de troost altyd het meest naby, en allengs ging ook nu weer het rhythmus van myn cyclo-getik in muziek over. De windvlagen suisden het strykkwartet in de boomen en langs myn ooren floot de luchtstroom in hoog discant,[440] zelfs kwam er nu en dan een triangel by want het slangetje van myn pomp was losgeraakt en tikte met mooien metaalklank tegen de onderbuis van myn frame. De weg bleef verlaten. In de tuinen der villa's niemand, waarschynlyk wegens den wind. Behalve een vrachtkar, die ik inhaalde, een paar heibinders met een hondenwagen en een klein meisje op blote voeten, die, toen ze my zag, snel achter een boom sprong, was er niets tot den Amersfoortschen Berg.

Op den Amersfoortschen berg was onze lunch-halte en onze krygsraad over het de komende dagen te volgen gedrag. We hadden dat niet van te voren nauwkeurig bepaald, omdat onze afrit eigenlyk vry onverwacht was gegaan. Wel waren wy, al weken geleden, het eens geworden dat wy onder geen omstandigheid van een ander voertuig zouden gebruik maken dan van fietsen en voeten, tenzy natuurlyk de fiets-demonen ons al die akelige dingen beschoren hadden, die wy in de societeit, in de dagen dat we op mooi weer wachtten, met veel scherpzinnigheid hadden zitten bedenken.

---

440 Discant is een muziekterm om de hoge tonen aan te duiden bij het orgel, de piano en het klavecimbel.

Wy besloten dan maar om dien dag niet verder dan Harderwyk te gaan en het directe gevolg van dat besluit was dat we van den marschgang in de wandelpas overgingen. Slakkegang noemde het Bill wat evenwel weer onmiddellyk een distichon[441] van zyn overwinnaar ten gevolge had en daaruit ontspon zich een lange verhandeling van Bill over de soorten van gedichten.

III
In Meppel

[De drie vrienden overnachten in Harderwijk en reden de volgende dag door naar Meppel. Op een van beide overnachtingsplaatsen, vermoedelijk Meppel, ontmoeten ze de oude man opnieuw. Het is onbekend waar dit fragment op aansluit en dus ook wat er aan vooraf ging. Vermoedelijk waren de drie vrienden en de oude man in een gesprek over Wagners Ring der Nibelungen verwikkeld.]

Meneer Stok, zei de oude heer, na een ogenblik van stilte op Bill's uitval, meneer Stok, ik zou haast zeggen, al weet ik wat u er op zult antwoorden, namelyk dat ik geen argument aanvoer ... Maar ik zou toch zeggen, als Wotan's figuur u zoo gebrekkig lykt by Wagner, schep er dan zelf eens een. U bent dichter, en een glimlach ontnam al wat er scherp kon zyn in dat zeggen.

Bill werd even rood, maar toen kwam er een merkwaardige verandering op zyn gezicht. Hy trok haast onmerkbaar even zyn bovenlip samen, en ik dacht dat er een scherp of een spottend antwoord zou komen, maar neen, hy richtte zyn oog zoo doordringend als hy dat zoo kon, op den archaeoloog, en zei zacht, en met een warmte, als zelden in zyn woorden klonk, met alle genoegen, ik geloof dat ik het zou kunnen, maar dan moet ik een model hebben, want een schryver heeft natuurlyk evengoed zyn modellen noodig als een schilder, niet waar?

De grysaard knikte zwygend.

Nou dan! Ik wil het probeeren als u model wilt zyn.

Ik? Riep de ander verrast, en zelfs ietwat verlegen, scheen het me.

Ja, U. Een beter model geloof ik niet dat ooit te vinden zou zyn.

Er kwam een oogenblik van spanning. Het compliment, hoe fyn op zich zelf, was zoo op den man af gedaan, dat ik Van Bergen's confusie best verklaren kon. Maar ik wist niets te vinden om hem te hulp te komen.

Maar nu was het Frits, die afleiding bracht.

Wel, allemachtig! Bill! Laat ik nou es amicitia met je drinken! Dat compliment alleen is een gedicht! Proost jongen, op Wotan en zyn bard!

Op Wotan! zei Stok, en hief zyn glas omhoog.

Op zyn Bard, antwoorde onze vriend. En we klonken allen en dronken ad fundum op Frits' verlangen.

---

441 Gedicht van twee regels.

Ziezoo, Bill, zei ik toen, ietwat plagend, nou krygen we toch wat in ons boek van je. Maar hy scheen te schrikken, Nee, riep hy snel, dat is niet voor ons boek. Dat heeft er niets mee te maken. Dat hoort niet tot de reis.

Waarachtig wel, protesteerde Frits, we hebben afgesproken dat al wat we onderweg zouden schryven of zoo, er in zou komen. Een woord een woord, man en geen kapsies hoor!

IV
Meppel – Havelte – Steenwyk – Frederiksoord

Een breede scheur was er ontstaan in 't grauwe wolkenfloers. En somber rood stroomde als het vuurbloed neer op aarde. Als het begin van die wereld brand, waarin eenmaal, naar Noorsche godensage, 't heelal zal opgaan na de godenschemering.

Een Zonsondergang

Intussechen was het laatste stukje blauwe lucht in het Oosten sterk versmald, en in sombere dreiging grauwde, achter Steenwyk, een zware wolkenmassa boven het Friesche laagland en de Zuiderzee. Het bleef doodstil, maar ondanks het zwarter worden van de heide en het ineen vloeien van alle tinten van het landschap, bleef de atmosfeer zoo helder, dat wy duidelyk de torenspitsen konden zien van het stadje en de dorpjes om ons heen.

Kom! riep ik, laat ons gaan. We krygen regen; en de weg naar Frederiksoord is een zandweg. We hebben dus nog een harden dobber voor ons.

Stok en ik daalden den heuvel af, om onze fietsen te halen, en in te pakken wat wy by de hunebedden hadden gebruikt. Frits bleef met den ouden heer achter, beiden verzonken in den wonderlyken weemoed van het schouwspel, het langzaam sterven van den dag. Maar juist waren wy twee klaar met ons werk, toen Frits ons riep en haastig wenkte om te komen.

Gauw! gauw! Kom hier! Daar gebeurt wat! Daar!

Ik rende naar boven, zoo snel mijn beenen en de hooge struikhei het toelieten. In het Westen was de dikke wolkenbank plotseling gebarsten! Een smalle scheur was er ontstaan, recht boven de torenspitsen van Steenwijk en evenwydig met den horizon. Geen hemel was er nog door zichtbaar, maar aan den onderrand gloeide, fel, een roode glansstreep, scherp als een vuurlyn, langs den zoom van 't doffe, grauwe wolkenkleed.

De zon daalde snel, nog verborgen achter het dikke dek daarboven. In eens sloeg er een stralenbundel door den spleet omlaag, een tweede daarnaast, en in een oogenblik ontstroomde een vloed van wazig goud den breuk en stortte waaiervormig uit op aarde, de wolkenfranje aan den onderrand doorvonkend met een geel en rood, dat zacht vervloeide van den felsten brand tot een nauw-zichtbaar paarschen glimp.

En breeder werd de wolkenkloof en lager kwam de zon. Wyder nog greep de stralenvloed om den horizon. Vuriger werd de glans! Inkarnaat!⁴⁴² als gloeiend lava, stroomde het langs de randen van den barst. De onderrand van de zon zelf werd zichtbaar, bloedrood eerst, dan op vlammend tot een gouden bloemenhart tusschen purperen bladen. En beneden de hoofdscheur ontstond een kleinere, dichter aan den horizon, óók in een duister rood zyn zoomen kleurend, waarvóór de silhouet van de stad als in een duistere tover opdook, met al die fyne karteling van torentjes, schoorsteenen en daken.

Het was als aan het gloeienden vastgeworden bliksemstralen.

En daarboven werd nu de heele zonschyf zichtbaar, en de stralenwaaier stortte over het stadje heen en weldra over ons, vreemd vaal op 't bruin der hei, onwezenlyk als onnatuurlyk magisch licht. Verblindend schitterde de zon in 't midden van den nu vervormden spleet, die korter was geworden, meer rond, met hoekige plooien in elkaar geschoven, en waardoor een stukje van de heldere hemel was te zien, van het teerste groen, met purperlynen dooraderd. Aan alle zyden spoot het licht er uit, en elke neveltop die aan den rand der opening afhing van de aarde werd paarsch azuur, met bleekvergulde boorden, alsof een wondelelie was ontbloeid aan den duisteren wolkengrond.

Osiris, fluisterde ik. De gouden lotus van Osiris!

Neen! Asgardh⁴⁴³ opent zich. De Goden gaan ter ruste, en Walhall's gouden brug glanst in zyn gloed.

Het was van Harst,⁴⁴⁴ die het zei. Getroffen keerde ik my om, en zag hem aan. Hy stond boven op een der grafheuvels. Zyn hoed af, staarde hy het wonder aan, en in de zwakke avondwind, die nu was opgestoken, trilden zyn witte haren en luwde zyn baard zachtjes mee, glinsterend in het schynsel als een nimbus om het machtig hoofd, waar de oogholten als peillooze diepten in duisterden. Het was een zeldzaam indrukwekkend gezicht, dien bleeke kop, in een zee van rozig zelflicht, te zien uitkomen tegen den donkeren avond aan den oostelyken hemel. Een voetstuk van een geheimzinnig verleden, begraven onder hem …

Maar hy zette zyn hoed weer op, er vloog een schaduw over ons. De zon verdween achter den onderrand der kloof, en straalde nu naar boven uit door de sterk vernauwde opening, als de knop van een reuzenbloem, de kruispunten vervagend in het wolkgewelf.

De lotus sloot zich! Langzaam schoof het wolkenpak ineen, een poos nog glansde de onderste scheur in stervende pracht van purper en van lava-gloed, toen viel, als zonder overgang, de vale avond om ons heen.

Wy waren allen stil. En zelfs nadat de laatste glimp van de lucht was verdwenen, sprak niemand nog een woord. Alleen hoorde ik van Harst mompelen: Walhalls lichte poorthal sluit. De dag is heen, de nacht krygt het nu voor het zeggen.

---

442 Roze, vleeskleurig.
443 Asgaard (Oudnoords Ásgardr), de woonplaats der goden. Walhalla (Oudnoords Valhöll), de zaal voor de gevallenen, de hemel voor die krijgers die in de strijd gevallen waren.
444 De oude man die in andere fragmenten Van Bergen wordt genoemd.

Het was nu te laat geworden om nog tot Frederiksoord door te gaan, over een zoo goed als ongebaande weg, dwars door de hei. Van Harst ried ons naar Steenwyk te ryden, waar wy nog gemakkelyk konden komen, over Darp en langs den Bisschopsberg, het andere, zuidwestelyke einde van den heuvelreeks waarop wy hier aan het Noordoostelyke punt stonden.

En U? vroeg Frits, Waar gaat U deze nacht slapen?

Naar Meppel terug! Ik heb myn reisgelegenheid [vervoermiddel] in Darp achtergelaten.

Wy namen afscheid van onzen gast of gastheer, we wisten zelf niet recht of hy het een of 't ander was, maar het bleek dat wy tot Darp nog samen zouden wandelen.

Ik denk heeren, dat we elkaar nog wel zullen ontmoeten op Drentschen bodem. Ten minste als u blyft by de route, die u heeft vastgesteld. Dat is ook ongeveer de myne.

Dat waren byna de eenige woorden die wy nog spraken tot het punt van scheiden.

V
Tot Assen

Frederiksoord – Diever

[De vrienden fietsen dit gedeelte niet samen en wat dit gedeelte van de tocht naar Assen betreft krygen we het verhaal van Frits.]

Bedekte lucht, een matwit licht van glanzend schittergewolk en enkele fel blauwe vlekken, als mooi gewasschen meeren op een zilveren landkaart. De weg ingesloten. Dennen rechts, dan Sarothamnus[445] en zichtbaar al dadelyk als een kasteeltoren aan het eind van een oprylaan, de kerktoren van Vledder. Een mooie morgen, en een mooi meisje! Anders volmaakt stil op den weg. Financieele overpeinzingen. Goedkoop daar in Frederiksoord. Service nul, balcon van je kamer gratis. Lange witte streepwolken als voorwereldlyke kanoe's overstevenen statig de blauwe luchtrivier tusschen de groene dennenboorden. Verandering van tooneel. Eerst braambessen, dan eiken, elzen, en by een molmend hek een meidoorn, eigenwyze telefoonpalen met een enkele draad op hun porseleinen neus, en een belachelyk blikken kapje op hun kruin. Verbeelden zich zeker heel wat, als door de kultuur belikten in deze mooie bruinbronzige woestyn. Links aaneengesloten elzen, en altyd maar door bramen. De straatweg is bruikbaar. Wat stoffig en bestrooid met groenige hooivezels. Hoep! Uit is het bosch! Een dykje, weiland er achter! Veel biesgras, russen zeggen ze hier. Het gras is dauwnat. Geen diamantmyn zoo ryk!

Daar komt een fietsbroer. Nog wel een Kilometer, hy rydt net zoo min hard als ik. Een hooiharker. Leuk, dat roodbaai ondercostuum zoo tegen 't matte groengeel van het halfgare hooi.

---

445 Sarothamnus scoparius, brem.

G'n morge!

Ineens een mulle yzerbruine zandweg met een sjokkend peerd, zyn kop heen en weer gooiend en de toom vry meezwaaiend in wyde bochten. Een zwierige, royale figuur! De paarden zyn hier mooi, en zelfs dit, dat een mestkar trekt zou 'k best op stal willen hebben. En zyn baas, onverschillig er naast in een blauwe boezeroen, baggerend wydbeens door de rulle massa, kykt even op om die twee fietsers. Weg is het kykje. Weer bies en gras en klinkerweg.

De fietser! Morge!

Morge meneer.

Is zeker een kolonist van Frederiksoord, dat ie zoo beleefd groet.

Ben byna in Vledder. Mooi, die toren zoo voor je op te zien groeien van een verschietdwergje tot een sta in den weg. Een oude heer al! Heeft stellig al menig fietsershart gestreeld. De weg buigt, rechts. Uit is Vledder. Wat? Nu al? Wat een gat. Zyn toren is grooter dan hyzelf. Turfbrokken op den weg. Zwarte vlekken in het weiland. De veenen, Paardebloemen by massa. Het vergezicht is uit. De gronden zyn hier weer verdeeld in kampen. Dykjes eromheen, maar meer nog heggen, eiken, meidoorn, elzen, bramen. Afgezand terrein. En daar in 't midden van een kamp ... Kolossaal! Wat een distel! En precies midden in het veldje! Warachtig, de natuur is meer humoristisch dan Coquelin![446] Hier heerscht als 'n koning, trotsch, het ezelskruid![447] Warempel, je kunt z'n topbloem zien boven de heg uit, als 't violette schynsel van een Eifeltoren.

Weg, het veen. Weg, het groenland. Schapen en hei. Hei en schapen. Een enorme lysterbes, met wel duizend dikke trossen. Heiho! Schilders, come up! Je zoudt voor de oogenlust alleen hier een uur blyven zitten. Een nachtbrand in een groenen dag, een vonkenvuur in groen mousseline. En daar komt de zon! Hemelsche goedheid, wat is er toch voor moois in de wereld, zelfs zoomaar op een simpelen morgen by een stomme lysterbessenboom, naast een stuk hei met beestjes erop. Te drommel, geen wonder dat hier de Distel een majesteit wordt! Waar 't zoo mooi is verheft zich alles boven zyn eigen middelmaat. Kyk maar, daar die maaier in de verte. Een engel Gabriel wordt ie voor alle luiaards, zyn zeis het vurig arbeidszwaard, flitst in de zon.

Weg bliksemt ie achter 'n groenbronzen eikenwolk. Hei! Alleen hei! Ongebroken in zyn vorstelyken paarschen mantel! Hei! Waar geen maaier maait, geen Distel pronkt. Daar doet een eerpellapje[448] nog een poging om er 'n zoom om te zetten. Mis! Lukt je toch niet! Hei is hier imperator, slaat den purpermantel uit en weg is al het burgerlyk gedoe! Toch probeert het daar een berkenlaantje. En 't lukt! Een baantje borduursel in fyn groene veeren met zilverschacht. En langs den weg hier, paddestoelen! Maar dat is in de lyst! Geen hof zonder parasieten! En bramen weer, altyd maar meer, altyd maar meer. 't Is of je tusschen dyken rydt van in de

---

446 Benoît-Constant Coquelin (1841–1909). Een van de grootste Franse acteurs van zijn tijd.
447 Ononis repens spinosa, ook wel Kattendoorn, Kattenkruid of Dijkbrem genoemd.
448 Aardappellandje. Ik vermoed dat De Wilde met dit en soortgelijke woorden zijn best deed om het verhaal een Drentse klank te geven.

war gewoelde prikkelbeeren. De weg blyft goed. Schokt zelfs haast niet, de voegen tusschen de klinkers volgegroeid met kort gras. Recht gaat ie door, als 'n lint van eikenkroon, zandig oranje en groen van 't gras in 't midden.

Het terrein daalt een beetje, Je rydt hier vanzelf. Wonderlyk toch, zoo elastisch als je 's morgens bent. Het bibber zelf van je banden werkt 's morgens frischer lykt het wel.

Wa's dat? Een hutje in de hei! Voor verliefden misschien? Nee, 't is een turfhoop onder stroobedekking. En een veenplas ernaast. Een zwarte scheur in 't keizerlyke purper!

Maar nu gaat het weer naar boven. Dat voel je toch dadelyk zoo op de fiets. Een! Twee! Een! Twee! Ziezoo, de gang is er weer in. Nog een duwtje en 'k ben er! Ah! Dat 's een kleurenfeest! Zand, zand, als tygervlekken in lang gebroken streepen. Heerlyk blond, als 'n najaarsavondlucht. En daar die bloeiende Calluna[449] tusschen in, in dikke brokken opgepold! Als purperrotsen in een gouden zee! God beware! Wie zou zoo'n kleurenstryd durven uitvechten op een schildery? Boven ultramaryn! Beneden chromaat en een half dozyn tinten van rood vermillioen tot oker en karmyn, en hier naast me zinnober[450] ... of zoo iets. En toch het vloekt niet! Het vecht alleen maar, een mooi gevecht. Grootsch als de godenstryden van Homeros. Ach hemel! Arme kunst! Ryke natuur! En daar dat stroodak! Nieuw gedekt. Wat doet dat mooi! Dat is een keuterboer van smaak geweest. Hy weet hoe het hoort!

Maar dat wordt een heel dorp! Wat zou 't zyn? Diever? Mogelyk!

Boem! Uit alweer de goudzee! Een mager kampje wei, en ezelskruid alweer. Waar de mensch nadert komt zyn heraut vooraf. Neen, toch onbillyk op zoo'n mooien morgen te schelden op jezelf. Ze zyn toch wel ingenieus, de menschen. Zelfs zoo'n Drentsche keuterboer. Kyk daar es, dan. Een valhek van een enkelen boom gemaakt. De wortels aan de stam gelaten. En daarover heen ineens een doorkyk en een groen verschiet van laagland. Jongens, dat is toch ook zoo lekker sappig. Zoo iets zou je vanzelf uit je penseel druipen. En die details hier nu weer! Die stal van stroo, gevlochten lykt het wel. Een effen vlak met dikgebonden oplegsels als 't vakwerk van een zwitsersche chalet. En bergschuurtjes op palen. Met zoo lekker bruine schaduw er onder in dat fyne spichtige gras. Warachtig ook zoo'n mesthoop doet hier mooi en innig, zoo half verstopt achter zoo'n bruin verweerde stal. Maar waar hier toch de menschen zitten? Drie kippen ... daar nog twee duttend onder die heg van doorn. Een hond midden op een bleekje ... Dat zal wel de brink moeten voorstellen. Maar geen schaduw van een mensch! Verwonderlyk dat ik nog geen vogel heb gezien. Maar nu toch eindelyk een geluid. Een mestkar ratelt dof op de flinten. En daar onder de boomen schynt het toch te leven. Hupsa, dat is een lustige muziek! Pets, kets, flits, sits, bluts, kluts. Een troepje maaiers, die hun seizen kloppen! Aand'oever van ... nee, geen snellen vliet ... meer aan den rand van een vyvertje.

---

449 Hei.
450 een tint rood.

G'n dag saom, vrinden

Uit is het dorp. Aan alle kanten ver verschiet, met die fyne paarsche omneveling waarom onze schilderkunst zoo beroemd is. Bouwland alles in vakken. Spurrie,[451] met zyn malsche groene dons. Rooirype eerepelvakken en ryen vrouwen en kinderen aan 't werk om de knollen uit te delven. Dunne rookkolommetjes van keteltjes voor koffie, 't Is stil in de lucht, de rook gaat als dunne lyntjes op, pynboompjes makend als kleine Vesuviusjes.

Een hooge dam van afgehouwen takken. Ineens weer akker, met een ploeger. Een enkel paard! De grond is los! De kluiten zyn nauwelyks kluiten, en hoe weinig lyken de vooren op die korenaar-figuren die het ploegland in de kleistreeken vertoont. Overal aardappelrooiers en vrouwen en kinderen, als arbeidsklompen op de onafzienbare ruimte. Hoe klein! En toch hoe machtig! Waar zelfs het Caesarenpurper op den duur voor wyken moet! Want, te ontkennen is het niet: Drente wordt ontgonnen, al gaat het langzaam.

Daar spist de toren op van Diever! Ja, Diever, iets anders kan het nu niet zyn. Nog altyd esch en akkerland, in soupel welvende glooiingen. Weg alle wildheid. Alleen de bermen van de straat vol, overvol van doovenetel, met zyn coquette witte kransjes.[452] Ineens een brutaal stuk ruige hei ertusschen! Een purperen lap nog van het vorstenkleed! En weer een lysterbes vol gloeiende bloeddruppels. Als een regen van bloedparels opgevangen in het groen net van bladeren en takjes. Maar 't maal blyft ongebruikt. De vogels ontbreken. De stilte groeit weer om me heen. De groote stomme hei komt nader, 't is als voel je 't. Alleen myn fiets nog reutelt zwak zyn metaalgeluidjes voort. En ook die verstommen, na een poosje hoor ik ze niet meer, als alles wat aanhoudt ons ten slotte onmerkbaar wordt. Ik daal weer, styg weer, 'n wyde lap van somber bruin. Een andere hei nu, een arme, vaal als een bedelaarkleed en midden in een donkere plas, bruin en dreigend als het oog van een zigeunerwyf.

Maar dat is gauw uit. Huizen weer! Nu betere en een molenwiek boven de eiken uit. Diever! Een fabriek, of zoo iets vloekt met zyn lange schoorsteen tegen de opaal blauwe hemel. Het materialisme tegen den ether! En toch! En toch! O, arbeid! Almachtige, heerlyke triumfeerende arbeid! Die schoorsteen is uw eerezuil! Hoogryzend als een trofee boven het veroverd land! Diever! Eindelyk een mensch! Een boer? Een heer? Hm! Misschien een intellectueel van den arbeid? Een Fabrieksemploié? Rrtsch, geremd, afgesprongen, militair salut.

Kunt U me zeggen waar ik het Hunebed moet zoeken?

Recht door meneer, den eschweg op, dan komt u er vanzelf.

Dank u

En zoo kwam ik van Frederiksoord by jullie aan, Je kunt nu zelf dat boeltje uitwerken tot een beschryving, zoo spannend als je wilt.

---

451 Spergula arvensis, een eenjarige plant uit de anjerfamilie.
452 Lamium album.

Diever – Assen

Ik was met myn aanteekeningen klaar en Bill al lang met zyn schets, zoodat hy den omtrek ook al kris en kras had doorkruist en uit de verte over den esch weer op ons afkwam, toen Frits ploerend door het losse zand op de hoogte verscheen. Het kostte een beetje moeite om hem over te halen nu dadelyk weer mee door te gaan, want de hut frappeerde hem en we moesten hem dan ook wel zooveel tyd laten dat hy althans van de noordzyde een schets ontwierp, met het eene kind, het jongste, op den voorgrond, en de kruiwagen met russen moest erby gehaald worden om te stoffeeren.

Maar eindelyk gingen we. Bill voorop, natuurlyk geen van alle opgestegen want het pad was niets dan een uitgeloopen, geregend en gewaaide sleuf tusschen de bebouwde esch-akkers in. Soms deed wel onze voorman een poging, maar zelfs hy kon geen drie tellen achtereen blyven zitten of hy moest er weer af. Alles fyn, echt stuifzand, zonder een steentje, hetzy gerold, hetzy gebroken. Tweemaal deed Frits nog moeite om naast onzen holle weg, langs het randje van de akker, waar de grond donker en dus vaster was, maar zoo hobbelig als een ploegland zelf, nog op te stygen. De eerste maal kwam hy voor dat hy nog gezeten had al langs den steilen kant naar beneden, met kar en al, maar den tweeden mal zat hy en huppelde een poos als een ton over een trap verder. Wy, anderen bleven wyselyk uit de buurt, voorziend wat er gebeuren zou, en jawel, by een flikschen huppel vloog hy omlaag, armen en beenen uitgespreid als een vliegende eekhoorn. Gelukkig was het hier nog altyd maar zuiver zand, en dus bezeeren deed hy zich niet. Merwaardig was alleen dat zyn karretje netjes boven bleef staan, in een greppeltje dat het geimproviseerde pad, waarop hy gereden had, afscheidde van het eigenlyke ploegland.

Wy lachten hem dapper uit, en Bill gaf hem een standje dat hy, de minst vaste ryder van ons drieen zoo'n pad nog had geprobeerd. We wisten geen van de drie toen dat we een paar dagen daarna alle drie op nog vry wat erger baantjes zouden dansen, en zonder den minste kans op tuimelen of zoo iets. Een beetje moed, en alles went verbazend gauw. En tot zyn eer moet ik het hier bekennen, Frits had dat toen al blykbaar in de gaten, want Bill kreeg zyn standje driedubbel terug, met het veelzeggende slot dat wie nooit iets waagt ook nooit iets meer doet dan de alledaagschheid.

Best mogelyk, beet alleen Bill nog af, maar als jy nu alle dagen van plan bent zoo'n uitmiddelpuntigheid te doen, dan is er maar een kleine kans dat die zelf niet ook alledaagsch wordt.

Hoe dat, was nu Frits nog zoo dom te vragen.

Wel, als jy je nek breekt

Een gegrom, waaruit ik opmaakte, eeuwig en altyd hatelyk, was het antwoord, en toen sukkelden we op langen ganzenpas zwygend verder.

We waren ongetwyfeld in een overoude zandverstuiving die al eeuwen geleden, misschien al voor het hier wonen van menschen, moest ontstaan zyn en toen langzamerhand bedekt met een laag humus, hetzy alleen door begroeiing met heiplanten of misschien zelfs doordat er werkelyk hooghout, dus bosch, op ontstaan is. Maar van hei noch bosch was in ieder geval nu iets meer te zien, want alles was veranderd in bouw-esch.

Diever ligt dan ook zeker, ook zelf op zoo'n verstuiving of er vlak naast, zoodat althans zyn Eschhoogte er uit bestaat, waarin dan de holle weg is uitgesleten, soms meer dan twee meter diep, waarin wy nu in het zweet onzes aanschyns werkten om vooruit te komen. Want het was intusschen warm geworden, en hier, zonder eenige schaduw van boven, met die felle terugkaatsing van dat blinkend witte zand, poederfyn, zoodat het opwolkte en een poos hangen bleef achter ons, dat werkte al heel gauw geducht op onze perspiratie.

Maar aan alles komt een einde, en na een kwartier werd althans het terrein zoo open dat we meer luchtverversching voelden dan in dien zandsleuf. De weg werd nu zoo breed dat Frits op het eerste gezicht uitriep, toen we even halt maakten om uit te blazen, Jonge, dat lykt hier wel de Champs Elysees,[453] een vergelyking die met de noodige goedwilligheid desnoods wel op de ruimte, maar zeker niet op de veelheid van voorbygangers kon toegestemd worden, want zoover als juist hier bizonder opviel. Het terrein was erg gebroken, schuimwitte zandvlekken, hier en daar met dikke koeken van Calluna op zyn overouden humuslaag, bepruikt, en daar tusschen in op de meest onregelmatige wyze verspreid jeneverbesstruiken, met hun ongastvry en in zich zelf besloten uitzien, die iets kerkhofachtigs aan het terrein gaven, iets als een Italiaansch cypressen-landschap in miniatuur. En dan weer slierten van dooiergeele heuvels, zoo volkomen verlaten dat de als in versteende golfjes opgekabbelde grond geen spoor van betreding vertoonde, hoogstens dat er zoo'n enkel hazen of konynen spoor vlug overheen was getrokken.

Er is in zoo'n volstrekte eenzaamheid altyd iets indrukwekkends, een melankolie, en toch iets dat je op het oogenblik van 't voelen zelf niet zoudt willen missen. Ik was blyven staan, half zittend, half leunend op het frame, om de grillig wonderlyke lynen van het landschap te genieten. Die breede, misschien wel dertig meter wyde, zandweg, vol diepe spooren, met grof gebrokte hoogere "beunen"[454] er tusschen, waar soms zelfs een stekelige heidoorn[455] een verschrompeld bestaan had bevochten aan de magere grassoorten, kommerlyk voortkruipende fletschbloeinde struikhei en meer zulk ruig kroost van Flora. Dan daarnaast die blanke duinen, met hun byna gegolfde flanken, op vele plaatsen als met paarsche lappen van bloeiend heigewas behangen, of onderbroken door die jeneverbessen, die er uitzagen nu eens als donkergroene vlammen, dan weer zweemend naar vormen van gebroken torens, met kanteelen. En verder weg het machtig dichte blauwgroen bouqet van pynen op hun bruine stammen, die als kaneelkleurig waren in de felle zon, en die verdere doorkyken tusschen heuvels en boompluimen door

---

453 De Elysese velden, afgeleidt van het Elysion uit de Griekse mythologie, dat gedeelte van de onderwereld waarin de helden rusten.
454 Is dit een Drents woord? De gangbare betekenis van een ruimte waarin men vis levend bewaren kan is hier duidelijk niet van toepassing.
455 Stekelbrem, Calycotome villosa.

naar licht groene verschieten van eiken, lage eiken, die door de heete luchtlagen gezien scheenen te trillen en te walmen als groene vuurgloed. En dat alles zoo stil, zoo stil, … We zwegen er alle drie van, een heele poos.

Maar Frits, die nu eenmaal niet zwygend geboren was, zooals hy het uitdrukte, riep ineens ons wakker.

Allemachtig lui, als we nog langer staan blyven, dan graaf ik hier een gat, zet er een plaggen dak overheen en blyf hier wonen. Dat is verd… niet uit te houden, zonder dat je een lik op een lap kanvas mag geven.

Neem een schets

Ja, zei ik, voor schilderen kunnen we nu niet wachten. Maar, neem even een schets.

Wat geeft nou zoo'n potloodstreep! Dat is juist het innige mysterie van het Drentsche landschap, het is kleur, het is gloed, vlag en vuur en goud en zilver en .. en .. en .. Kom laten we gaan, en loopend kyken. Dan doen we ten minste iets, al is het maar met de beenen.

We gingen door. Maar de weg werd nu iets smaller. De heuvelreeks links kwam nader, er stonden ook meer dennen en sparren naby en eindelyk schoven we in een breed spoor met rechts wat eiken en elzen op een kunstmatig dykje. Daarachter lag een klein kamp met distelryk gras begroeid. Maar nu werd de hitte ook bepaald onverdragelyk. Will had jas en vest opengegooid en Frits zyn hoed op zyn lantaarn gehangen, nu hy in de schaduw liep kon hem geen zonnesteek te pakken krygen, dacht hy zeker, als zoo velen die aan het woord "zonne-steek" blyven hangen. Ik geloof dat ik ten slotte geen drooge draad meer aan my had.

We zyn zeker verdwaald, meende Frits, toen we weer even halt hielden om onze zakdoeken als handdoek te gebruiken. We zyn zeker verdwaald, want we moesten toch al lang by het kanaal zyn.

Ik weet het niet. Ik weet hier zoomin de weg als jullie. Maar we gaan tot nogtoe voortdurend Noordoost, dus dat is in elk geval in de richting naar Assen.

Zoo mopperde hy, een mooie boel! Dus we moeten op die manier tot Assen doorzweeten? Ik dacht dat we langs de Smildervaart zouden opryden. Daar moet een goeie klinkerweg zyn.

Natuurlyk, viel nu Will in, en we willen dan ook het kanaal hebben. Daar moeten we met dezen weg komen.

Maar als we nu Noodoost opgaan, zooals hy zegt, dan moeten we evenwydig loopen met het kanaal, want dat gaat ook Noordoost, kyk maar hier. En hy vouwde de kaart uit. We gingen aan den kant van het dykje erby zitten. Maar nog geen seconde nadat ik myn fiets tegen den wal had gezet en juist toen ik wilde gaan liggen, riep Stok ineens, een zeil.

En werkelyk geen tweehonderd meter van ons af gleed langzaam en statig een bewimpelde mast, en een stuk turfbruin zeil boven het eikenstruikboschje over het blauw van den hemel.

Frits sprong overend. Keek de verschyning aan alsof het een visioen was en met een krachtwoord viel hy uit: Dat is nou echt Drentsch! Je droogt uit tot een mummie in een woestyn en je bent zonder het te weten of te raden vlak by een vaart diep genoeg om in te verzuipen.

Nou, meende Stok, zoo kras is het nou niet. Ik dacht het wel dat we niet ver meer van een rivier moesten zyn.

Waarom?

Wel we zitten immers naast een grasveld. En dit dykje is met elzen bezet. Ik heb al gemerkt dat hier een zeker teeken is dat je in de buurt van een stroompje bent.

Hy had gelyk, en zyn gewone scherpzinnigheid had hem nog eer het ware doen raden, dan my, al was ik zeker meer dan hy gewoon my met terrein en grondsoorten te be moeien.

't Is zoo, zei ik dus. We hadden uit dat kampje kunnen opmaken dat er water in de buurt moest zyn, en vooral hier in Drente.

Maar Frits kon nu eenmaal het er niet by laten als de andere hem te leep afwas.

Ja, water, bromde hy, maar daarom nog geen rivier. En sinds wanneer noemen jullie een kanaal een rivier?

Will trok zyn schouders op. Hy vond dat waarschynlyk muggenziftery, en nu kon ik dus in myn rechten treden van meer-weter.

Dat's ook waar, gaf ik toe, een kanaal is geen rivier. En als de Smildervaart gegraven was door een zandstreek waar geen rivier geweest was, dan zou dat er anders uitzien dan nu hier het geval is. Maar, dat is het juist. De vaart is eigenlyk maar een gekanaliseerde rivier, of ten minste het is vlak naast de oude bedding van de Oude Smilde getrokken tot een heel eind naar Assen toe.

Zie je wel, alwyze meneer? Met al je concludeeren en kritiseren en pedanteeren en …

Ja, ja! We weten het al! Je hebt gelyk gehad door te zeggen dat we door het zand naar Assen moesten kruien. Vooruit nou maar, anders droogen we hier nog uit voordat we ons kunnen verdrinken.

Ik moest, hoe dikwyls ik die twee ook hoorde twisten, toch lachen, nu ze eigenlyk ook werkelyk geen van de twee ongelyk en ook geen van de twee heelemaal gelyk hadden gehad.

We hoefden geen twee minuten te loopen of het paadje onder onze voeten werd donkerder van kleur en, hoewel de weg zelf bar zand nog bleef, ernaast hadden we een leemig lint waarop het mogelyk werd te ryden. Will zat in een wip, ik volgde en na nog een minuut boog ons pad rechthoekig af naar rechts en we reden in triomf langs een breede nieuw gegraven sloot naar den hoogen weg die langs de Smildervaart linksom naar Assen voert. Maar toen we met verlicht gemoed op den klinkerstraat onze zwenking linksom maakten, zagen we een toneel dat niet licht te vergeten is.

Op onze vaart langs den nieuwen sloot hadden we natuurlyk niet omgezien, zelfs niet toen we een geratel hoorden en een vloek, die van niemand anders dan van Frits kon komen, want het berydbare paadje was te smal om ook maar een kleine afwyking van onze karretjes toe te laten. Maar daar lag nu onze goede reus in een houding alsof hy de gevaarlyke brug vertoonde. Zyn beide voeten op den kant waar wy gereden hadden en zyn armen, tot aan de elleboogen, op den anderen oever van den greppel, maar zyn fiets in de diepte, die gelukkig niet meer dan een meter kon zyn, maar die, al stond er niet bepaald blank water, toch verre van droog was. Met een homerischen lach, zooals onze stille Will die misschien nog nooit had uitgestooten, wipte hy bliksemsnel op zyn wiel, vloog met twee trappen terug naar den held in nood, gooide zyn eigen fiets in het zand, sprong als een kat over den sloot en pakte den brug by zyn schouders. Haaaaaal-op, gierde hy toen en gaf, geholpen door Frits zelf het zware lichaam een duw, zoodat hy als een staak rechtop en zelfs byna weer achterover kwam te vallen.

Zelden zal de stille vaart nog eens zoo weergalmd hebben van een onbedaarlyk gelach als dat van ons drieen, want Frits zelf had nog meer met zyn avontuur op dan wy. En zelfs de stekeligheden van Stok, dat hy zich waarachtig toch nog had willen verdrinken voordat hy het kanaal bereikte, kon zyn goed humeur niet verontrusten.

Zie je nou wel, riep hy uit, je hoeft niet naar Amerika te gaan om avonturen te hebben. Een Hollandsche sloot en een beetje geluk is al genoeg om de malste dingen te beleven.

Ook de boer, die uit zyn huisje was toegeloopen, al kwam hy te laat om te helpen, kreeg pret in het geval. Hy stond te schudden van plezier.

Met dat al was het een geluk dat er nog aan de fiets zelf niets ergers gebeurd was dan een verbogen spatbord, dat we dadelyk weer in zyn fatsoen konden herstellen.

Een oogenblik daarna zweefden we luchtig en wel over den weg, onbevreesd voor andere avonturen.

En hoe heel anders was nu onze omgeving! Een vaart, met een eindeloos perspectief van water voor ons uit, aan weerskanten een zoom van weiland, met koeien, met boerderyen, boomen, hooimyten, melkkarren, door paard getrokken en vol met die groote blinkende bussen, die naar de zuivelfabriek gaan, schuiten in het kanaal! Een volmaakte verandering van toneel, in drie seconden! Want door het eikenhakhout aan den zoom van de hei was die geheel voor ons oog verborgen.

Drente is inderdaad een mooi land, vol tegenstelling en ook vol harmonie, echt Hollandsche fynheid van tinten en kleuren hier, en dan weer daarginds de vlammendste tegenstellingen die te denken zyn.

Een vierkante paal, Smilde-Diever. De toren van Assen al in de verte?
Een brug, een dorschvloer, een brug.
Een boom aangezien voor den toren van Assens kerk.

De woningen zyn alle klein, maar toch alle met een hof, zy't klein zy't grooter.

De weg, waarop wy ryden wordt hooger. Trouwens beide oevers van de vaart stygen, maar de onze het meest. We ryden telkens in de schaduw van eiken.

Aan de overzyde is nu te zien dat, naast het weiland, dat er anders nog frisch en fleurig genoeg uitziet, de hei weer nadert. Boven den bazaltzoom van het kanaal, by een sluis is het gras zoo dor en flets, en langzaam stygt de vaalheid van den rand ook hooger, totdat het heele groenland niet meer is dan een fletsgroene zoom aan het bruine heikleed, dat nu weer zyn slippen en plooien strekt tot aan den oever van de vaart.

Heel in de verte blauwe duistere dennenbosschen en sparrengroepen, en daar weer marmeren blinkende zandstreepen door, dunne streepjes zoo in de verte. Maar vlak by, aan de sluis, zyn eiken, forsche stammen, die met hun grillig getak op machtige rechte stammen den hemel krabben.

De sluis wordt geschut. Een turfaak, als een turffort moet er door. Merkwaardig dat de sluiswachter op een eilandje, of liever een schiereilandje woont!

Maar toch gaat je die eindeloose rechtheid van zoo'n vaart vervelen. Al de banaliteit van een geestelooze nuttigheidsfilistery ...

Frits raakt onder den indruk.

Godbeware! Ja, mooi! Maar net een streep met een natte vinger ... Dat is eigenlyk je heele kanaal.

En de heele variatie is turfschuiten, en schuiten met turf, turfschuiten ... schuiten met turf ... Je kunt het zingen op de maat van je peddeltrappen.

En dat de lui hier hun peerden zoo ranselen, ik ben overtuigd dat het is van verveling. Ze kunnen hier niets anders doen! En dan dat eeuwige zwygen hier! Je hoort geen hond blaffen, en de varkens zelfs vreten zwygend, in plaats van genoegelyk te knorren, zooals by ons. En die groene zoom aan dat bruine kleed ... Jawel, 't is verd... mooi! Maar kyk nou es twee uur lang op een bruin tafellaken met een groene zoom!

Denk dan aan wat anders, gaf Will te raad. Meende hy een scherpe steek? Ik keek hem even terzyde aan, er was geen spoor van in zyn gezicht te zien.

Waaraan? Vroeg Frits.

Wel, aan wat anders dan je om je heen ziet. Jullie schilders moest eigenlyk eens wat meer leeren inzien dat het onmiddellyke zien toch eigenlyk iets kinderachtigs is, dat de eerste schooljongen ook kan. Die vaart hier is geen sier veranderd sinds je'm zoo even zoo mooie vond ...

Dat is het juist! Dat is nou stemming. Ik weet net zoo goed als jy dat die vaart er niet leelyker op is geworden in den tyd dat wy er langs ryden. Maar hy wisselt te weinig af, en nou zie ik het mooie er niet meer van.

Maar ik wel!

Dat is individueel. Jy houdt het misschien een halven dag vol, ik maar een uur, met het zelfde mooi te kunnen genieten, maar na dien halven dag verveelt het jou net zoo goed als my, en dan komt de zaak precies op hetzelfde neer.

Goed, maar dan blyft de vaart toch opzichzelf wel mooi?

O lieve God! Hou nou je mond maar! Kunst of alle andere filosofie op de fiets. Nee, dat is my een te wankele basis.

Dat hebben we gemerkt, prikte de altyd parate Will weer terug.

Maar het onderwerp had my plotseling getroffen, nu er zoo'n ongezochte aanleiding voor was gekomen. Ik vroeg dan ook aan Frits, zou jy dan werkelyk gelooven dat de stemming van den man die toekykt, de directe oorzaak is voor het mooie in ... laat ons zeggen ... in het landschap?

Ja! ... of ... kyk es, dat vat ik zoo op. Als ik 's morgens wakker word na een beroerde slaap of een droom die me onaangenaam gestemd heeft, dan is het niet meer dan natuurlyk dat een ... zeg een blanke duinkyk, waar de zeewind met de zon omheen dwarrelt me helemaal kan opknappen. Maar dat is dan voor een groot deel omdat ik die lamme nacht-stemming kwyt zyn wil. Die zal misschien nog telkens opkomen, en misschien uren lang nog op dien dag, maar ik wil er niet aan denken en geef er dus niet aan toe. Zie je, dat is de eigenlyk eenige grens, die aan stemming gesteld is. Een stemming die je onplezierig vindt, kun je opzyzetten, als je gezond bent van hart en nieren, en alsdus is stemming niet alleen almachtig by een bekyken, maar het kan immers zyn, dat je zelf heelemaal niet merkt in welke stemming je eigenlyk bent, en dan spreekt het vanzelf dat die stemming heelemaal de bril wordt waardoor je kykt.

Dus de macht van een stemming houdt op zoodra hy bewust is geworden?

Nee, dat ook niet alleen. Daar moet bykomen de wil om hem te laten voort blyven bestaan of hem van je af te schudden. Je stemming is dus wel altyd de onmiddelyke reden van je mooi of leelyk vinden, maar niet de eenige en ook niet de eerste, en ook niet eens de voornaamste. Want, de voornaamste is of je die stemming met je verstand afkeurt en met je wil verdryft ...

Ho, ho! Je kunt een stemming maar niet van je afzetten wanneer je wilt.

Nee, niet dadelyk. Da's waar. Maar je hebt toch wel allerlei middeltjes tot je beschikking om dat te doen. En een geestelyk gezonde gebruikt, die, omdat hy nooit kan goedkeuren dat zyn verstand beneden zyn stemming zou komen te staan ...

Ik zou wel eens willen weten wat voor middeltjes.

Ach, Kerel, kyk nou toch maar eens even naar jezelf. Je raakt hier in Drente al je kniesoorigheid kwyt ... Je zit zoo lustig op je kar, dat je nou toch wel vanzelf moet inzien, dat die middelen by miljoenen te tellen zyn. De een neemt broomkali, de andere wat cremetaart, een derde gaat Hunebedden bestudeeren... En je zult me toch niet wys willen maken dat die middelen niet met volle bewustzyn worden gebruikt. En daar heb je nou Stok e....

O, zoo, viel Will in, het zou ook wel een wonder zyn als ik er buiten gelaten kon worden.

En het zou nog groter wonder geweest zyn, pareerde Frits, als jy nou es eens iets kon zeggen dat niet hatelyk was. Ik was van plan je een mooi compliment te geven, maar nou doe ik het niet.

Ik een compliment van jou?

Ja, o hoog geachte levensredder.

Dat zal er me een naar wezen.

Dat was niet meer of minder dan dat ik zeggen wou dat jy je stemming juist altyd zoo in je macht hebt, dat je er haast nooit aan toegeeft.

Dat is misschien waar. Maar jyzelf hebt stemming iets genoemd dat alleen met permissie van het verstand bestaan kan, maar ontstaat buiten het bewust zyn om... Niet?

Ik zag dat Frits hem met verbazing bewonderde. Ik mag verd... zyn barstte hy los. Gezegd heb ik dat zoo min als die mooie bruinoogige schippersdochter daar, die ik toch even een kushand moet toewaaien ... Nee, gezegd heb ik het niet, maar het is in een paar woorden precies wat ik bedoel!

Nou, ging Will door, dan is het een compliment dat je me gaf, want dan wil het zooveel zeggen als dat ik probeer om ieder oogenblik van myn leven by myn verstand te zyn ... en dat ik daar tamelyk in slaag.

Ik voelde na die woorden iets alsof er iets schokte by my. Die twee menschen, die my alle twee lief waren, waren het nu toch in den grond heelemaal eens met elkaar. En ik wist ook al jaren lang, dat al hun geharrewar nooit ernstigen twist kon veroorzaken, omdat de grond van hun wezen toch eigenlyk harmonieerde. En hier hadden ze nu juist een van die harmonieerende toonen van hun akkoord geraakt ... En toch, toch. Waarom moest nu Stok daar weer zoo'n vlymend ontleedmes zetten in die goeige kinderziel, die een paar bruine oogen kust enpassant, zonder verdere reden dan een overvloeiende hartesgoedheid, en dat terwyl hy zich evenzoo enpassant met misschien het belangrykste vraagstuk van kunstfilosofie bezig houdt.

Ook Frits bleef zwygen. Voelde hy de scherpte van Stoks gezegde? Waarvan de spits voor hem nu onmogelyk was af te byten zonder zelfverwonding?

Ja hy moet het gevoeld hebben, want een poos daarna, kwam er, als een zucht uit zyn breede borst, ach ik heb het al zoo dikwyls gezegd, en al zoo lang. Ik ben niet tegen sentimentskunst. Nooit geweest, ook toen die nog in volle opkomst was. En ik ben ook niet tegen verstandskunst, want ik geloof dat alle kunst verstandig moet zyn, als ze niet gek wil wezen ... Maar ten slotte zyn ze toch alle twee hetzelfde. Ze zyn alle twee gemoedsuitingen, en alleen de graad van zelfbeheersing van den kunstenaar is het onderscheid. Maar ... Wat is daar of hier te veel, wat te weinig en wat is net genoeg? Als je dat met je verstand beoordeelen kon ... Nou dan zou ik moeten toegeven, dat verstand werkelyk boven gevoel staat, in kunst ... Maar nu Will, en er klonk iets weemoedigs in zyn woorden, laten we daarover maar nooit meer spreken. We zouden er misschien echte ruzie over krygen. Er zyn geen twee dominees die over God vechten, maar de heele christenheid verkettert de andere helft om de wyze waarop je God dienen moet.

Maar Stok maakte de verzoening nog meer volkomen dan ik gedacht had dat mogelyk was.

Dat is zoo, zei hy, ook zoogenaamde verstandskunst is toch eigenlyk gevoelskunst, want zonder gemoedsbeweging is er zeker geen letter op papier te zetten, en geen toon te zingen. En het verschil zou dan alleen worden dat hy die alleen kunst schept na zyn verstand geraadpleegd te hebben, een bepaalde keuze doet uit zyn gemoedsstemmingen, maar de andere, die van stemmingskunst, of hoe je 't noemen wilt, want die naam is al verouderd, hy die alleen stemmingskunst wil geven, wel die neemt by zyn keuze meer aan dan de ander. Frits knikte toestemmend, en toen Will eindigde met, en misschien kun je dan zeggen dat z.g. idealistische kunst precies hetzelfde is als die verstandskunst, die maar betrekkelyk weinig elementen in zich toelaat, en er vele elimineert, die door de realistische kunst nog worden aangenomen als bruikbaar. Maar dat zou dan meteen de reden zyn dat het idealisme zoo veel vreemder is voor hen die kunst vergelyken met hun eigen leven, en dat doet de meerderheid.

Ja, ach dacht ik, zonder het uit te spreken, en wie dus een ryker gemoedsleven achter den rug heeft, heeft een ryker keuze, en hy kan ook zonder verlies aan waarheid meer ideaal zyn dan een ander, die met zyn gemoedsleven maar staan blyft by niets anders dan wat om hem heen gebeurde. Hoe innig zyn die twee het eigenlyk eens. En hoe prachtig sluit dat haarscherpe verstand van den een, al het grove uit en is het meester van zichzelf, en hoe heerlyk is dat andere gemoed, dat altyd maar kan geven en geven en dat zyn wonden toch evenzoo bedekt met zyn verstand. Maar ik zei niets, want dan was de twist weer losgebroken, en die werd nu heelemaal vergeten omdat er een benzinemotor in het kanaal verscheen, die puffend als een hoestende teringlyder, driftig voorbyschoot. Het was een passagiersbootje, waarop je plaats kon nemen tegen betaling.

VI
Assen

[Er bevinden zich geen fragmenten in deze bundel die rechtstreeks bij Assen passen, maar er zijn twee fragmenten die verder niet thuis te brengen zijn. Omdat deze fragmenten zich in een ruimte, vermoedelijk de gelagkamer van een hotel, afspelen, plaats ik ze hier onder het kopje Assen.]

Frits over politiek

Ik aan politiek? Wie my kent en zoo iets vraagt, beleedigt me.

Will begon te lachen, maar zei niets. Ook ik begreep dat er weer een boutade in aantocht was. Maar de oude heer keek verwonderd en vroeg, hoe dat?

Omdat politiek eigenlyk een ander woord is voor corruptie, bederf, zede-vunsheid

Een streng oordeel, maar ...

Een recht oordeel! Politiek! Is er een enkele staatsman, die oprecht is? Geen enkele. En zoo is de basis zelf van hun moraal al rot, want het begin van alle deugd is waarheidsliefde. En al mogen ze in theorie zeggen dat staatskunde niet per se leugen hoeft te zyn, er is nog nooit een staatkunde geweest die het praktisch niet was. Zoodra je begint je er mee te bemoeien voel je al dat je de gewone regels van goed en slecht ontvallen. Waarom is er geen staatsman, die den anderen vertrouwt? Omdat er geeneen is die zichzelf voor vertrouwbaar houdt. Ja zelfs wordt, als een nieuw lid van de regeering gekozen is, al ondersteld dat er best iets met hem niet in orde kan zyn en dat zyn verkiezing zelf wel eens oneerlyk in zyn werk kon gegaan zyn.

Hoe meent u dat? Vroeg onze gast, die met een fyn lachje heel oplettend toeluisterde.

Wel, zoodra er iemand gekozen is moeten eerst zyn papieren worden nagezien. Terwyl in ieder fatsoenlyk gezelschap een man, op wie niets te zeggen valt, wordt toegelaten en als hy zich fatsoenlyk gedraagd zelfs wordt ingehaald met plezier, gaat het in de politiek als by de grootste schurken, laat eerst zien of je by ons hoort of anders willen we niets met je te maken hebben. En hoe wordt dan nog zoo'n man gekozen! Elke politieke verkiezing is een roeren in een beerput! Wat zou eigenlyk eenvoudiger zyn dan je stem uit te brengen op den een of den ander? Geen dubbeltje, behalve natuurlyk het loon van de beambten en locaalhuur enzoovoort.

En de aanporders, gooide Will er tusschen in.

Ja, daarmee begint het juist! Aanporders! Dat is juist de grootste gemeenheid ervan, dat er geen honderdste deel van de stemmen zelf worden uitgebracht uit eigen overtuiging. Alles moet opgezweept, aangepord en dan door de schandelykste leugens tot een beetje warmte opgekikkerd worden, anders zouden ze niet stemmen. Trouwens, iedereen weet het, dat de grootste stommerikken, die het makkelykst op te porren zyn omdat ze het onzelfstandigst zyn, dat die de trouwste kiezers zyn.

Maar u kiest toch zelf mee, als het moet?

Nooit! Ik heb maar eens in myn leven een stem uitgebracht … behalve natuurlyk in besloten vergaderingen of gezelschappen. Maar een politieke verkiezing? Nooit, buiten die eene keer!

Zeker een belangryke?

Jawel! Maar toch heb ik er nu nog het land over dat ik heb meegedaan. O, nee! Niet omdat ik me toen heb laten opporren! Er is geen sterveling by me geweest en ik heb geen enkel verkiezingsbladje gelezen. Maar omdat ik daarna mee schuld heb gekregen aan de grootste lafhartigheid, die ik me denken kan.

Mee schuld?

Ja. De grootste lafhartigheid is in myn oog die om iets dat je bepaald verkeerd vindt en dat een ander heeft begonnen toch zelf voort te zetten. De lafste is hy, die zelf de schuld van een ander niet eens durft te veroordeelen en te verbeteren.

En is dat dan gedaan door een man die u hebt helpen kiezen?

Zeker. Door hem en door de heele Kamer, die toen is omgegaan. Zie es, ik heb myn stem uitgebracht omdat ik het ministerie Kuyper[456] een ongeluk achtte voor ons land. In het algemeen al ben ik tegen het regeeren van de vroomen, ze zyn altyd onverdraagzaam en ook onoprecht, want als ze werkelyk geloofden dat God alles ten beste leidt, dan zouden ze niet eens willen regeeren. Maar nou heeft dat clericale oogenblikje van gezag het in oneerlyke haast zoover gebracht dat het

---

456 Abraham Kuyper (1837–1920).

openbaar onderwys grootendeels onder invloed van de oomes komt te staan. Dat kost het land behalve zyn goed onderwys ook nog eenige en vele millioenen. Dat was me een lawaai in het zoogenaamde vryzinnig kamp! Of het lawaai meer over de scholen dan over de millioenen was, dat weet ik niet! Maar een feit is het dat die schoolkwestie by de stembus je motief was tot aanporren! En Kuyper is dan ook gevallen! En nou zou je denken dat als het volk op die manier uitspraak gedaan heeft, zooals ze dat wel es noemen, dat nu de nieuwe regeering die verderfelyke maatregel van zyn voorganger afschaft. O, heerejee! Verbeel-je! Geen denken aan! Dat zouden geen partementaire manieren zyn! En zoo gaan de heeren staatslui van heden dus wetten in werking stellen, die door het volk veroordeeld, door hen zelf afgekeurd, voor het land een ongeluk zyn! Louter uit parlementaire gemanierdheid! Politiek! Een walg is het![457]

[Niet alleen de politiek wordt afgewezen, ook het geloof. Alleen is het in het laatste geval onduidelijk wie van de drie vrienden deze tekst uitspreekt.]

Ja, ik haat hem, fel, dien imbecilen God, wiens zon maar schynt ... op boozen en op goeden. Wiens regen alles drenkt, den dorsten rots, het stikkendst woekerkruid, den vuilsten parasiet, dien God, die haatloos toornen kan, en zonder liefde, al zyn schepsels mint, Jehova, die zich eenig, eeuwig noemt, en niets is dan een dwaalbegrip van gisteren.

VII
De Noord-west hoek

Een paar stomdronken kerels, de eenige die wy op onze heele reis gezien hebben, kwamen ons tegen, van Assen af, op den doodstillen weg naar Vries. De heeren landsverdedigers hadden dus den langen weg van Assen tot Vries al achter den rug en gingen in de richting van Donderen. Ieder had een bundel over zyn schouder, of liever meestal er naast, hangen, en een paar soldaten-schoenen als tegenwicht ergens anders. Het waren militiemannen, die hun equipement naar huis droegen of waarheen dan ook in deze wyde hei-wereld, waar hun waggelen alleen voor ons een klein momentje een hindernis kon worden, maar waar zy overigens van horizon naar horizon konden zwaaien zonder een mensch te deeren.

---

457 Het is mij niet duidelijk naar welke politieke gebeurtenis hierin verwezen wordt. Abraham Kuyper behoorde tot orthodox protestandschristelijke vleugel van het politieke landschap. Hij richtte in 1879 de Anti Revolutionaire Partij op. Hij was van 1901 tot 1905 minister president. Toen er in 1903 een grote spoorwegstaking uitbrak zorgde hij er voor dat staken bij wet verboden werd. Dit zorgde er voor dat hij in 1905 de verkiezingen verloor. Bij de schoolstrijd waar hier over gesproken wordt stond hij aan de kant van de confessionele partijen die voor financiële gelijkstelling van het speciale onderwijs met het openbare onderwijs waren. De confessionelen haalden echter pas in 1917 hun gelijk, maar Kuyper was al in 1909 tengevolge van een corruptieschandaal uit de politiek verdwenen.

Maar zoo erg was het niet. Ze strompelden wel, en gooiden de beenen heen en weer alsof die voor wat anders bestemd waren dan om als looporganen te dienen, en ze struikelden ook over hun eigen voeten, maar toch ging het arm in arm ons zonder onheilen voorby. Een dwaze, maar ook een pynlyke vertooning hier, midden in het donkere somber-ernstige bruin. En het naarst, als een triestige bespotting van het heel hooge, waarin wy ons geheven voelden in dat ontzaggelyk wyde van dien eindeloozen hemelkoepel, hoorden we, toen ze ons vlak voorby gingen een schor gehuil, en herkenden een paar klanken als woorden uit een schunnig lied.

We reden oneillekeurig langzamer, toen we de landsverdedigers ontmoetten, en onder den weën indruk ervan bleven we een oogenblik den slag heelemaal kwyt.

Beesten, bromde Will eindelyk en vloog met een fiksche zet vooruit.

Maar Frits begon te fluiten. Was het opzet? De Marseillaise! Ja, het was opzet, want een oogenblik daarna, toen een windvlaagje ons nog een paar tonen van het drankgezang overwoei, zong hy ineens

Entendez vous, dans les campagnes,

Mugir ces feroces soldats?

En we lachten! De stemming was er weer in. We zongen mee, ook Will.

VIII
De Noord-oost hoek

Dat reclameborden het mooi van de natuur bederven, heb ik nergens sterker gevoeld dan in Drente. Noch aan den Ryn, noch in Zwitserland valt het zoo sterk op als daar, in die bruine, volkomen onbezochte hei. En men zou alleen daarom die stations verwenschen, met hun brutale nieuwheid en hun plebejische reclame.

Frits vertelt:

Ik dacht van Rolde uit, den weg te bekorten. Er liep een mooi pad over de spoorbaan en dat ging noordelyk op, ten minste 't ging van Rolde af. Dat sloeg ik in, totdat ik zoowat een anderhalf uur had gedwaald en zoo'n beetje geknoeid, om ten minste wat vast te houden van al het moois dat er te zien was.

Laat's kyken.

Hy gaf me zyn schetsboek, en ging voort. Maar ik was bek-af van de hitte en toen ik hier dit ... Hy greep in de bladen en lei een aquarel open waarop een afgeknotte tumulus, dicht by een lap groenland hel tegen de avondlucht afstak. Toen ik dit had genomen kreeg ik een slaap alsof ik al jou Sulfonal[458] had opgesnoept. Ik dacht: enfin, hier komt toch geen sterveling kyken en als ik in dien tumulus ga liggen ...

Er in? Wou je voor Oud-Germaan gaan spelen? riep Will.

---

458 Slaapmiddel. Sulfonal is gepatenteerd in 1885, de stofnaam is sulfonmethaan.

Ja ... En dan had ik ten minste meer gedaan voor de nakomelingschap dan jy ... Maar, om je beter in te lichten: Die tumulus bleek, toen ik hem besteeg, van boven een kuil te hebben, zoo diep, dat als ik er in ging liggen, geen sterveling iets kon zien, die er voorby ging, en zelfs al ging hy 'r vlak langs dan had hy toch niets gezien, niets van my en niets van myn fiets. Nou, ik ging er in, myn kar naast me en ik doezelde eerst zoo'n beetje, 't was zuide wind, met myn hoed op myn oogen. Het was waarachtig of 'k in Walhall lei, lui. Ik kan 't je recommandeeren, zoo'n oude tumulus ...

Tot dat het regent, meende Will.

Natuurlyk, jy zoudt Walhall zelf nog weten te bekrittelen,[459] kreeg hy terug. Maar nu moet je hooren. Ik heb geslapen als een os, door alle tyden van bitter en diner heen. En toen 'k wakker werd was het zoo donker dat ik niet op myn knol[460] kon zien hoe laat het was. Maar bovendien was de lucht, ook heelemaal bewolkt ... en zoo kon ik waarachtig niet meer bepalen waar ik naar toe moest, die kant of die kant uit.

En je kompas?

Vergeten. Het ligt boven. Maar ik had de wind. Ik wist dat die Zuidoost was toen 'k ging slapen.

Van Bergen begon te lachen.

Vervloekt, zei Frits, die moet al heel gek gedaan hebben, want in plaats van op den weg naar Gasteren, ben 'k weer in Rolde aangekomen. Maar dat was later. Eerst stond ik een poos op myn tumulus te kyken, of liever ik zat, want myn achterventiel was losgegaan en de band leeg. En terwyl ik daar zoo zit om hem zyn spiritus weer terug te geven bedacht ik dat [jullie] de beste kluifjes toch al wel zouden ingerekend hebben en dat het het best zou zyn om kalm weer terug te wandelen naar Rolde, en daar eerst te eten, want ik rammelde, en dat was dichter by. En zoo sta ik dus ineens overend toen ik klaar was met myn pomp ... Maar de duivel hale me wat ik schrok. Daar hoor ik me ineens een gil, vlak by me, alsof er eentje vermoord werd. En je kunt op die hei haast nooit iets dadelyk onderscheiden ... Zoodat, waarachtig, ik een oogenblik dacht dat het uit de tumulus zelf kwam ... En vooral omdat ik den grond duidelyk voelde beven.

Het was de geest van Bato, denk ik, zei Stok.

Hou je mond! Ik was zonder gekheid geschrokken, want het WAS een gil van iemand die in doodsangst moest zyn. En dat het uit den heuvel kwam, begreep ik ook wel dat natuurlyk niet kon ... Ik keek dus rond, en waarachtig daar lei iemand tusschen twee bultjes in ... Het was een vrouw, want ik kon in het donker haar witte onderkleeren zien schemeren. Nou, ik er op af, kun je denken. Maar ik had geen tien stappen gedaan of daar gilt ze weer en gaat ze aan den haal zoo hard ze kon. En ik er achterna. Ik begreep, toen dat ze misschien voor my zelf geschrokken was en wou haar geruststellen. Maar 't moet een flinke deern geweest zyn, want ze

---

459 Bekritteln, duits, vitten op.
460 Horloge.

FRAGMENTEN VAN EEN ROMAN

bleef me voor ... En ik kon ook niet zoo hard loopen, omdat ze telkens uitweek en op die donkere hei moest ik haar altyd precies in 't oog houden, anders was ik ze heelemaal kwyt ...

En heb je haar gekregen?

Ja, dat wil zeggen, ik haalde haar eindelyk wel in, maar ik wou haar niet aanpakken om geen kwade gedachten te wekken en zoo schreeuwde ik al naast haar loopende dat ik het zoo erg niet bedoeld had, en dat ik een gewoon mensch was ... De Duivel haale me als ik allemaal nog weet wat voor onzin ik eigenlyk hen uitgeblazen want jongens zoo'n boerendeern is een taaie kourier ... Dat heb ik nou gemerkt ... En ze hield maar niet in ... en dan gilde ze weer, als ik wat dichter by kwam ... Ik heb me leven zoo'n zotte wandeling nog niet gemaakt.

En ... was ze 't waard? Vroeg Stok, met een mesquin[461] lachje.

Kyk jy es iemand in zyn snuit die voor je weg loopt en dan in het donker.

En hoe kwam je van haar af?

Kwam! Kwam! Wel verdoemd! Ik dacht ineens aan myn kar, die daar nog in die tumulus stond. Ik was een oogenblik zelfs zoo nydig op die meid dat ik dacht, mooi of niet, je zult me tol betalen, zus. Maar ze gilde zoo erbarmelyk toen ik haar aanraakte, dat ik weer dacht zoo'n kus gedeit toch niet ... Bovendien, ik wist absoluut niet meer waar 'k was ... En, om de kans te loopen een hooivork in myn bast te krygen, als er hier of daar misschien een keuterboer zich eens tot spokenverdryver wou ridderen ... dank je. Ik liet de meid alleen met haar angst voor den duivel of voor wat ze me dan ook hield en moest terug naar myn tumulus ... Ik heb, wel drie uur gedwaald voor ik het lapje groenland weer zag, dat ik daar heb aangegeven op die schets en toen nog wel een uur voordat ik de rechte plaats had van den tumulus. Maar ik heb hem toch eindelyk gevonden ... Maar weer doodmoe, dat verzeker ik je, zoodat het weinig had gescheeld of ik was daar maar gebleven ... En waarachtig dat had ik gedaan. Dat is toch nog es iets nieuws, om op de hei te slapen ... Maar 't kon niet, want, ik had nog geen vyf minuten weer gezeten of 't begon te druppelen ...

Jy hebt toch eeuwig en altyd avonturen, zei Stok. Gelukkige sterveling.

Nou, 't was me'n feest! Daar midden op de hei, ik kon geen hand meer voor oogen zien, met een fiets rond te hobbelen ... Ik gun je 't.

Ik had die zus toch niet laten steken.

Maar ze wou absoluut niet luisteren. Als 'k wat zei, begon ze te gillen, als 'k vroeg waarom ze weg liep kreeg 'k geen antwoord. En dan, die meid had beter leeren hei trappen dan ik, want ze schoof als een heks vooruit, en ik struikelde ieder oogenblik. Niet laten steken,! Ja, morgen brengen. Ze had me laten meerennen tot in de stal of op den deel ... En daar had ik een por gekregen, als duivel of als dief ... Al naar de gratie van de juffer ... Ik kon haar toch niet met geweld aanpakken ...

Nee, dat is zoo ... Alleen toch jammer dat je niet weet of ze de race waard was.

---

461 Frans: kleingeestig, bekrompen.

Nou, zei Frits, weifelend. Ik zou zeggen van ja. Jong was ze ... Dat bewyzen de beenen, en bovendien ... Dik was ze ook niet.

Aha! Zei Stok malicieus, daar komt eindelyk de aap uit de mouw. Je hebt haar taille gemeten?

Loop ... Ik ben geen kleerenfrik!

Neen. Die meet ook doorgaans wat meer dan de taille ...

Maar Frits trok een gezicht van onwil. En ik denk, ging hy door, dat ze ook jong was omdat ze lang haar droeg.

Een kind dus?

Nee, dat zeker niet, want ze was pootig. Jongen die klap op myn knuist voelde ik, toen ik haar by d'r rok greep. Maar ik denk dat de coiffure losgeraakt is, en nu die haren lang waren, want dat heb ik duidelyk gevoeld, nu zal ze wel tot het jonger geslacht behoord hebben ... Je weet dat de vrouwen hier de haren anders kort afsnyden.

Nou, en toen? Hoe ben je thuis gekomen?

Toen ik myn fiets weer had en het begon te regenen ben ik opgekuierd. Van ryden was natuurlyk geen sprake en ik rekende zoo: de wind was van middag zuidoost, maar nu regent het, hy zal dus naar het westen gedraaid zyn, en zoo moet ik hem dus links achter voelen aankomen om zelf den weg naar Gasteren te bereiken. En zoo heb ik gedaan, en toen ik ook zoowat tegen een uur of tien, want ik dacht een poos te voren dat ik een klok hoorde slaan, en ik dacht toen dat het die van Anlo moest wezen ... Nou, toen ik om zoowat tien uur een paar huisjes zag[462] dacht ik natuurlyk aan Gasteren, al leek de boel daar wel wat anders, want by Gasteren dacht ik dat ik een weg moest hebben voordat ik het dorp kon bereiken. Maar ik ging natuurlyk nu toch maar door. Het stroomde, als met bakken, geen drooge draad meer aan men lyf. En nergens een licht. 't Was of ik de onderwereld zelf inmarcheerde. En hoe verder ik kwam, hoe meer ik begreep heel ergens anders te zyn dan in Gasteren, Maar waar? Ik dacht in Anlo, of misschien in Schipborg ... Ik geloof dat ik de dwaaste vermoedens had, geografische onmogelykheden, nu ik geen kaart kon raadplegen. Maar ik liep maar door, myn karretje begon zoo zwaar te schuiven dat ik begreep dat de wielen vast liepen van het natte zand. En ik moest ook in de buurt van een watertje zyn, want ik had ineens aan beide zyden van me boomen ... En toen ... Daar had ik ineens de spoorbaan voor me. En dat moest de lokaal zyn, want de andere ligt hooger boven de hei en is ook breeder en meer afgescheiden ... Ik moest dus in plaats van naar het Noorden, weer terug gegaan zyn. En jawel, toen ik eens goed rondkeek begon ik in den donker zoo iets te onderscheiden als een kerktoren, vlak by me, om zoo te zeggen. En toen ik die had, begreep ik ook dat ik nergens anders kon zyn dan weer in Rolde ... Waar ik van middag vandaan was gekomen. Maar ik was niet by de Hunebedden, maar meer naar het station toe uitgekomen. En net toen ik dat zeker wist, sloeg de klok elf.

---

462 Toen hij om tien uur een paar huisjes zag was dit, na eigen zeggen, minimaal 4 uur nadat hij de achtervolging van het meisje gestaakt had. De zon moet die dag dus om 6 uur onder gegaan zijn.

En regende het al dien tyd?

Geen oogenblik droog. Ik was steenkoud! Als ik toch ooit die heks tegenkom, die me dat gebakken heeft! Ja! Als ik daar niet door verdwaald was, had ik om dien tyd al hoog en droog hier gezeten. En nou in Rolde! En geen licht meer ergens te zien. En den heelen dag geen stuk te eten gehad.

*****

Gieten

Dat was een onaangenaam mensch, niet in den Haarlemmerhout, maar in Gieten.

Och, man, je moet maar denken: waar beschaving ontbreekt ...

Dat geef ik niet toe! Wel erken ik dat de beschaafden meestal wat beleefder en de beleefden meermalen wat beschaafder moesten zyn.

XI
Assen – Borger

X
Valthe – Hunsow

Een avontuur van Frits

Je hebt dien boer wel gezien, met dien bout[463] op zijn nek, waarmee ik een praatje aanknoopte?

Dat was een zonderlinge vent! Pootig! Kolossaal! Hy zei dat hy steenprikker was, toen ik hem vroeg wat hy daar deed midden in de hei, en ik ben meegeloopen om eens te zien hoe dat in zyn werk ging. We kwamen een boerderytje voorby, daar heb ik myn kar gestald, om er af te zyn en toen ging het dwars over een droge veenplas tot we kwamen in een buurt waar geen hut te zien was. Daar begon hy met een langen yzeren staaf in den grond te steken ... Een poos ging dat zoo door zonder succes, maar ineens sprong de bout halverwege terug, daar was een kei. Hy pakte hem toen nog een paar maal op en prikte er in een rechte lyn ettelyke malen mee, telkens op een afstand en zoo nog hier en daar en met een soort gebrom of gegrommel vertelde hy toen dat het er een was, die de moeite zou loonen. Nou, dat begreep ik ook, want als hij al die keeren op denzelfden steen gestooten had, dan moest dat een respectabel ding zyn, minstens van een meter of vier in omtrek. Na een half uur misschien lag het ding zoo goed als bloot, de kuil was minstens twee meter diep en wel ruim zooveel in doorsnede. Toen nam hy weer even zijn ijzer om te voelen of de steen diep stak, hij werkte het zand nog wat los en, wa-

---

463 Metalen staaf.

rachtig, voor dat ik begreep hoe hy zoo'n gevaarte omhoog zou krygen, pakte hy het beet met zyn twee kolossale knuisten, trok uit alle macht en jawel, daar kwam het naar boven. Ik maakte hem een compliment over zyn pootigheid, maar hy zei dat dit nog niet de grootste was dien hy in zyn leven had uitgehaald. Maar je kunt dat ding toch zoo niet vervoeren?, vroeg ik. "Van hier hen is dat nou maor 'n luttien", zei hy. Maar toch vond hij het beter het heele zaakje zoo te laten, dan kon de kooper het zelf met een kar komen halen en het of zoo heel laten, of het "kurt houwen", naar verkiezing.

Je begrypt dat ik respect voor den reus had gekregen. Ik dacht zoo, als de hunebedden niet verankerd worden steelt hy ze op een goeie nacht glad weg! Die moet onder zyn naaste voorvaderen zeker een Hun of een Viking gehad hebben.

We liepen nog een tyd te prikken, maar vonden geen stuk van belang meer. Wel zoo'n paar van een halve meter doorsnee, en nog kleinere, vlak onder de oppervlakte. In dien tyd hoorde ik een paar leuke bizonderheden over die keien, meer dan alle geleerden samen er van weten, hoor! Zoo was hy vast overtuigd dat die dingen zoo iets moesten zyn, voor de aarde, als de graten voor een visch of als zyn eigen ribben voor zyn body. En ook dat die dingen in de grond groeien. Als ze lang genoeg onaangeroerd blijven worden ze bergen. Waneer ze nog erg klein zyn kun je de wortels er nog van vinden, maar als ze groot worden dan werken ze zich uit de grond.

XI
Odoorn

[Het trio en de oude heer zitten ergens en Will leest zijn impressie van, vermoedelijk, de kerk te Odoorn voor.]

Het was een oud kerkhof-stukje. Zoo oud! Nog om de kerk zelf gelegen en met een wal omringd van ruwe keien. En boomen, eiken, hoog omhoog geschoten, als wezen ze den weg naar de eeuwigheid, naar 't licht daarboven ver weg van 't duister van dat tranendal, met al vergeten graven, vervaagde letters, vergetelheid en tranen, die paarlen in het gras.

O, die oude steenen, gebroken, scheef gezakt, overwoekerd door het spichtig groen, en geel en groen gevlekt, melaatsch van zongebrek!

Geen pad, geen weg, geen spoor van aanleg meer in 't heele hof, Flets groen, met geelen grond van half verdorde halmen heeft heel den bodem overtogen, alleen vlak om de steenen heen schiet het wat weliger omhoog. Is daar meer … voedsel …?

En om de gryze kerkmuur, met aangevreten beeren, als dikke ribben van een oud skelet uitstekend in het hof, ligt puin gebrokkeld, vochtig glimmend tusschen een weelderig woud van goor gebruinde zwammen, die machtig dikke knobbels opsteken uit het steenig zand of, ouder, 't duister voor het dwergkruid nog vermeeren met schild aan schild, zoo dicht geschaard als was het licht hun grootste vyand.

En geen geluid! O, dood! O, zwygen! Vernieling doet zyn werk in stilte! en schept den dood.

Daarboven wuift het groen zacht heen en weer, soms geelend als een zonnestral een takpluim treft, daar sprankelt soms een puntje blauw tusschen de schaduw, maar wat daaronder beeft is zonloos, schaduw, dood.

Maar ruw verweerd, toch machtig, steilt hoog daaruit het toren-blok omhoog, recht, vierkant, met zyn diepe vestingdeur, een poort naar dieper schaduw, en 't kerkerslot, al-roest, met halfverteerde randen. De kanten afgeknaagd, door eeuw op eeuw, de steenen zelf met diep gesleten groeven, verrimpelt heel het aanschyn van den reus, maar toch nog reus, die sterk zyn schouders heft, boven den afval van het menschenleven, met schimmels en met mestbehoevend gras.

De Wildes foto van de Catechisatie-kamer aan de kerk te Odoorn.

Hoog heft hy 't hoofd, tusschen het goudgroen kruin-gewiegel en zont zich mee in 't licht dat al beleeft. Op den toren is een zonnewyzer die geen dienst meer kan doen, maar hooger is een uurwerk aangebracht. De drempel van de torendeur is gebouwd uit twee grafzerken, verzakt.[464]

*****

We zwegen alle na die voorlezing. Of het mooi was? Geen mensch sprak het tegen, maar niemand zei ook dat 't zoo was, en de lezer zal het dus zelf moeten uitmaken, of anders wachten op de eerste kritiek die er over uit komt.

Alleen van Bergen zei na een oogenblik, dat is nu een voorbeeld, hoe ieder ding eigenlyk maar is, zooals je 't bekykt. U ziet in dien toren een soort symbool van opstanding, althans opheffing uit dood en ontwording. Ik heb er altyd wat anders in gezien

Wat dan, vroeg Will.

Ook een voorbeeld wel, maar van iets anders. Het is een staalkaart van al wat er in steen gedacht is, sedert de tiende eeuw, en nog eer.

Zou die toren dan zoo oud zyn? vroeg ik twyfelend.

Neen, maar daarom zyn de fundamenten toch wel aangelegd naar een veel ouder gedachte. Er wordt zelfs nu immers nog gebouwd, in de twintigste eeuw, naar Renaissance-motieven, en zelfs naar veel, veel oudere! Nu, de fundamenten zyn by die toren zelfs nog voor-Romeinsch, in dien zin. Maar neergelegd zyn ze in 't laatst van de tiende eeuw en 't onderste deel van 't muurwerk is uit dien tyd. Dat is nog

---

464 De laatste twee zinnen zijn er later in potlood bij geschreven.

te zien, als u maar gaat kyken. De onderste drie steenryen zyn geweldige moppen, vol kiezel en het cement vol brokken schelp. Maar dat cement is bygestreken, een goede eeuw later, want de eerste bouw is toen al half vergaan geweest en moest vernieuwd worden en werd toen versterkt. De beeren van de kerk zyn uit de elfde eeuw en ook de boogramen zelf. Maar wat daarboven is, is weer jonger. Het dak is vernieuwd en hooger opgewerkt zyn ook de muren van het heele schip. Dat is, volgens de steenen in de dertiende eeuw gebeurd. En in de toren zyn toen ook de rondboogvensters van de eerste verdieping uitgebroken. Een eeuw zoowat later is de toren zelf verhoogd en de kerkhofmuur voor een deel gemaakt, de oude was van flinten, nu werd hy van baksteen opgetrokken. En zoo kun je aan het heele gebouw de heele geschiedenis van alle eeuwen lezen. Gothisch, of althans spitsbogen en lijstwerk nog voor de reformatie aangebracht, maar weer opgcvuld om vierkante ramen van te maken. Het Romaansche, gewijzigd om niet Roomsch te schijnen, het Gothisch verminkt uit domheid of uit renaissance-lust?

Zwygende kykers hebben we gehad by ons werk by Bronneger, by Rolde en by Darp. En het waren verschillende "standen" die er vertegenwoordigd waren. By Darp was het een schaapherder, die uren lang gedoken zat ... precies de poes van Van Alphen.[465] By Rolde was het een verliefd paar. Dat was het meest begrypelyke silentium tegen ons "derden" van alle. Maar by Bronneger waren het een boer en zyn nog zeer jeugdige zoon.

Wie het mooie van de hei wil genieten, moet voor alles gevoelig zyn voor kleur. De lyn van het landschap is zoo eenvoudig, dat zelfs de minst adellyke ziel al dadelyk daarvan een begrip heeft, zoodra hy er voor staat: ieder, die niet al te peuterig is om meer te zien dan zyn eigen ikje, krygt daar het gevoel van ruimte, van eindeloosheid, van grootte, veel meer en veel sterker dan als hy staat voor een groot gebouw, een ruime boulevard of iets anders, waarin lynen loopen, die grenzen zyn. Wie een hei ziet, weet dat zyn horizon nog niet de grens is, er moet nog iets zyn au dela, evenals de hemel niet eindigt waar de wolken of het blauw voor hem ophoudt; hy weet dat beide grooter zyn dan hy zien kan.

XII
Emmen

[In potlood geschreven aantekeningen]

Frits in Emmen, zoekt naar den grooten steen,[466] komt in Coevorden terecht. Hotel Baving.

---

465 Hieronymus van Alphen (1746-1803) 1835, 39.
   Het Geduld
   ...
   Dit zag ik laatst in onze kat
   Die uren lang gedoken zat
466 Vermoedelijk bedoeld De Wilde hier de grote steen van Noordbarge D48.

Een Emmer-sage

Heer Holbroek ter Hool (zie de Drie Podagristen) is een boosaardig voogd, schoot den priester neer te Emmen, maar daarvoor wordt hij gestraft doordat de heele bruidstoet van zijn dochter met zijn schoonzoon versteend wordt.

[De Drie Podagristen hadden in 1843 geschreven dat heer Holbroek de priester te Emmen voor zijn altaar neergeschoten had. Het tweede gedeelte is een variant op het verhaal van de Visbecker Braut en Bräutigam dat in 1801 door pastoor J.G.T. Lamprecht als gedicht voor de toekomst was veilig gesteld.]

Zou daar in dien grafheuvel nog wat te vinden zijn?
Nee, die is leeg, daar is al in gegraven
En die?
Dat is er geen, maar ginds is er een. Zie daar precies langs die vooruitgeschoven tak, daar in de hoek van dat kampje. Daar is wat in.

Wij vinden een hoefijzer.

XIII
Coevorden

XIV
Naar Huis

[Het was Frits die oorspronkelijk met het idee van een boek gekomen was, maar vermoedelijk kreeg Stok al reizende kouwe voeten.]

Moderne litteratuur, Moderne romans, vooral. Wat is het anders dan de spiegel van al het karakterlooze dat de wereld opbrengt? Dat is onzin! De wereld is nu niet karakterloozer dan vroeger, of ben jy ook zoo'n idealist van de kouwe grond die wel idealen ziet in de verte, maar dichtby er blind voor is?

Nee! Ik heb ook niet gezegd dat onze tyd karakterloozer is, zei Stok, op een toon zoo geergerd als hy zelden aannam. Nee, ik ben geen mystieker, die aan gouden of gulden eeuwen gelooft, dicht by in het heden of veraf in het verleden of de toekomst. Alle tyden zyn in hun soort even karakterloos, de een zoo de ander zoo. Het plebs heeft nooit karakter!

Een oogenblik was er stilte. Ik wilde niets zeggen, wel wetend dat Will zelf zou inzien dat zyn eerste woord niet rymde met het tweede, zonder nadere verklaring. En Frits scheen te zoeken naar een antwoord, maar vond alleen de vraag:

Maar wat dan?

Ik meen dat de litteratuur daarom zoo karakterloos is, juist omdat we in romans eeuwig en altyd weer in gezelschap van het plebs moeten zyn.

– Maar er zyn toch onder die lui óók menschen?

– Ach! Versta toch niet alles verkeerd! Denk je dan dat ik met plebs bedoel de lui met een platte beurs? Ik ken erger ploerten onder de ryken dan onder de armen. Nee, er zyn onder de armen eigenlyk meer aristokraten dan onder de millioenairs!

Frits lachte. Hy moest dacht ik wel denken zich zelf te hooren by zoo'n paradox.

– Jy lacht er om, ging Stok door, maar een feit is het.

– Graag gelooven. Ben het ook eigenlyk met je eens. Maar ik geloof ook dat als die armen eenmaal de duiten hebben, dan worden ze net zoo ploertig als je millioenairs.

– Best mogelyk! Maar zoolang ze't niet zyn en arm, blyf 't waar wat ik zei. Of ben jy nou zelf blind voor het heden, en noem jy de dingen liever zoo als ze zouden zyn wanneer ... dit of dat?

– O God nee! Maar je praat jezelf nog vast baas. Want als er onder de plebeers meer aristokraten zyn, dan onder die anderen ... Nou dan brengt de litteratuur, die je in gezelschap brengt van armen je ook in beter gezelschap.

– We gooien de dingen door elkaar. Nee, niet jy alleen, ook ik. Kyk, plebs is in myn oog alles wat niet zichzelf als mensch, zuiver als mensch en omgerekend alles wat b.v. geld of baantjes of reputatie of ... wat je ook maar wilt ... is. Plebs is wat zichzelf als mensch niet hoogacht.

– Dat zullen er toch beroerd weinig zyn, die dat doen!

– Dat zou je denken! Ga in het eerste gezelschap het beste en tien tegen een of er zyn voor minstens de helft plebejers! Lees elke krant, die je wilt, je stoot by negentig percent op echt plebejische inzichten. Geen interview of het muft plebejisch, geen kritiek of de criticus verraadt zyn adelsgebrek!

[Het is de kritiek die alles plat maakt, maar zonder de kritiek kan de kunstenaar toch ook niet. Het komt er uiteindelijk op neer dat de kunstenaar moet begrijpen waarom de criticus schrijft wat hij schrijft]

[De criticus heeft] in elk geval een motief! En je mag er den plebejer om verachten, zyn motief bestaat en als jy, de kunstenaar het snapt ... Baas, om nou eens te praten zooals onze athleet het altyd doet, nou zit je al vast. Als jy het motief maar snapt, dan heeft de kritiek zyn nut.

Dat was een echte Speech voor Will. By het laatste woord boog hy lachend en met een sierlykheid als een schermer, die zyn floret pareert aan het eind van den stryd.

We voelden alle drie dat we op het doode punt gekomen waren, en een tydlang ging het in gemakkelyk tempo voort, met geen ander geluid dan het ruischen van onze machines en nu en dan het kappen van een wegspringende steen, met de geregelde maatslag er tusschen van het getik van myn cyclometer.

Eindelyk was het toch Stok zelf, die weer terug kwam op het onderwerp, maar het nog eens hooger op pakte.

We waren eigenlyk begonnen met romans, zei hy, en we zyn blyven steken in kritiek. Ik herinner me dat ik eigenlyk over dat plebejische van onze romans iets zeggen wou, dat me gisteren avond inviel, toen die oude heer op dat heuveltje stond. Ik dacht zoo ineens, wat een romanheld zou die kunnen zyn, maar zou er een enkel schryver zyn, die hem zou kunnen gebruiken?

Zulke figuren komen in onze romans niet voor. Als je't waagde er een te laten optreden, word je uitgelachen! Het eenige is, je zoudt hem een boezeroen moeten aantrekken … Hy lachte even. Van Bergen in een boezeroen, ook ik moest om de voorstelling lachen. Maar Frits dacht er anders over, en misschien juister dan wy.
En wat zou dat, vroeg hy. Als die man een boezeroen aantrok zou hy er geen haar minder hoog uitzien!
Volkomen waar, viel Stok in, maar zou hy er in thuis hooren? Niet omdat die hem zou vernederen, wel omdat er een tegenstelling zou ontstaan, een werkmanskiel, waarin je een lichaam denkt van soieren en peezen, en die man, die eigenlyk heelemaal hoofd schynt. Heb jelui niet gemerkt hoe je eigenlyk alleen aan zyn gezicht denkt als je'm je voorstelt?

[De vrienden zijn het er overeens dat de man gewoon te exceptioneel is om door een modern schrijver beschreven te worden.]

Zola was ondanks zyn armzalige styl een groot dichter. Ibsen ondanks zyn primitieve inkleeding toch een groot dramaticus, en allebei zeker belangryk voor de ontwikkeling van het denken en dus van de kunst tot verre nageslachten, maar de nadoeners hebben nog geen van alle iets gedaan zoo mooi als het hunne in betere of in meer moderne vormen. En dat is het nu juist. Zoo'n figuur als die oude Van Bergen, die zou Zola misschien en Ibsen zeker aangedurfd hebben en ook aangekund hebben, maar voor een modern romanschryver is hy onmogelyk.

[Het mag zijn dat een modern schrijver niets met de man aan kan, maar als schilder ziet Frits wel mogelijkheden. Z'n vrienden hebben daar zo hun bedenkingen bij.]

Maar zou jy hem dan durven [weer]geven, vroeg ik, zooals hy daar voor ons stond, toen we dat ongeluk hadden by de Bilt? Toen was er felle zon, en een wind die alles aan hem deed wapperen en bewegen. Jy hebt hem toen misschien niet zoo goed gezien als ik, die een tyd met hem gepraat heb. En ik wil wel gelooven dat je de beweging van zyn kleren en zyn baard zou kunnen uitdrukken in een schildery, maar tegelyk ook die indruk van elegante kracht, en van onbereikbare beschaving? Ik zeg het misschien heelemaal fout, maar ik ben het met Stok eens, die man is ook voor een schilder niet heelemaal te gebruiken.

Maar dan niet alleen voor de moderne schilders. Dan zou hy nooit te gebruiken geweest zyn, ook niet voor Rembrandt. Maar ik zeg je toch, dat ik een schets van hem gemaakt heb.

Jy? Laat eens zien!

't Zit in de koffer. Ja, ik heb hem genomen, toen jullie met hem zaten in Meppel. Het licht viel hem schuin van achteren, uit de deur van de biljardzaal, en dat was zon'n prachtig slaglicht op zyn kop, dat die wel leek te fosforiseeren in de nacht. Dat heb ik vastgehouden, en als we thuis zyn maak ik er een studie van.

Daar ben ik benieuwd naar, zei ik. Ik ben bly dat je dat gedaan hebt.

Maar Stok vroeg:

Dus je hebt hem gehad in het donker, en alleen van achteren? Dan heb je maar zoo'n onbeteekenend klein deeltje van die man vastgehouden dat je nog niet eens genoeg hebt om hem te herkennen.

[Het is een buitengewoon man en hij kan buitengewoon goed vertellen en niet alleen over kunst.]

Hoe had hy het gisteravond niet over die Hunebedden, 't Was of i ze mee had helpen bouwen.

De Wilde is begraven op de begraafplaats Soestbergen te Utrecht. Hij deelt zijn graf met G. Olland-Gulier (1810-1900). Dit graf ligt nu onzichtbaar onder een struik.

Bibliografie

Åberg, N. 1916 *Die Steinzeit in den Niederlanden*. Uppsala.

Acker Stratingh, G 1849 *Aloude Staat en Geschiedenis des Vaderlands*. Groningen.

Adama van Scheltema, C.S. 1907 *De Grondslagen eener nieuwe poëzie*. Rotterdam.

Van **Alphen**, Hieronymus (1746-1803) 1835 *Kleine Gedichten voor Kinderen*. Utrecht.

Anoniem 1910 De Hunebedden van Nederland. *De Kampioen* nr 4, 28 januari, 65-66.

Anoniem 1919 De Hunnebedden *Utrechtsch Nieuwsblad* 26 januari.

Anoniem 1918 De nieuwe theorie over de Hunnebedden. *De Prins der geillustreerde Bladen* 20 April, 171.

Arentzen, W. 2009 *Nicolaus Westendorp (1773 – 1836) Een uitmuntend oudheidkundige*. Utrecht.

Bakker, J.A. 1982-1983 Het hunebed G1 te Noordlaren. *Groninger Volksalmanak, Groninger Oudheden* 16, 113-200.

Bakker, J.A. 1979a July 1878: Lukis and Dryden in Drenthe. *The Antiquaries Journal*, 9-18.

Bakker, J.A. 1979b Protection, Acquisition, Restoration and Maintenance of the Dutch Hunebeds since 1734. *Berichten van de Rijksdienst voor het Oudheidkundig Bodemonderzoek* 29. 143-183.

Bakker, J.A. 2004. *Kanttekeningen bij mijn publicaties en enige andere zaken*. Baarn.

Bakker, J.A. 2005 De Steen en het Rechthuis van Lage Vuursche. *Tussen Vecht en Eem*, 221-231.

Bakker, J.A. 2010 *Megalith Research in the Netherlands until 1912: From 'Giant's Graves' and 'Pillars of Hercules' to accurate investigations*. Leiden.

Beima, E.M. 1867 *De Aarde vóór den Zondvloed. Geschiedenis der Voorwereld*. Rotterdam en Leiden.

Boeser, P.A.A. 1904 Levensbericht van Dr. W. Pleyte. *Jaarboek van de Maatschappij der Nederlandse Letterkunde*. 91-112.

De **Bonstetten**, A. 1865 *Essai sur les Dolmens*. Genève.

Bosman, J. 1994 *Biografisch Woordenboek van Nederland* 4, Den Haag.

Van den **Broek**, A.J.P. 1951 De Anthropologische Samenstelling der Nederlandse Bevolking in: **Mulder**, G.J.A. *Handboek der Geografie van Nederland* Deel II. Zwolle. 165-186.

Brongers, J. Ayolt en **Wynia**, Simon 2005³ *Wie is wie in archeologie*. Amersfoort.

Brouwer, A. 2006 Staring herleeft. *De Leidse Geoloog. Orgaan van de Leidsche Geologische Vereniging* 1, 4-24.

Buijn, Walter A. 2007 *Arabeske of Gedachte. Een muziekesthetische tegenstelling in Nederland 1820-1914*. Amsterdam.

Calker, F.J.P. van 1885 Diluviales aus der Gegend von Neu-Amsterdam. *Zeitschrift der Deutschen Geologischen Gesellschaft*. 792-902.

Chippindale, Christopher, 1996 *Stonehenge Complete*. London.

Desmond, Adrian and **Moore**, James 2009 *Darwin's Sacred Cause. Race, slavery and the quest for human origin*. London.

Driesmans, Heinrich 1900 *Der Das Keltentum in der Europäischen Blutmischung. Eine Kulturgeschichte der Rasseninstinkte*. Leipzig.

Driesmans, Heinrich 1907 *Der Mensch der Urzeit*. Stuttgart.

Erdman, Anne Marie 2009 Cornelis Adrianus Pekelharing – A Biographical Sketch. *The Journal of Nutrition*. 1-7. (gedownload van jnnutrition.org.)

Eggers, Hans-Jürgen 1961 *Inleiding tot de wetenschap der prehistorie*. Utrecht/Antwerpen.

Eickhoff, Martijn 2003 *De oorsprong van het 'eigene'. Nederlands vroegste verleden, archeologie en nationaal-socialisme*. Amsterdam.

Estorff, G.O. Carl von 1846. *Heidnische Alterthümer der Gegend von Uelzen im ehemaligen Bardengaue*. Hannover.

Everard, Mijriam 1986 Titia Klasina Elisabeth van der Tuuk. *Biografisch Woordenboek van het Socialisme en de Arbeidersbeweging in Nederland*, 137-138.

Fergusson, James 1872 *Rude Stone Monuments in all Countries; their Age and Uses*. London.

Fraipont, Julian et **Lohest**, Max 1887 La race humaine de Néanderthal ou de Cranstadt en Belgique. *Archives de Biologie* VII. 587-755. Ook verschenen als: **Fraipont**, J. et **Lohest**, M. 1887b *Recherches ethnographiques sur des ossements humains découverts dans les dépôts quaternaires d'une grotte à Spy et détermination de leur age géologique*. Gand.

Gallée, J.H. 1900-1901 Sporen van Indo-germaansch ritueel in germaansche lijkplechtigheden. *Volkskunde. Tijdschrift voor Nederlandsche Folklore* XIII, 89-99 en 129-145.

Gallée, J.H. 1901 Over den duur van klinkers en medeklinkers. *Onderzoekingen gedaan in het physiologisch laboratorium der Utrechtsche Hoogeschool*. 258-272

Gallée, J. H. 1907-1908 *Het boerenhuis in Nederland en zijn bewoners*. Utrecht.

Gallée, J.H. 1910² *Altsächsische Grammatik*. Göttingen.

Van **Giffen**, A.E.1925-1927 De *Hunebedden in Nederland* I, II, Atlas. Utrecht.

Ginkel, Evert van, **Jager**, Sake en **Sanden**, Wijnand van der 1999 *Hunebedden, Monumenten van een Steentijdcultuur*. Abcoude.

González-Garcia, César and **Costa-Ferrer**, Lourdes 2003 *Possible astronomical orientation of the Dutch hunebedden*. In: *Calendars, Symbols, and Orientations: Legacies of Astronomy in Culture. Proceedings of the 9th annual meeting of the European Society for Astronomy in Culture (SEAC) Stockholm, 27-30 August 2001*. Uppsala. 111-118.

Gummel, Hans 1938 *Forschungsgeschichte in Deutschland*. Berlin.

Haddon, A.C. 1911 *The Wandering of People*. Cambridge.

Harmer, F.W. 1896 On the Pliocene Deposits of Holland and their Relation to the English and Belgian Crags, with a Suggestion for the Establishment of a New Zone, Amstelian, and some Remarks on the Geographical Conditions of the Pliocene Epoch in Northern Europe *Quarterly Journal of the Geological Societiy of London* 52. 748-782.

Hartog Heijs van Zouteveen, H. 1885 Wie waren de stichters der Drentsche Hunebedden. *Nieuwe Drentsche Volksalmanak*, 28-72.

Haywood, John 2005 *De Kelten. De geschiedenis van een Europees volk*. Amsterdam.

Henig, Robin Marantz 2000 *A Monk and Two Peas. The story of Gregor Mendel and the Discovery of Genetics*. London.

Hildebrand, Hans 1873 *Das heidnische Zeitalter in Schweden : Eine archaeologisch-historische Studie*. Hamburg. Dit is een vertaling van Hildebrand, Hans 1866 *Svenska Folket under hednatiden*. Stockholm.

Hofdijk, W.J. 1862 *Tafreelen uit de geschiedenis der ontwikkeling van het Nederlandsche volk. In de Kunstzaal der Maatschappij Arti et Amicitiae. Toegelicht door W.J. Hofdijk, Honorair Lid der Maatschappij*. Amsterdam.

Le **Hon**, H. 1867 *L'homme fossile en Europe, son industrie, son moeurs, ses oeuvres d'art*. Bruxelles.

Holwerda, J.H. 1906 Inleiding tot een archaeologie van Nederland. *Onze Eeuw*.

Holwerda, J.H. 1909 Lugdunum Batavorum of Praetorium Agrippinae. *Oudheidkundige Mededeelingen van het Rijksmuseum van Oudheden te Leiden*.

Holwerda, J.H. 1918 *Nederland's vroegste geschiedenis*. Amsterdam.

[**Hooft van Iddekinge**] 1880 Pleyte's Nederlandsche Oudheden. *De Nederlandsche Spectator* No. 18, 246-247.

Janssen, L.J.F. 1848. *Drenthsche Oudheden*. Utrecht.

Janssen, L.J.F. 1856. *Hilversumsche Oudheden*. Arnhem.

Van **Kalmthout**, A.B.G.M. 1998 *Muzentempels. Multidisciplinaire kunstkringen in Nederland tussen 1880 en 1914*. Hilversum.

Ten **Kate**, Herman F.C. 1913 Beschouwingen over eenige anthropologische vraagstukken V. *Tijdschrift van het Nederlandsch Aardrijkskundig Genootschap* XXX. 737-739.

Kern, H. 1904 Iets over de oudst bekende aardrijkskundige namen in Nederland. *Tijdschrift van het Aardrijkskundig Genootschap*. 773-776

Kik, Marinus C. 1957 Gerrit Grijns (1865-1944), *The Journal of Nutrition* 62, 3-12.

Kohlbrugge, J.H.F. 1911 Welke waarde heeft de gemeten vorm van den schedel als kenmerk der rassen? *Tijdschrift van het Nederlandsch Aardrijkskundig Genootschap* XXVIII 758-800 (758).

Kossinna, Gustaf 1914 *Die deutsche Vorgeschichte, eine hervorragend nationale Wissenschaft*. Würzburg.

Larsell, O 1923 Ansers A. Retzius (1796-1860). *Annals of Medical Historij* VI, 16-24.

De **Leeuw**, G. 1979 De Drentse nabootsers van archeologica rond 1900. Palaeohistoria XXI, 301-316.

Van **Lier**, J. 1760: *Oudheidkundige brieven, bevattende eene verhandeling over de manier van Begraven, en over de Lijkbusschen, Wapenen, Veld- en Eertekens, der oude Germanen, en in het bijzonder de beschrijving van eenen alouden Steenen Grafkelder, met de daarin gevondene Lijkbusschen, Donderkeilen en Donderbijlen, enz. Bij het Boerschap Eext, in het Landschap Drenthe, ontdekt, in welke beschrijvinge zekere Brief, over bijzondere Nederlandsche Oudheden, zo opgehelderd als wederlegd word. Door Mr. Joannes van Lier, Oud Gedeputeerde Staate, thans Ontfanger Generaal en Medelid van den Loffelijken Etstoel des Landschaps Drenthe. Met noodige afbeeldingen opgehelderd. Uitgegeeven en met Voorreden en Aantekeningen vermeerderd door A. Vosmaer.* 's-Gravenhage.

Lorié, J. 1886 Iets over Drenthe's bodem. *Nieuwe Drentsche Volksalmanak.* 183-197.

Lubbock, J., 1865, *Pre-historic times, as illustrated by ancient remains, and the manners and customs of modern savages.* London.

Lukis, W. 1879 Mr. Lukis Report. *Proceedings of the Society of Antiquaries.* London.

Mendel, Gregor 1865 Versuche über Pflanzen-Hybriden. *Verhandlungen des Naturforschenden Vereins in Brünn.* 4. 3-47.

Mitchell, P. Chalmers 1900 *Thomas Henry Huxley. A sketch of his life and work.* London.

Moreels, L. 1888 Les Dolmens de Wéris et d'Oppagne. *Annales de la Société Géologique de Belgique 1887-1888.* CLXXXI-CXC.

Müller, Sophus 1897 *Nordische Altertumskunde*, übersetzt von O.L. Jiriczek. Straßburg.

Müller, Sophus 1905 *Urgeschichte Europas. Grundzüge der prähistorischen Archäologie.* Deutsche Ausgabe unter Mitwirkung des Verfassers besorgt von O.L. Jiriczek. Straßburg.

Nyèssen, D.J.H. 1927 *The Passing of the Frisians: Anthropology of Terpia.* 's Gravenhage.

Nyèssen, D.J.H. 1928 The Dutch Physician as Anthropologist. *American Journal of Physical Anthropology.* Vol XII, 1-13.

Oldenhuis Gratama, L. 1886 *De Hunnebedden in Drenthe en aanverwante onderwerpen.* Assen.

Picardt, Johan 1660 *Korte beschryvinge van eenige vergetene en verborgene antiquiteten der provintien en landen gelegen tusschen de Noord-Zee, de Yssel, Emse en Lippe, etc.* Amsterdam.

Piepers, M.C. 1913 Recensie? *Tijdschrift van het Nederlandsch Aardrijkskundig Genootschap.* 654-657.

Pleyte, W. 1877-1902/1903 *Nederlandsche Oudheden van de vroegste tijden tot op Karel den Groote.* Leiden.

Pleyte, W., **Bogert**, A. van den en **Bouwheer**, H. 1889 *Bijdrage tot de Geschiedenis van Barneveld. Uddel en Uddeler Heegde.* Barneveld.

Reuvens, C.J.C., **Leemans**, C. en **Janssen**, L.J.F. 1845. *Alphabetische naamlijst, behoorende bij de kaart van de in Nederland, Belgie en een gedeelte der aangrenzende landen gevonden Romeinsche, Germaansche of Gallische oudheden; benevens de Romeinsche en andere oude wegen, enz.* Leijden.

De **Rijk**, J.A. 1905 *Wandelingen door Gooi- en Eemland en Omstreken.* Hilversum.

Van der **Sanden**, Wijnand 2007 *Reuzenstenen op de es, de hunebedden van Rolde.* Assen

Sasse, J. 1899 Komen er "Franken" voor in Drente of "Kelten". *Tijdschrift van het Nederlandsch Aardrijkskundig Genootschap*, 277-306.

Sasse, J. 1912 Onzekerheden en vraagpunten betreffende de antropologie van Nederland. *Tijdschrift van het Nederlands Aardrijkskundig Genootschap*, 14-24.

Scheltema, Jacobus 1833 Berigt aangaande een oud altaar, (Dolmin) of een naar een Hunebed zweemend overblijfsel van de eerste bewoners dezer landen, in het dorp De Vuursche. *Geschied- en Letterkundig Mengelwerk*, 33-45.

Schmerling, P.C. 1833 *Recherches sur les Ossemens Fossiles découverts dans les Cavernes de la Province de Liége* I. Liége.

Schmerling, P.C. 1834 *Recherches sur les Ossemens Fossiles découverts dans les Cavernes de la Province de Liége* II. Liége.

Trigger, Bruce G. 1989 *A History of Archaeological Thought.* Cambridge.

Verhart, Leo 1995 *List & Bedrog.* Utrecht.

Vollgraff, C.W. 1906, Fouilles d'Argos. *Bulletin de Correspondance Hellénique* 5-45 en 139-184.

Vollgraff, J.C. 1909 Levensbericht van J.H. Gallée. *Jaarboek van de Maatschappij der Nederlandsche Letterkunde*. 67-93.

Vosmaer, C. 1884 Levensbericht van J.E.H. Hooft van Iddekinge. *Jaarboek van de Maatschappij der Nederlandsche Letterkunde*. 55-69.

Westendorp, N. 1812 *Verhandeling A, A tous les coeurs bien nés, que la patrie est chère*. Handschrift in het Archief der Hollandsche Maatschappij der Wetenschappen Haarlem, in het Noord-Hollands Archief Haarlem.

Westendorp, N. 1815 Verhandeling ter beantwoording der vrage: welke volkeren hebben de zoogenoemde Hunebedden gesticht? In welke tijden kan men onderstellen, dat zij deze oorden hebben bewoond? *Letter- en Oudheidkundige Verhandelingen van de Hollandsche Maatschappij der Wetenschappen te Haarlem*, 233-368.

Westendorp, N. 1817 De Duivelssteen te Namen, *Algemeene Konst- en Letterbode*, 137-139

Westendorp, N. 1820 Over Zoroaster en zijne schriften ter aanvulling van Bosvelds tijdmeter, *Antiquiteiten een Oudheidkundig tijdschrift* I,3, 353-376.

Westendorp, N. 1822 *Verhandeling ter beantwoording der vrage: welke volkeren hebben de zoogenoemde hunnebedden gesticht? In welke tijden kan men onderstellen, dat zij deze oorden hebben bewoond?* Groningen.

Wibel, F. 1869 Der Gangbau des Denghoogs bei Wenningstedt auf Sylt. *Berichte des Museums vaterländischer Altertümer* 29. Kiel.

De **Wilde**, W.J. 1884 Een sprookje. *Utrechtsche Studenten Almanak voor het jaar 1885*, 239-254.

De **Wilde**, W.J. 1888 Aan den heer L. van Deijssel. *De Groene Amsterdammer* 15-01, 6-7.

De **Wilde**, W.J. 1904a Eenige beschouwingen over opera-teksten naar aanleiding van Nestor de Tière's "Voorwoord" in het tekstboek van "De Bruid der Zee". *Weekblad voor Muziek* 17, 18, 19 en 20, 153-155, 164-165, 173-175 en 183-186.

De **Wilde**, W.J. 1904b Twee fragmenten van een onbekende dichter. *Weekblad voor Muziek* 26, 255.

De **Wilde**, W.J. 1904c *Hunebedden – Wat de schryvers er van zeggen. W. Pleyte Nederlandsche Oudheden*. [onvoltooid typoscript].

De **Wilde**, W.J. 1905a Divagaties over kunst I. *Weekblad voor Muziek* 2, 9-10.

De **Wilde**, W.J. 1905b Divagaties over kunst II. *Weekblad voor Muziek* 9, 73-74.

De **Wilde,** W.J. 1905c Divagaties over kunst III. *Weekblad voor Muziek* 16, 129-130.

De **Wilde,** W.J. 1905d Divagaties over kunst IV. *Weekblad voor Muziek* 24, 193-196.

De **Wilde**, W.J. 1906b Een legendaire alomtegenwoordigheid. *Nieuwe Drentsche Volksalmanak,* 152-167.

De **Wilde**, W.J. 1906a Divagaties over kunst V. *Weekblad voor Muziek* 27, 219-221.

De **Wilde**, W.J. 1906c Divagaties over kunst [V] vervolg. *Weekblad voor Muziek* 28, 226-229.

De **Wilde**, W.J. 1906d *Drente* [onvoltooid tijposcript].

De **Wilde**, W.J. 1907a Een "Standaardwerk". *Nieuwe Drentsche Volksalmanak,* 68-102

De **Wilde**, W.J. 1907b *De richting der megalithische graven in Nederland* [onvoltooid typoscript].

De **Wilde**, W.J. 1907c *De Kaart van Neolitisch Drente* [onvoltooid typoscript].

De Wilde, W.J. 1907d *H. Kern, Iets over de oudste aardrykskundige namen* ...[onvoltooid typoscript].

De **Wilde**, W.J. 1908 Een populaire dwaling. *Nieuwe Drentsche Volksalmanak,* 86-139.

De **Wilde**, W.J. 1909a De Steen van de Vuursche. *De Navorscher* 58, 551-554.

De **Wilde**, W.J. 1909b Een oude huisvriend. *Nieuwe Drentsche Volksalmanak,* 90-123.

De **Wilde**, W.J. 1910a De hunebedden van Nederland. *De Kampioen* 12, 242-244 / 13, 256-258 en 14, 277-280.

De **Wilde**, W.J. 1910b (Voordracht over de hunebedden) *Jaarverslag Koninklijk Oudheidkundig Genootschap,* 9-12.

De **Wilde**, W.J. 1911 Onze Anthropologische kennis der Nederlandsche bevolking. *Tijdschrift van het Nederlandsch Aardrijkskundig Genootschap* XXVIII 414-447

De **Wilde**, W.J. 1913 Een merkwaardig Neolithikon. *Oudheidkundige Mededeelingen van het Rijksmuseum van Oudheden te Leiden* 7, 99-116.

De **Wilde**, W.J. 1913b M.C. Piepers Nederlandsche Antropologie. *Tijdschrift van het Nederlandsch Aardrijkskundig Genootschap* XXX, 378-383.

De **Wilde**, W.J. 1913c Stonehenge. *Nieuwe Rotterdamsche Courant* – Woensdag 26 Februari 1913.

De **Wilde**, W.J. 1913d *Nederlandsch Keltisme* [onvoltooid typoscript].

Zevenhuizen, Erik 2009 *Vast in het spoor van Darwin. Biografie van Hugo de Vries.* Amsterdam.

Illustratieverantwoording

- p. 8 Gift van de familie H.C. Blokhuis. Deze foto bevindt zich nu samen met de rest van De Wilde's papieren nalatenschap in het Drents Archief te Assen.
- p. 11 Universiteits Muzeum Utrecht.
- p. 20 De Wildes Aantekenboek Deel V.
- p. 23 De Wildes Aantekenboek Deel V.
- p. 25 De Wildes Aantekenboek Deel V.
- p. 28 De Wildes Aantekenboek Deel V.
- p. 31 De Wilde titelloos notitieboek.
- p. 33 De Wilde titelloos notitieboek.
- p. 35 De Wilde titelloos notitieboek.
- p. 45 Archief Pleyte Drenthe RMO en Pleyte 1877-1902/1903.
- p. 48 Wout Arentzen.
- p. 50 De Wilde Notitieboek "Uittreksels".
- p. 54 Westendorp 1822.
- p. 66 Prentbriefkaart.
- p. 72 De Wilde titelloos notitieboek en De Wilde 1913.
- p. 74 Wout Arentzen.
- p. 96 De Kampioen 1910.
- p. 98 De Kampioen 1910.
- p. 98 De Prins 1918.
- p. 103 De Prins 1918.
- p. 119 Drents Archief.
- p. 124 Drents Archief.
- p. 136 Prentbriefkaart.
- p. 153 Brievenarchief RMO.
- p. 159 Wout Arentzen.
- p. 160 De Wilde Notitieboek "Drente".
- p. 198 De Kampioen 1910.
- p. 203 Wout Arentzen.

Index

A

Abbeville. 88.
Aberg, F.A. 110.
Acker Stratingh. 77, 83, 123, 124.
Adama van Scheltema, C.S. 15, 16.
Afrika. 39, 40, 41, 43, 92.
Alkmaar. 9.
Van Alphen, H. 199.
Altamira. 88.
Amerika. 94, 185
Amersfoort. 160, 173.
Amsterdam. 9, 102, 147, 148.
Angelslo. 24, 29.
Anlo. 24, 33, 34, 53, 53, 195.
Annen. 24, 34.
Appelman, A. 105.
Arends. 72, 73.
Arentsburg. 94.
Argos. 58.
Arnhem. 100.
Asgaard. 175
Assen. 7, 20, 32, 33, 34, 72, 73, 75, 92, 112, 117, 123, 128, 145-148, 177, 181, 183 - 185, 189. 191, 196.
Australië. 94.

B

Bakker, J.A. 7, 26, 41, 67, 76, 111-113.
Ballo. 24.
Bataven. 29, 56.
Batavia. 9.
Batavodurum. 56.
Beima, E.M. 43.
België. 57, 62, 65, 81, 82.
Berlijn. 104.
Betuwe. 56.
Bilt. 160, 166.
Bisschopsberg. 177.
Block, J. 14.
Blumbach, J.F. 76.
Boeles, P.C.J.A. 63, 110, 123, 125.
Boucher de Perthes, J. 88.
Blokhuis, H.C. 8.
Blytt, A. 69, 111,
Bolk, L. 57, 80, 81, 82, 83, 85, 86, 91, 92, 147
Borger. 24, 29, 32, 53, 100, 196.
Le Brigant, J. 90.
Van den Brink, P. 85.
Van den Broek, A.J.P. 91, 92.
Bronneger. 24, 29, 34, 37, 80, 102, 199.
Brongersma, T. 100.
Von Bronstetten, G.K.F. 42.
Brunsting, H. 7.
Brussel. 141.
Buinen. 24, 34.
Buinenbrug. 73.

C

Caesar, J. 43, 60, 61.
Camper, P. 76.
Van Calker, F.J.P. 104.
Coerts, F. 58.
Correns, C. 77.
Curaçao. 105.

D

D1. 24.
D2. 24.
D3. 20, 27, 46, 103, 104, 112.
D4. 20, 27, 103, 104, 122.
D6. 24.
D7. 24.
D8. 24.
D9. 24.
D10. 20, 24, 25, 26, 28, 112.
D11. 24.
D12. 24.
D13. 24, 53, 95, 98, 112.
D14. 20, 24, 27, 28, 29, 98, 112.
D15. 20, 24, 112.
D16. 24.
D17. 24.
D18. 24.
D19, 100, 111.
D20. 100, 111,
D21. 24, 80, 102.
D22. 24, 80, 102.
D23. 24.
D25. 25.
D27. 24.
D28. 24.
D29. 24.
D30. 102.
D40. 102.
D41. 42, 43, 54, 62, 95.
D43. 24, 38, 54, 55, 112.
D44. 52, 79.
D44a. 62.
D45. 24, 30.
D46. 24.
D47. 24.
D49. 34.
D53. 96, 102, 112.
D54. 96, 112.
Darp. 37, 96, 112, 177, 199,
Darwin, C. 107.
Déchelette. 149.
Denemarken. 51, 60, 62, 68, 69, 88, 89, 98.
Desor, P.J.E. 43.
Van Deyssel, L. 14, 36, 37.
Diever. 34, 114, 156, 177, 179-181, 185.
Dolmen. 43, 51, 60, 62, 63, 66, 89, 90.
Donderen. 191.
Donders, F.C. 9, 10.
Dörpfeld, W. 150.
Drents Museum. 7, 19, 53, 64, 75, 112, 146.
Driesman, H. 110.
Drouwen. 34, 73, 100, 107, 111.
Dryden. 20, 21, 24, 43, 67, 112 -116.
Duitsland. 56, 60, 63, 65, 81, 82, 88.
Dürlinger, J. 91.

E

Eext. 24, 29, 34, 36, 53, 61, 95, 98, 151.
Engelberts, E.M. 124, 129.
Egberts, W. 70, 72, 73, 75, 138, 140, 145.
Egypte. 42.
Emmen. 24, 29, 34, 37, 38, 43, 44, 52, 54, 62, 77, 95, 199, 200.
Emmerdennen. 24.
Emmerveld. 102.
Engeland. 40, 57, 80, 85, 90, 92, 117, 150, 168.
Engis. 88.

Ephorus. 60.
Erdman. 11.
Von Estorff, G.O.C. 121.
Evelein, M.A. 83.
Exlo. 34, 84, 102.

F

Fergusson, F. 40, 42, 117, 118, 149, 150.
Fraipont, J. 88.
Franken. 77.
Frankrijk. 40, 43, 57, 63, 65, 88, 92.
Frederiksoord. 156, 175, 177, 178.
Friesland. 21, 62, 89, 104.

G

G1. 21, 24, 99, 100, 104.
Gallée, J.H. 77, 78, 79, 80, 150.
Galliers. 56, 81, 91, 110.
Gasselte. 38, 39.
Gasteren. 20, 24, 25, 26, 28, 34, 112, 157, 193, 195
De Geer, G. 70.
Germanen. 56, 57, 76, 77, 80, 82, 83, 91, 92, 93, 109, 192.
Gieten. 20, 24, 25, 27, 28, 29, 34, 98, 112
Van Giffen, A.E. 7, 44, 73, 75, 102, 110.
Gooi. 62, 89.
Gotisch. 60.
Gould, S.J. 57.
Grieken. 49, 58.
Griekenland. 58, 101.
Grieks. 60, 90, 92.
Groningen. 89, 104, 124, 164.

H

Den Haag. 146.
Haddon, C.A. 85.
Hannover. 57, 92, 129, 149.
Harderwijk. 160, 171, 174.
Harmer, F. 97.
Hartog Heijs van Zouteveen. 32, 97.
Havelte. 34, 36, 64, 65, 96, 102, 112, 114.
Hildebrand, H. 63.
Hofdijk, W.J. 70.
Hofstede, J. 43, 54, 62.
Le Hon. 62.
Holboek ter Hool. 38, 200.
Holwerda, A.E.J. 41.
Holwerda, J.H. 7, 13, 29, 41, 46, 47, 52, 58, 63, 64, 73, 75, 86, 88, 94, 100 -102, 107. 109 - 11, 123, 129, 146, 148, 149, 152.
Hooft van Iddeking. 42, 43, 44.
Huiskamp. 12.
Huis ter Heide. 173.
Hunsow. 196.
Huxley, T.H. 109.

I

Ierland. 110.
Indogermaans. 60, 78.

J

Janssen, L.J.F. 7, 21, 32, 44, 50, 52, 55, 58, 62, 63, 66, 78, 79, 95, 114, 122, 128, 129.
Jones, W. 60.

Joosting, J.G.C. 92, 93.
Jungman, B. 38, 39.

K

Kaap St. Vincent. 60.
Kanertz, C. 58.
Kant, E. 15.
Ten Kate, H.F.C. 85.
Kelten. 39, 40, 41, 42, 43, 56, 57, 59, 60, 61, 65, 77, 80, 81, 82, 83, 90, 91, 92, 109, 110, 125, 143, 147.
Kern, J.H.C. 56, 57.
Kipling, R. 108.
Kossina, G. 108, 109.
Krull, G.H. 53.
Kuyper, A. 190, 191.
Kymmell, J.A. 19, 57, 65, 73, 109, 113-142, 152.

L

Lamprecht, J.C.T. 200.
Landweer, G.J. 64, 132-135.
Latijn. 60.
Leemans, C. 21, 43, 44, 50, 129.
Leeuwarden. 61, 63, 72, 93, 123, 147.
De Leeuw, G. 75.
Leiden. 21, 72, 78, 123.
Van Lier, J. 53, 60, 61, 62, 95, 107, 151.
Lodewijk Napoleon. 32.
Lohest, M. 88.
Loon, 20, 24, 112
Lorié, J. 97, 104.
Louwerse, P. 29.
Lubbock, J. 108, 109.

Luik. 88
Lukis, W.G. 20, 21, 67, 113-116.
Luning, H. 7, 12, 47, 75.
Lyell, C. 104.

M

Macpherson, J. 110.
Maglemose. 88.
Marseille. 40.
Mayey, L. 57.
Mendel, G. 77, 82, 84, 85.
Menhir. 43.
Meppel. 163, 164, 167, 170m 174, 175, 177,
Middelveld Viersen, W. 12, 19, 113, 114.
Midlaren. 20, 27, 34, 46, 103, 112, 114.
Montelius, O. 67, 149.
Morell, L.J. 58.
De Mortillet. 117, 118, 149.
Mulder, E. 19.
Mulder, G.J.A. 91.
Mullerup. 88.
Munch, M. 91.
Müller, S. 51, 74, 149.
Mykeene. 58, 100.

N

Naarding, J. 112.
Namibië. 43.
Namen. 63.
Nescio. 156.
Niedersächsisches Landesmuseum. 58.
Nieuw Guinea. 74.
Nolthenius, H. 14.

Noordlaren. 21, 24, 34, 99, 100, 114.
Norg. 34, 35.
Nyèssen, P.J.H. 91.

O

Oder. 60.
Odoorn. 70, 72, 73, 75, 95, 121, 138 - 142, 145, 156, 197, 198.
Odoornerhout. 140.
Odoornerveen. 138.
Oldenburg. 69.
Oldenhuis Gratama, L. 20, 33, 52, 53, 94, 117, 121, 123.
Olland, J. 9.
Olland-Gulier. 203.
Oostergo. 21.
Oostenrijk. 81.
Overijsel. 84, 119.

P

Papeloze Kerk. 34.
Pas de Calais. 40.
Pekelharing, C.A. 10, 11, 12, 19, 32.
Pelinck, E. 73, 134, 142, 146.
Poe, E.A. 156.
Picardt, J. 59, 84, 123, 157.
Pictet, A. 90.
Pieper, M.C. 85, 86, 87, 88.
Pleyte, W. 21, 24, 39, 40 - 44, 46, 47, 51 - 58, 61, 63, 67, 73, 77, 81, 107, 112, 117, 123 - 125, 128 - 131, 149, 151.
Podagristen. 38, 123, 200.
Portugal. 60.
Prinzinger, A. 90.

R

Rask, R. 60.
Retzius, A. 76.
Reuvens, C.J.C. 21, 50, 129.
Riegler, S. 90.
Rijn. 88, 89, 192.
R.M.O. 7, 21, 73, 78.
Rolde. 24, 29, 34, 37, 157, 192, 193, 195, 196, 199.
Romeinen. 32, 38, 41, 49, 57, 90, 91, 98.
Rousseau, J.J. 157.
Rutten. 137.

S

Van der Sanden, W. 8, 112.
Sandifort. 78, 79.
Sanskriet. 60, 77.
Sanz de Sautuola, M. 88.
Sarauw, G.L. 88.
Sasse, S. 77, 81 - 85, 88.
Scandinavië. 51, 60, 88, 90.
Scheltema, Jac. 66.
Schimmmeres. 54.
Schipborg. 24, 34, 195.
Schmerling, P.C. 88.
Schumann, H. 52.
Von Schumann. 91.
Seep Gratama. 125.
Seine. 62.
Sernander, R. 69, 111.
Sleen. 114.
Sleeswijk. 69
Smilde. 185
Smildervaart. 183, 184.
Spanje. 40, 43, 60, 88, 92.

Spy. 88.
Stadskanaal. 39.
Staring, W. 21.
Steenbergen. 24, 34.
Steenstrup, J. 67.
Steenwijk. 175.
Steenwijker-Aa. 96, 97.
Stockholm. 70.
Stonehenge. 84, 85, 150.
Strackerjan, L. 38.

T

Tacitus. 32, 76.
Tamehu. 42, 43.
Tasmanië. 109
Tewes, F. 52, 149.
De Tière, N. 14, 15.
Torell, O.M. 104.
Trigger, B. 108, 110.
Troje. 101.
Van der Tuuk, T. 100.
Tynaarlo. 24, 34.

U

Uddel. 42.
Uddelermeer. 42.
Utrecht. 9, 34, 58, 65, 74, 77, 124, 142, 155, 156, 160, 164, 172.

V

Valthe. 34, 35, 196.
Valtherbrug. 64.
Vikingen. 32, 92, 93, 170, 197.
Van Vilsteren, V, 75, 121.

Virchow, R. 61, 76, 81.
Visbecker Braut. 38, 200.
Vivat. 130, 131.
Vledder. 177, 178
Vollgraff, C.W. 58, 92.
Vorden. 78.
Vries. 191.
De Vries, H. 77.
Vuursche. 65-67.

W

Waal. 88.
Wagner, R. 14, 15, 155, 174.
Walhalla. 176, 193.
Westendorp, N. 21, 40, 42, 43, 52-54, 58 - 60, 63, 65, 83, 87, 95, 107, 151.
Westenes. 52, 79.
Westervelde. 24, 34.
Wibel, F. 41.
Wichmann, C.E.A. 74.
Wieringa, S. 112.
De Wilde, A.A. 9.
De Wilde, B.M. 9.
De Wilde, C.A. 9.
De Wilde, D. 9.
De Wilde, E.R. 9.
De Wilde, F.L. 9.
De Wilde, G.E. 9.
De Wilde, H.M. 9
De Wilde, J.G. 9, 117.
De Wilde, S.E. 9.
Ter Winkel, J. 77, 80
Wildeshausen. 38.
Wotan. 174.

Z

Zaalhof. 62.
Zaumer, J.T. 91.
Zeist. 172.
Zeus, K. 90.
Zola, E. 36, 156.

Zuiderzee. 171, 175.
Zuidlaren. 24, 80.
Zuylen. 10.
Zwaardenmaker. 77.
Zweden. 60. 63.
Zwitserland. 57, 81, 160, 192.
Zwolle. 167.